21世纪普通高等教育"十四五"规划教材·公共基础课系列

东南亚商务环境概论

主　编　董　佳　刘大鹏
　　　　蔡海宁（Sakchai Jarernsiripornkul）
　　　　毕传辰

副主编　杨　蔚　赵　青
　　　　蔡光洋（Pisek Chainirun）　李俊宏

上海财经大学出版社
SHANGHAI UNIVERSITY OF FINANCE & ECONOMICS PRESS

图书在版编目(CIP)数据

东南亚商务环境概论 / 董佳等主编. -- 上海：上海财经大学出版社, 2024.10. -- (21世纪普通高等教育"十四五"规划教材). -- ISBN 978-7-5642-4498-9

I. F733

中国国家版本馆CIP数据核字第2024SB9583号

□ 责任编辑　施春杰
□ 封面设计　张克瑶

东南亚商务环境概论

主　编　董　佳　刘大鹏
　　　　蔡海宁(Sakchai Jarernsiripornkul)
　　　　毕传辰
副主编　杨　蔚　赵　青
　　　　蔡光洋(Pisek Chainirun)　李俊宏

上海财经大学出版社出版发行
(上海市中山北一路369号　邮编200083)
网　　址:http://www.sufep.com
电子邮箱:webmaster@sufep.com
全国新华书店经销
上海天地海设计印刷有限公司印刷装订
2024年10月第1版　2024年10月第1次印刷

787mm×1092mm　1/16　11.75印张　301千字
定价:45.00元

21世纪普通高等教育"十四五"规划教材

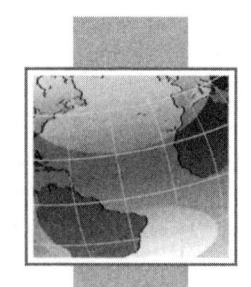

编委会

总策划 宋　谨

编　委（排名不分先后）

石永恒	清华大学	韩冬芳	山西大学商务学院
郑甘澍	厦门大学	何传添	广东外语外贸大学
吴　迪	上海交通大学	吴建斌	南京大学
张一贞	山西财经大学	张中强	西南财经大学
江　林	中国人民大学	梁莱歆	中南大学
施　娟	吉林大学	余海宗	西南财经大学
吴国萍	东北师范大学	关玉荣	渤海大学
胡大立	江西财经大学	曹　刚	湖北工业大学
彭晓洁	江西财经大学	孟　昊	天津财经大学
袁崇坚	云南大学	齐　欣	天津财经大学
李少惠	兰州大学	张颖萍	辽宁财贸学院
黎江虹	中南财经政法大学	吴开松	中南民族大学
罗昌宏	武汉大学	杜江萍	江西财经大学
徐艳兰	中南财经政法大学	盛洪昌	长春大学
吴秋生	山西财经大学	刘丁酉	武汉大学
闫秀荣	哈尔滨师范大学	刘继森	广东外语外贸大学
姚晓民	山西财经大学	张慧德	中南财经政法大学
夏兆敢	湖北工业大学	屈　韬	广东商学院
安　烨	东北师范大学	尤正书	湖北大学
张昊民	上海大学	胡放之	湖北工业大学
黄金火	湖北经济学院	李文新	湖北工业大学
李会青	山西大学商务学院	张　洪	武汉理工大学
任月君	东北财经大学	夏　露	湖北工业大学
蒲清泉	贵州大学	牛彦秀	东北财经大学

前 言

在全球化的浪潮中,东南亚地区以其独特的地理位置、丰富的文化多样性和快速的经济增长,日益成为国际商务交流的重要枢纽。东南亚商务环境的复杂性和动态性要求我们深入理解该地区的经济结构、市场特点、政策环境以及文化差异。本书旨在为商务专业人士、学者和政策制定者提供一个全面的视角,以把握东南亚商务环境的脉动。

东南亚国家联盟(Association of Southeast Asian Nations,ASEAN)的成立,标志着区域经济一体化的开始。随着东盟经济共同体的建设,东南亚各国之间的经济联系日益紧密,贸易和投资壁垒逐步降低,为商务活动提供了广阔的空间。东盟市场的一体化不仅促进了区域内的商品和服务流通,也为外国投资者提供了更多的市场准入机会。

东南亚地区近年来的经济增长速度在全球范围内都颇具竞争力。随着区域经济的快速发展,东南亚市场的消费潜力不断释放,尤其是在数字经济、制造业和服务业等领域。这些新兴市场的崛起,为全球企业提供了新的增长点和发展机遇。东南亚各国政府积极改善投资环境,出台了一系列优惠政策,以吸引外国直接投资。从税收减免到土地使用权的优惠,从简化行政审批到提供一站式服务,东南亚各国政府都在努力打造一个更加开放和便利的商务环境。同时,东南亚国家也在不断加强基础设施建设,提高物流效率,降低商务运营成本。

东南亚地区的文化多样性是其商务环境的一大特色。不同国家的商业习惯、价值观念和法律体系对商务实践有着深远的影响。了解和适应这些文化差异,探讨东南亚各国的文化特点,以及这些特点如何影响商务谈判、合同执行和市场策略,是成功开展商务活动的关键。

尽管东南亚商务环境充满机遇,但也存在一些挑战,如政治稳定性、法律法规的不确定性以及市场波动等。展望未来,东南亚商务环境将继续面临新的机遇和挑战。随着区域经济的进一步融合以及全球经济格局的变化,东南亚地区有望成为全球经济增长的新引擎。

为了满足商务专业人士和学者的需求,本教材在编写过程中广泛征求了各方意见,力求内容全面、准确。全书共分为10章,系统介绍了东盟各国商务环境的各个方面,包括基本情况、经济环境、法律环境、社会环境、文化特点等。本书前言由刘大鹏撰写;每章节中课外阅读、思政小课堂由董佳编写;第一章、第二章、第五章、第八章、第九章由泰国孔敬大学研究生管理学院毕传辰博士编写;第三章、第六章、第七章由杨蔚编写;第四章、第十章由赵青编写。

在本教材的编写过程中,我们得到了来自泰国孔敬大学研究生管理学院(CGSM KKU)院长 Dr. Sakchai Jarernsiripornkul、助理教授 Pisek Chainirun 博士、毕传辰博士,云南豪韦森进出口贸易有限公司联合创始人李俊宏先生,以及上海财经大学出版社工作人员的大力支持。我们对所有为本教材提供帮助和建议的个人和机构表示衷心的感谢。期待本教材能够成为商务人士、学者和政策制定者了解和研究东南亚商务环境的重要参考。同时,我们也期待读者的反馈和建议,以便我们不断改进和更新内容,以适应东南亚商务环境的不断变化。由于编写时间紧迫,书中可能存在不足之处,恳请专家、读者提出宝贵的意见。

本书编写组
2024 年 7 月 9 日

目　录

第一章　印度尼西亚(Indonesia)
一、基本情况 …… 1
二、经济环境 …… 4
三、法律环境 …… 10
四、社会文化环境 …… 12

第二章　马来西亚(Malaysia)
一、基本情况 …… 15
二、经济环境 …… 18
三、法律环境 …… 26
四、社会文化环境 …… 29

第三章　菲律宾(Philippines)
一、基本情况 …… 34
二、经济环境 …… 39
三、法律环境 …… 46
四、社会文化环境 …… 48

第四章　新加坡(Singapore)
一、基本情况 …… 56
二、经济环境 …… 59
三、法律环境 …… 66
四、社会文化环境 …… 68

第五章　泰国(Thailand)
一、基本情况 …… 73

二、经济环境 ……… 77
三、法律环境 ……… 84
四、社会文化环境 ……… 86

第六章　文莱(Brunei)

一、基本情况 ……… 90
二、经济环境 ……… 93
三、法律环境 ……… 101
四、社会文化环境 ……… 103

第七章　越南(Vietnam)

一、基本情况 ……… 108
二、经济环境 ……… 112
三、法律环境 ……… 121
四、社会文化环境 ……… 124

第八章　老挝(Laos)

一、基本情况 ……… 129
二、经济环境 ……… 132
三、法律环境 ……… 139
四、社会文化环境 ……… 142

第九章　缅甸(Myanmar)

一、基本情况 ……… 146
二、经济环境 ……… 149
三、法律环境 ……… 157
四、社会文化环境 ……… 160

第十章　柬埔寨(Cambodia)

一、基本情况 ……… 165
二、经济环境 ……… 167
三、法律环境 ……… 177
四、社会文化环境 ……… 177

第一章

印度尼西亚（Indonesia）

一、基本情况

印度尼西亚全称为印度尼西亚共和国（Republic of Indonesia），简称印尼。印度尼西亚历史悠久，爪哇是人类发源地之一，印尼是东南亚国家，首都为雅加达。印尼与巴布亚新几内亚、东帝汶和马来西亚等国家相接。它由约 17 508 个岛屿组成，是马来群岛的一部分，也是全世界最大的群岛国家，疆域横跨亚洲及大洋洲，别称"千岛之国"，也是多火山、多地震的国家。印尼面积较大的岛屿有加里曼丹岛、苏门答腊岛、伊里安岛、苏拉威西岛和爪哇岛。

小知识

印度尼西亚国旗与国徽

国旗

印度尼西亚国旗（印尼语：Sang Merah Putih）别称"荣耀红白"，是一面由红白两色横带组成的旗帜，长宽比为 3∶2。这面旗帜是基于 13 世纪满者伯夷的旗帜设计的。1945 年 8 月 17 日首次升起，此后没有更改过。旗帜的设计很简单，是两条一样宽的横带，上面的横带是红色的，下面的横带是白色的。红色象征勇敢和正义，还象征印度尼西亚独立以后的繁荣昌盛；白色象征自由、公正、纯洁，还表达了印尼人民反对侵略、爱好和平的美好愿望。

国徽

印度尼西亚国徽是一只金色的、昂首展翅的印尼神鹰，象征印尼人民的光荣和胜利。8 月 17 日是印尼独立日，神鹰尾部有 8 根羽毛表示 8 月，双翅上各有 17 根羽毛表示 17 日，从而纪念 8 月 17 日这个值得印尼人民骄傲的日子。神鹰胸前有一枚盾牌，盾面上有 5 幅图案：正中的金色五角星是伊斯兰教的象征，印尼大多数国民信奉伊斯兰教；水牛头展现人民主权；绿色椿树坚实刚劲，如同民族主义在印尼人民心中根深蒂固；棉桃和稻穗织出一片繁荣昌盛；金链环紧紧相扣，象征国内各种族一律平等。一条黑色横线横贯盾徽，表示赤道穿过印尼领土。神鹰双爪下的白色饰带上用古爪哇文书写着印尼格言"殊途同归"。

（一）建国历程

1. 史前时期

直立人约在 150 万至 3.5 万年前生活于印度尼西亚群岛，称为爪哇猿人。智人约于 4.5 万年前进入该地区。南岛民族约于公元前 2000 年移入印度尼西亚，构成现代多数印度尼西亚人，且遍布于群岛。

2. 古代社会

早在公元前 2 世纪后半期，在印度尼西亚群岛出现了最早的国家叶调。由于农业社会发展，于公元 3—7 世纪，印度尼西亚境内出现许多小王国和部落，如达鲁曼、河陵和古泰等。13 世纪末 14 世纪初，印度尼西亚历史上的大帝国满者伯夷在东爪哇建立，至加查·玛达（Gajah Mada）统治时期，采行扩张政策，版图包含现今大多数印度尼西亚及部分马来西亚地区。

3. 荷兰殖民地时期

荷兰于 1602 年成立荷兰东印度公司，并成为欧洲在印度尼西亚的主要势力。荷兰东印度公司于 1800 年破产解散，荷兰政府继而成立荷属东印度接管印度尼西亚殖民地。在多数殖民统治期间，荷兰在海岸堡垒以外的控制力相当薄弱，直到 20 世纪初期荷兰统治范围才扩张至今日印度尼西亚的版图。1942 年日本入侵印度尼西亚，印度尼西亚进入日占时期。

4. 独立时期

1945 年 8 月 15 日日本投降后，苏加诺宣布印尼独立，并于 8 月 17 日正式成立印度尼西亚共和国，出任首任总统。然而，荷兰并未立即承认其独立，经过数年抗争，直到 1949 年 12 月荷兰才正式宣布印尼独立，除荷属新几内亚外。1962 年，通过《纽约协定》，联合国临时管理西新几内亚，随后印尼在 1969 年通过《自由选择法》将该地区并入。1967 年 2 月，苏加诺被解除总统头衔，苏哈托出任代理总统。1968 年，军队司令苏哈托正式出任总统一职。1997 年，印尼经济由于亚洲金融风暴遭受重创，引发大规模对"新秩序"政策的不满，苏哈托被迫于 1998 年 5 月下台，结束了 32 年的执政。1999 年，东帝汶举行公投决定独立，也结束了 25 年来印度尼西亚备受国际社会谴责的军事占领。印度尼西亚于 2004 年进行首次总统直选。

（二）人口状况

截至 2023 年，印度尼西亚（简称印尼）人口总数达 2.76 亿，是目前世界第四人口大国，是东盟各成员国中人口最多的国家，在亚洲各国中人口数量仅次于中国和印度。数据显示，在 2022 年至 2023 年期间，印尼人口增加了 180 万（增长 0.7%）。印尼 49.7% 的人口是女性，50.3% 的人口是男性。2023 年初，印尼 58.2% 的人口居住在城市，41.8% 的人口居住在农村地区。就人口年龄结构而言，整体较为年轻化，为印尼的经济发展提供了充足的劳动力资源（见图 1—1）。

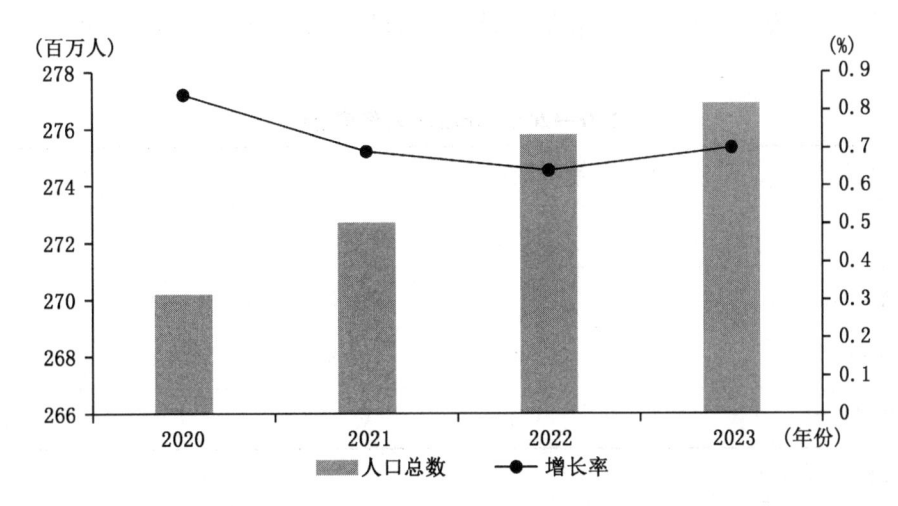

数据来源：世界银行数据库。

图 1—1　2020—2023 年印尼人口数量及人口增长率

20 世纪 60 年代到金融危机前，印尼的经济发展较快，居民生活不断改善，贫困人口大幅度减少。但 1997 年金融危机引发一系列的衰退，失业问题严峻、粮食作物减产，导致贫困人口剧增。所以，政府不得不通过提供生活必需品和生产工具等措施，救助因金融危机致贫的家庭。2000 年后，情况已基本恢复稳定。2017 年，贫困人口从 1999 年的 4 840 万人减少到 2 798 万人（贫困率为 10.6%）。新生儿死亡率从 1990 年的 60‰ 下降到 2016 年的 13.7‰，同时人均预期寿命从 62 岁提高到 69 岁。

（三）地理环境

印尼位于亚洲东南部，由太平洋与印度洋之间的 17 508 个大小岛屿组成，是全世界最大的群岛国家，疆域横跨亚洲及大洋洲，别称"千岛之国"。国土面积 191.4 万平方公里，海洋面积 316.6 万平方公里（不包括专属经济区），包括苏门答腊岛、爪哇岛、苏拉威西岛以及婆罗洲和新几内亚的部分地区。印尼与巴布亚新几内亚、东帝汶和马来西亚等国家接壤，与泰国、新加坡、菲律宾、澳大利亚等国隔海相望。印尼地跨赤道，其 70% 以上领地位于南半球，因此是亚洲南半球最大的国家。东西长度在 5 500 公里以上，是除中国之外领土最广泛的亚洲国家。

（四）资源禀赋

印尼石油、天然气、煤、锡、铝矾土、镍、铜、金、银等矿产资源丰富。有"热带宝岛"之称。盛产棕榈油、橡胶等农林产品，其中棕榈油产量居世界第一，天然橡胶产量居世界第二。石油储量约 97 亿桶（13.1 亿吨）；天然气储量为 4.8 万亿～5.1 万亿立方米；煤炭已探明储量为 193 亿吨，潜在储量达 900 亿吨。作为世界上生物资源最丰富的国家之一，印尼约有 40 000 种植物,海洋鱼类多达7 000种。

二、经济环境

(一)经济水平

根据世界银行公布的数据,2022年,印尼GDP约1.32万亿美元,GDP增长率为5.31%,人均GDP约为4 788美元,重返世界银行确定的中高收入国家行列(见表1—1)。2023年,印尼国内生产总值增长5.05%,位居东盟主要经济体前列。国际货币基金组织、世界银行、经合组织等多个国际组织看好印尼经济发展前景,认为该国今明两年经济增长率将达到5%甚至更高。

表1—1　　　　　　　　　2018—2022年印尼宏观经济统计

年份	2018	2019	2020	2021	2022
GDP(亿美元)	10 422.72	11 191.00	10 590.55	11 865.05	13 191.00
GDP增长率(%)	5.17	5.02	−2.07	3.70	5.31
人均GDP(美元)	3 903	4 151	3 896	4 334	4 788
人均GDP增长率(%)	4.16	4.04	−2.89	2.99	4.64

资料来源:世界银行。

印尼执政党地位稳固,政府重视持续改善吸引外资政策。佐科总统在连任后提出了新的发展计划,准备升级和扩大印尼的基础设施建设,包括港口、公路、水坝和发电厂等。印尼政府继续落实"区域综合经济走廊"规划以及"全球海洋支点"战略,同时积极响应"一带一路"倡议。

印尼政府提出"国家重建计划",用于基础设施建设的投入预计高达4 120亿美元,其中包括本届政府宣布的迁都计划。由于印尼经济属于消费驱动型经济,消费对GDP贡献率为55%~60%。受文化因素影响,印尼人超前的消费观和偏向于"及时享乐"的超前消费习惯促使当地人消费需求不断增长。

受"新冠"疫情影响,印尼2020年外商直接投资(FDI)大幅下降。联合国贸发会议于2021年发布的《世界投资报告》数据显示,2020年印尼吸收外资流量近185.81亿美元,同比减少22.2%;截至2020年底,吸收外资存量达2 404.77亿美元,同比增长8.37%。为对抗"新冠"疫情,印尼通过修改相关法律暂时放开了国家预算开支不得超过GDP 3%的限制,并先后出台了三轮经济刺激计划。三轮经济刺激计划总额超过500亿美元,约合GDP的6.34%,用于保障基本民生、减免企业税收、救助中小企业、放宽进出口限制等,同时积极改善营商环境,以吸引更多外国企业到印尼投资。

(二)产业状况

从2018年至2022年,印尼的产业结构发生了显著变化。农业增加值占GDP比重在此期间有所波动,最高点出现在2020年为13.70%,但随后逐渐下降至2022年的12.40%。工业则表现出强劲的增长趋势,从2018年的39.73%上升到2022年的41.43%,成为推动经济增长的重要力量。服务业虽然在2019年和2020年达到高峰44.41%,但随后比重有所下降,到2022年为41.79%。印尼正逐步向工业化经济转型,工业比重增加(见图1—2)。

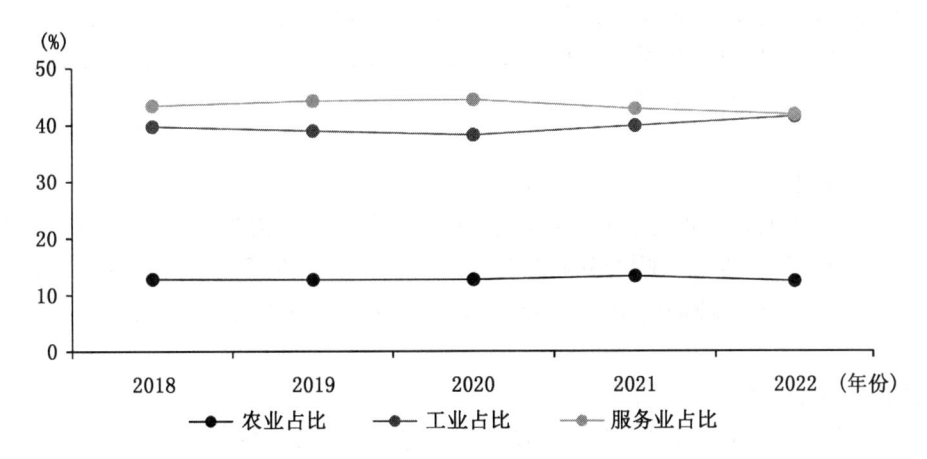

数据来源:世界银行数据库。

图 1-2　2018—2022 年印尼三大产业占 GDP 比重

1. 农林渔业

印尼是农业大国,全国耕地面积约 8 000 万公顷。主要经济作物有棕榈油、橡胶、咖啡、可可。印尼森林覆盖率为 54.25%,达 1 亿公顷,拥有世界第三大热带森林。另外,渔业资源丰富,海洋鱼类多达 7 000 种,政府估计潜在捕捞量超过 800 万吨/年。印尼海岸线蜿蜒曲折,长约 8.1 万公里,海域广阔,海域面积达 580 万平方公里,岛屿众多,岛内河流较多且短小的自然环境也决定了其渔业大国的地位。印尼捕捞业主要渔获品种有金枪鱼、鱿鱼、鲨鱼、赤点石斑鱼及各种鲷科鱼类。主要鱼类分布在南中国海、巴厘岛、苏拉威西岛、扬德纳岛等附近海域。苏门答腊东岸的巴干西亚比亚是世界著名的大渔场。在印尼人的日常生活中,鱼虾海货是印尼市场上最常见的商品。

2. 工业

印尼的工业化水平相对不高,制造业有 30 多个不同种类的部门,主要有纺织、电子、木材加工、钢铁、机械、汽车、纸浆、纸张、化工、橡胶加工、皮革、制鞋、食品、饮料等。印尼最大的钢铁企业为国有克拉卡陶钢铁公司(Krakatau Steel)。

印尼油气资源丰富。政府公布的石油储量为 97 亿桶,折合 13.1 亿吨,其中核实储量 47.4 亿桶,折合 6.4 亿吨。印尼天然气储量 176.6 万亿标准立方英尺(TCF),折合 4.8 万亿~5.1 万亿立方米。印尼最大的石油企业为国家石油公司(Pertamina)。2023 年《财富》公布的全球 500 强排名显示,印尼国家石油公司排名第 141 位,比上年上升 82 位,营业收入 848.88 亿美元,利润 38.06 亿美元。

印尼矿产资源丰富、分布广泛,主要的矿产品有铝、镍、铁、铜、锡、金、银、煤等。印尼主要国有矿业公司为安塔公司(Antam)和国有锡业集团公司(PT Timah Tbk)。矿业是外商投资印尼的传统热点行业。印尼矿产资源极为丰富,成为国际煤炭及镍、铁、锡、金等金属矿产品市场供应的重要来源,吸引了大批外资投入矿业上游行业以稳定原料供应,特别是 2012 年 5 月印尼政府对 65 种矿产品出口加征 20% 的出口税,并要求外国投资者在印尼投资设立冶炼加工厂等措施,刺激了外商对矿产下游行业的投资,目前矿冶已成为印尼第一大外商投资行业。

3. 服务业

印尼旅游资源非常丰富,拥有许多风景秀丽的热带自然景观、丰富多彩的民族文化和历史遗迹,发展旅游业具有得天独厚的条件。受"新冠"疫情影响,2020年来访印尼的国际游客人数为402万人次,比2019年同期的1 610万人次大幅下降了75.03%。在严格入境管控措施之下,2021年印尼接待外国游客数量同比减少61%。2022年,印尼接待外国游客588.9万人次。

(三)金融情况

印尼金融市场由银行、保险公司、证券交易所和金融监管机构共同组成。在经营和监管模式上,印尼实行银行、证券和保险的分业经营、分业监管,但允许商业银行投资参股证券、保险等公司,印尼金融服务管理局(Otoritas Jasa Keuangan,OJK)负责对银行、证券、保险的分业监管。

1. 货币与外汇管理

印尼货币为印尼盾,可自由兑换。在印尼的金融机构、兑换点,印尼盾可与美元、欧元等主要货币自由兑换。

印尼实行相对自由的外汇管理制度,资本可自由转移。印尼货币实行自由浮动汇率政策。印尼银行采取一揽子货币汇率定价法,这种定价是基于印尼主要贸易伙伴的货币汇率在特别提款权(SDR)中的变化来确定印尼盾的对外汇率的。根据印尼法律规定,除特定项目外,在印尼境内的每笔金融交易必须使用印尼盾。特定项目包括:为国家预算执行目的进行的交易;接受来自或向海外提供的赠款;国际贸易交易;国际融资交易。截至2022年2月末,印尼外汇储备量增加至1 414亿美元,相当于印尼7.9个月累积的进口活动所需要的外汇总量,或者可以支持7.6个月印尼进口和政府支付外债所需要的外汇,表明印尼总体支付能力较强。

2. 银行

印尼中央银行是印尼银行(Bank Indonesia),其职能是:维护金融稳定、加强监督;制定并履行货币政策,维护盾币稳定;管理货币流通和利率,调节和保证支付系统工作顺利进行;通过监管手段健全银行和贷款体系。

印尼当地的主要商业银行有:曼迪利银行(Bank Mandiri),作为印尼政府重组银行计划的一部分,曼迪利银行成立于1998年10月2日,具有成长潜力的盈利业务板块,能够提供全方位的银行服务;印度尼西亚人民银行(Bank Rakyat Indonesia,BRI),是印尼主要的国有商业银行之一,已经有100多年的历史;印度尼西亚国家储蓄银行(Bank Tabungan Negara),1897年由荷兰东印度群岛政府建立,为邮政储蓄银行;印度尼西亚国家银行(Bank Negara Indonesia,BNI),属印尼政府,于1946年成立,是印尼最大的银行。

印尼当地外资银行有:汇丰银行、花旗银行、美国运通银行、JP摩根大通银行、荷兰银行、东京三菱银行、德意志银行、渣打银行、盘谷银行以及中国银行、中国工商银行和中国建设银行。与中国银行合作较多的当地代理行有汇丰银行、中亚银行(Bank Central Asia)。

3. 证券市场

1980年,印尼仅有6家上市公司。1996年印尼颁布《资本市场法》,2002年10月颁布《有价证券法》。2007年11月30日,印尼雅加达股市和泗水股市合并为一个全国性的股票市场,名为印尼证券交易所(IDX)。截至2022年1月中旬,印尼证券交易所有768家上市公司。

(四)外贸情况

2022年,印尼货物进出口贸易总额为5 294.26亿美元,同比增长23.78%。其中,进口额2 374.47亿美元,同比增长21.03%;出口额2 919.79亿美元,同比增长26.11%。贸易顺差545.32亿美元,为2011年以来最高值。主要贸易伙伴有十大出口目的地:中国大陆、美国、日本、印度、马来西亚、新加坡、菲律宾、韩国、中国台湾、越南;十大进口来源地:中国、新加坡、日本、马来西亚、韩国、美国、泰国、澳大利亚、印度、沙特阿拉伯。

1. 经贸协定

1950年2月24日印尼加入《关税与贸易总协定》(GATT),1995年成为世界贸易组织(WTO)的正式成员。

印尼目前已签署的FTA或FTA性质的贸易协定有:多边协定,如《东盟货物贸易协定》(ATIGA)、《东盟服务框架协定》(AFAS)、东盟—中国自由贸易区(ACFTA)、东盟—韩国自由贸易区(AKFTA)、东盟—印度自由贸易区(AIFTA)、东盟—澳大利亚—新西兰自由贸易区(AANZFTA)、东盟—日本全面经济伙伴关系(AJCEP)、《东盟—中国香港自由贸易区协定》(AHKFTA)、《区域全面经济伙伴关系协定》(RCEP);双边协定,如《印尼—巴基斯坦优惠贸易协定》(IPPTA)、《印尼—日本经济伙伴关系协定》(IJEPA)、《印尼—澳大利亚全面经济伙伴关系协定》(IA-CEPA)、《印尼—智利全面经济伙伴关系协定》(IC-CEPA)、《印尼—欧洲自由贸易联盟全面经济伙伴关系协定》(Indonesia-EFTA CEPA)、《印尼—韩国全面经济伙伴关系协定》(IK-CEPA)、《印度尼西亚—莫桑比克优惠贸易协定》(IMPTA)。印尼目前在谈的FTA或FTA性质的贸易协定有:《印尼—欧盟全面经济伙伴关系协定》(IEU-CEPA)、《印尼—土耳其全面经济伙伴关系协定》(IT-CEPA)、《印尼—突尼斯优惠贸易协定》(IT-PTA)、《印尼—孟加拉国优惠贸易协定》(IB-PTA)、《印尼—伊朗优惠贸易协定》(II-PTA)、《印太经济框架》(IPEF)。

印尼是欧盟提供关税优惠的受惠国。根据2012年11月欧盟委员会公布的新的普惠制(GSP)方案,印尼被列为普惠制第二类国家。自2014年1月1日至2023年12月31日,欧盟对印尼等40个低收入和中低收入国家的进口产品在最惠国税率基础上减少3.5%的税。

2. 投资情况

印度尼西亚因其巨大的市场、相对较低的劳动力成本以及丰富的原材料供应,已成为东盟10国中最具吸引力的投资目的国之一。目前,印尼经济保持较快增长,投资、消费成为印尼经济发展的稳定动力,各项宏观经济指标基本保持正面,经济结构比较合理。印尼持续向好的经济发展前景和特有的比较优势将继续吸引外资涌入。

从投资环境来看,印尼具有以下优势:人口众多,有丰富、廉价的劳动力;地理位置位于亚洲和大洋洲、太平洋和印度洋的交通枢纽,控制着关键的国际海洋交通线;自然资源如棕榈油、橡胶等农林产品,石油、天然气、锡、铝、镍、铁、铜、金、银、煤等矿产资源储量均十分丰富,目前矿冶已成为印尼第一大外商投资行业;市场化程度较高,金融市场较为开放;印尼政府致力于改善基础设施条件,出台中长期经济发展规划,着力推动交通、通信等大型基础设施项目建设,巨大的基建市场也给外资带来了投资机遇。

3. 中国与印尼经贸合作

中国在印尼对外经贸关系中占有重要地位,近年来双边投资贸易合作呈快速上升的趋势。中国—东盟自贸区已于2010年1月1日全面启动,2016年7月,中国—东盟自贸区升级版议定书正式生效,双边贸易投资自由化和便利化程度进一步提高,中国与印尼经贸关系发展面临着历史性机遇。《区域全面经济伙伴关系协定》(RCEP)于2023年1月2日起对印尼正式生效。

2022年1月,中国人民银行与印尼央行续签了双边本币互换协议,旨在便利两国贸易和投资,维护金融市场稳定。协议规模为2 500亿元人民币/550万亿印尼盾,协议有效期3年,经双方同意可以展期。

自2013年起,中国已经连续10年保持印尼最大贸易伙伴地位。据印尼官方统计,中国与印尼贸易额占2022年印尼贸易总额的25.24%。中国已连续13年保持印尼最大进口来源地。2022年,自中国进口额占印尼进口总额的28.52%。中国连续7年成为印尼最大的出口目的地国。2022年,印尼对中国出口额占其出口总额的22.58%。据中国海关总署统计,2022年中国和印尼货物进出口贸易额1 490.9亿美元,同比增长19.8%。其中,中国向印尼出口额713.2亿美元,同比增长17.8%;中国向印尼进口额777.7亿美元,同比增长21.7%(见表1—2)。

表1—2　　　　2018—2022年中国和印度尼西亚货物贸易情况　　　　单位:亿美元

年份	进出口	中国出口	中国进口	累计比去年同期±% 进出口	累计比去年同期±% 中国出口	累计比去年同期±% 中国进口
2018	773.7	432.1	341.6	22.2	24.3	19.6
2019	797.0	456.4	340.6	3.1	5.7	−0.3
2020	738.7	410.0	373.7	−1.7	−10.2	9.5
2021	1 244.3	606.7	637.6	58.6	48.1	70.1
2022	1 490.9	713.2	777.7	19.8	17.8	21.7

资料来源:中国海关总署。

据中国商务部统计,2022年,中国对印尼直接投资45.5亿美元;截至2022年底,中国对印尼直接投资存量247.2亿美元(见表1—3)。据中国商务部统计,2022年中国企业在印尼新签承包工程合同额142.5亿美元,完成营业额68.4亿美元。累计派出各类劳务人员18 713人,期末在印尼各类劳务人员28 615人。

表1—3　　　　2018—2022年中国对印度尼西亚直接投资情况　　　　单位:万美元

	2018年	2019年	2020年	2021年	2022年
年度流量	186 482	222 308	219 835	437 251	454 960
年末存量	1 281 128	1 513 255	1 793 883	2 008 048	2 472 206

资料来源:中国商务部、国家统计局和国家外汇管理局《2022年度中国对外直接投资统计公报》。

据中国商务部统计,2022年,印尼对华投资3 750万美元,同比增长54.1%;截至2022年12月底,印尼对华实际投资额27.1亿美元。

(五)数字经济

1. 数字基础设施情况

近年来,印尼政府加大对数字基础设施领域的投资。据印尼财政部预计,2019年至2022年,在数字基础设施领域的国家预算投资达75万亿印尼盾(约52亿美元)。印尼通信与信息技术部重点推动的数字基础设施项目包括:国家数据中心项目、国家海缆项目(Palapa Ring)、偏远乡村网络覆盖项目、高吞吐率卫星通信(STARIA-1和STARIA-2)项目以及5G应用等。5G应用方面,印尼5G将会遵循与4G类似的发展轨迹。尽管2010年开始商用并自2014年起流行,但4G尚未完全覆盖印尼农村。目前,印尼政府仍专注于扩大4G覆盖面。2021年5

月24日，印尼通信与信息技术部将5G技术运营资格证书颁发给电信运营商Telkomsel，标志着Telkomsel正式成为印尼首家部署5G服务的移动运营商。5月27日，Telkomsel在印尼推出首个商用5G服务，在雅加达和南唐格朗部分高档住宅区率先提供运营服务。为推动支付系统数字化，印尼央行于2019年启动"印尼支付系统蓝图2025"(BSPI2025)，包括标准二维码QRIS、实时支付基础设施BI-FAST和国家开放API支付标准(SNAP)。其中，标准二维码(QRIS)自2019年8月推出以来，截至2023年3月，已连接3100万用户和2500万商户。2022年，QRIS交易量为9.93亿次，交易额达到98.45万亿印尼盾（约合65.4亿美元）。

2. 数字经济发展情况

根据2022年东南亚电子经济的数据报告，印尼2022年数字经济价值达770亿美元，同比增长22%。预计到2025年，印尼数字经济总价值将达到1300亿美元，年复合增长率将达到190%。其数字经济主要领域包括电子商务（590亿美元）、线上出行和餐饮（80亿美元）、线上媒体（64亿美元）和线上旅行（30亿美元）。

根据国际货币基金组织发布的数据，印尼数字经济价值自2017年至2021年间增长了414%，预计2021年至2025年将增长62%。

3. 数字经济发展规划

印尼政府高度重视数字经济发展。佐科总统于2020年8月3日发布命令，要求加快国内数字化转型；于2021年3月4日签署总统令，组建了一个促进和扩展区域数字化（P2DD）的工作组。P2DD工作组的成立旨在加速和扩展区域数字化，目的是鼓励实施区域政府交易（ET-PD）的电子化，增加区域金融交易的透明度，支持治理以及整合财务管理系统，以优化区域收入。该工作组由经济统筹部长担任主席，指导委员会有7名成员，包括印尼央行行长、内政部长、财政部长、通信和信息技术部长、国务秘书、行政改革和官僚机构改革部长、国家发展规划部长/国家计委部长。2021年，印尼政府推出"2021—2024年数字印尼路线图"，涵盖数字基础设施、数字政府、数字经济和数字社会4个战略领域、6个战略方向、10大重点行业，以实现包容性数字化转型。重点行业包括数字化转型与旅游、数字贸易、数字金融服务、数字媒体和娱乐、数字农业和渔业、数字房地产和城市、数字教育、数字健康、行业数字化和政府机构数字化。

4. 中国与印尼开展数字经济投资合作情况

2021年1月12日，为进一步加强在网络安全领域的合作，中国国家互联网信息办公室与印尼国家网络与密码局签署了《关于发展网络安全能力建设和技术合作的谅解备忘录》。2022年11月，中国商务部部长王文涛与印度尼西亚经济统筹部部长艾尔朗加在两国领导人见证下签署了《中华人民共和国商务部和印度尼西亚共和国经济统筹部关于加强数字经济领域合作的谅解备忘录》；2023年9月，双方在两国领导人见证下签署了《中华人民共和国商务部和印度尼西亚共和国经济统筹部关于电子商务合作的谅解备忘录》。两国企业在数字领域的合作日益密切。2022年4月，印尼最大的互联网科技公司GoTo在印尼证券交易所挂牌上市，市值约为280亿美元。阿里巴巴、京东、腾讯是GoTo的重要投资股东。阿里云2018年在印尼设立第一个数据中心，目前已建设3个数据中心；腾讯云2021年在印尼设立首个数据中心。华为计划未来5年继续通过信息和通信技术（ICT）项目，为印尼当地10万名技术人员、学生、公务员等提供培训。2021年1月，华为启动华为东盟工程学院项目，将同印尼33所一流高校开展合作，使1.2万名技术人员和7000名大学生受益。

课外阅读

印尼的数字强国雄心

2023年12月，中国字节跳动旗下TikTok以8.4亿美元收购印尼本土最大电商平台托科佩迪亚75%的股份，Tiktok在营销、品牌和国际化等方面为入驻商家提供培训，支持印尼中小微企业的发展壮大；阿里巴巴、腾讯、百度等也都利用自身优势先后在印尼互联网科技市场上投资入股；华为、中兴、烽火通信、中国移动等企业积极联手印尼运营商，助力印尼数字经济基础设施的建设发展。

2024年3月7日，印尼最大电信运营商印尼电信公司与华为印尼公司在首都雅加达举行该国首个5G智慧仓库和5G创新中心建成揭幕仪式。据印尼国家发展规划部数据，2023年印尼物流成本占国内生产总值的比例高达14.29%。5G智慧仓库利用物联网、大数据等先进技术提升运营效率，有助于降低物流成本。

建成揭幕仪式上，印尼通信部总干事伊斯梅尔表示，5G将加快印尼的数字经济发展，印尼正致力于以5G为基础推进各行业数字化转型。5G智慧仓库和5G创新中心的落成，代表印尼向数字化转型迈出了重要一步。

资料来源：CGTN大型纪录片《新丝路上的交响》。

三、法律环境

（一）贸易法规

印尼主管贸易的政府部门是贸易部，其职能包括制定外贸政策，参与外贸法规的制定、划分进出口产品管理类别、进口许可证的申请管理、指定进口商和分派配额等事务。印尼与贸易有关的法律主要包括《贸易法》《海关法》《建立世界贸易组织法》和《产业法》等。与贸易相关的其他法律还涉及《国库法》《禁止垄断行为法》和《不正当贸易竞争法》等。除少数商品受许可证、配额等限制外，大部分商品均放开经营。2007年底，印尼贸易部宣布了进出口单一窗口制度，大大简化了管理程序。

印尼政府在实施进口管理时，主要采用配额和许可证两种形式。适用配额管理的主要是酒精饮料及包含酒精的直接原材料，其进口配额只发放给经批准的国内企业。2010年，印尼开始实施新的进口许可制度，将现有的许可证分为两种，即一般进口许可证和制造商进口许可证。出口货物必须持有商业企业注册号/商业企业准字或由技术部根据有关法律签发的商业许可，以及企业注册证。出口货物分为四类：受管制的出口货物、受监视的出口货物、严禁出口的货物和免检出口货物。

印尼调整关税的基本法律是1973年颁布的《海关法》。现行的进口关税税率由印尼财政部于1988年制定。自1988年起，印尼财政部每年以部长令的方式发布一揽子"放松工业和经济管制"计划，其中包括对进口关税税率的调整。

（二）外国投资法规

印尼主管投资的政府部门分别是：投资部（投资协调委员会）、财政部、能矿部。根据印尼《投资法》（2007年第25号），国内外投资者可自由投资任何营业部门，除非已为法令所限制与禁止。另外，根据该法规定，基于健康、道德、文化、环境、国家安全和其他国家利益的标准，政府可依据总统令对国内与外国投资者规定禁止行业。相关禁止行业或有条件开放行业的标准及必要条件,均由总统令确定。根据《2007年关于有条件的封闭式和开放式投资行业的标准与条件的第76号总统决定》和《2007年关于有条件的封闭式和开放式行业名单的第77号总统决定》,25个行业被宣布为禁止投资行业,仅能由政府从事经营。2020—2022年印尼调整的外资措施包括:优化政策法规、加大资金支持和提高行政效能。

根据《投资法》(2007年第25号)及相关规定,在规定范围内,外国投资者可与印尼的个人、公司成立合资企业。依照印尼《投资法》的规定,外国直接投资可以设立独资企业,但须参照《非鼓励投资目录》规定。外国投资者可以通过公开市场操作,购买上市公司的股票,但受到投资法律关于对外资开放行业相关规定的限制。印尼市场中多数律师事务所和咨询公司提供此项服务。

(三)税收制度与法规

印尼实行两种主要税制,即中央税和地方税。主要包含以下税种:企业所得税、个人所得税、预提税、增值税和奢侈品销售税、财产税、印花税、娱乐税、广告税、地下水税、机动车税以及其他税种等。虽然税收立法权和征收权主要集中在中央政府,但地方政府拥有一定的权力来制定一部分地方税规范。

印尼税务总署是财政部下属的负责税收征管的机构,由中央办公室和运营办公室组成。印尼对中、小、微型企业提供所得税鼓励措施,对营收低于48亿印尼盾的小、微型有限责任公司,运营的前3个财年使用固定税率,即按照营业额的0.5%征税,此后依照常规企业所得税制,但减免50%的企业所得税。对中型企业,印尼对其营收在48亿印尼盾以下的减免50%的企业所得税,对营收超过48亿印尼盾的减免0~50%的阶梯式企业所得税,直至营收达到500亿印尼盾,征收全额企业所得税。对特定行业,印尼制定了以公司营业额作为税基而征收的最终企业所得税。除增值税外,印尼对属于应税分类的奢侈品销售或进口征收奢侈品销售税,对出口货物不征奢侈品销售税。2021年5月,印尼政府表示计划征收碳排放税(简称碳税)。

(四)劳动就业法规

印尼国会于2003年2月25日通过第13/2003号《劳工法》,规定劳工工作时限为每星期工作时间为40小时;准许雇用14周岁以上童工,工作时间每日以3小时为上限;临时工合同以3年为限;连续雇用工作满6年的劳工可享有2个月的特别休假;劳工因反对公司相关政策而举行罢工,雇主仍需支付罢工劳工工资,但劳工必须事先通知雇主与主管机关,且必须在公司厂房范围内进行罢工。此外,依印尼政府规定,外国人投资工厂应允许外国人自由筹组工会组织。全国性的工会联盟有全印尼劳工联盟(SPSI)和印尼工人福利联盟(SBSI)。

印尼目前只允许引进外籍专业技术人员,普通劳务人员不许引进。对于引进印尼经济建设和国家发展需要的外籍专业技术人员,须向印尼政府主管技术部门提出申请。在保证优先录用本国专业技术人员的前提下,允许外籍专业技术人员依合法途径进入印尼,并获工作许可。受聘的外国专业技术人员,可以到移民局申请居留签证和工作签证。

(五)知识产权保护法律法规

印尼现行的知识产权法主要有2001年《专利法》、2001年《商标法》、2002年《著作权法》、2000年《商业秘密法》、2000年《工业设计法》、2000年《集成电路布图设计法》和2000年《植物品种保护法》。

法律和人权事务部下属的印尼知识产权总局全权负责知识产权政策制定,负责管理所有与知识产权相关的审批和行政管理事务。2010年,印尼知识产权总局建立了一个调查理事会,专门负责调查涉嫌知识产权侵权的权利持有人报告;印尼知识产权总局与警方合作,扣押涉嫌商品。印尼知识产权总局还建立了光盘监督队,与产业部、法律和人权事务部、商贸部及海关、公安部协调合作,打击影视媒体盗版行为。印尼法律规定,违反知识产权保护法规的行为,将受到法律制裁,包括经济处罚和刑事处罚。

(六)解决商务纠纷的途径与法规

企业在印尼开展生产经营活动,应遵循当地的法律法规,避免不必要的事件发生;在必要情况下,应使用法律武器保障企业和员工安全。

印尼司法制度仍然以荷兰殖民法和法典为基础。虽然印尼独立后政府进行了多次法律改革,但法院系统的可靠性、效率和透明度仍然需要改进。特别是外国投资者发现很难从印尼法院获得有意义和令人满意的裁决和有效执行。外国投资者可以选择通过庭外和解来解决商业和贸易争端,庭外和解可以采用仲裁程序或任何形式的替代性争议解决程序。

除正常诉讼程序与仲裁外,印尼还有四种专门法院用来解决特殊领域的诉讼案件。(1)宗教法院:授权穆斯林接受伊斯兰法律、wakaf(捐赠用于宗教和社区使用的财产)和 shadaqah(捐赠或慈善)。(2)劳工法院:在地区法院环境下组织起来,有权调查、裁决和做出劳动争议裁决。(3)税务法院(印尼只有一个税务法院,位于雅加达):对纳税人或税务担保人行使司法权的司法委员会,处理税务纠纷。税务法院有权调查和裁决税务纠纷,并有自己的程序法。(4)商务法院:最初是为破产程序设立的。印尼共有五个商务法院,分别位于雅加达、望加锡、棉兰、泗水和三宝垄。

(七)数字经济相关政策和法规

2022 年 9 月,印尼国会审议通过了《个人数据保护法》。该法对个人数据的类型、数据主体的权利、数据的处理、数据处理者和控制者的义务、数据的传输、个人数据的使用及对违法者的处罚等作了明确规定,对于保障印尼公民个人数据安全的权利具有重要意义。2023 年 9 月 26 日,印尼政府发布修订后的《2023 年第 31 号贸易部长条例》,对电子商务企业活动进行规范,包括对通过跨境电商平台直接销往印尼的境外商品设定每件 100 美元的最低价格;规定允许通过电子交易平台"直接"跨境进入印尼的境外商品清单;规定社交商务只能提供商品或服务的促销,禁止提供支付交易等。为加强数字人才培养,印尼通信与信息技术部开展了"国家数字素养运动",2021 年为 1 240 万当地民众提供基本数字课程的培训;提出"数字人才奖学金计划",与重点院校合作,为青年提供中级数字技能培训,2021 年有 10 万人参加;提出"数字领导力学院计划",2021 年向 50 名公共和私营部门领导者提供清华大学、哈佛肯尼迪学院、新加坡国立大学等的进修培训。

四、社会文化环境

(一)民族宗教

印尼有 300 多个民族,其中爪哇族占人口总数的 45%、巽他族占 14%、马都拉族占 7.5%、马来族占 7.5%、华人约占人口总数的 5%。印尼约 87%的人信奉伊斯兰教,是世界上穆斯林人口最多的国家,其中大多数是逊尼派。6.1%的人信奉基督教新教,3.6%的人信奉天主教,其余的人信奉印度教、佛教和原始拜物教等。

(二)语言

印尼有 200 多种民族语言,官方语言为印尼语(Bahasa Indonesia)。

(三)教育

印尼实行 9 年制义务教育。著名大学有雅加达的印度尼西亚大学、日惹的加查马达大学、泗水的艾尔朗卡大学、万隆理工学院等。

（四）医疗

总体来看，印尼医疗保障体系尚处不发达阶段。印尼医疗条件不发达，设施有待改善，医疗技术亟须提升，医疗服务发展不均衡，农村地区和偏远岛屿医疗条件严重落后。印尼大部分药品原材料依赖进口，导致药品成本攀升，看病价格昂贵，穷人就医面临很大困难。印尼人均医疗保健支出远低于世界平均水平。经济条件不错的印尼人会选择前往邻近的新加坡和泰国就医。印尼政府对卫生投入较低，2021年卫生总费用占GDP的比例为3.7%，卫生支出占政府总支出的5.1%，人均卫生支出为118美元。印尼公立部门的卫生筹资来源于卫生部，省级、地区卫生预算，军队卫生服务，其他部门的卫生支出，医疗保险公司以及国外的援助和贷款。印尼中央政府分权以后，地区卫生配置成为最大的卫生筹资来源。私立部门的卫生筹资来源于个人和家庭、雇主以及私人保险公司的自付支出。在东盟成员国中，印尼病床数量排名最低，平均每3 000名居民拥有2张病床。但截至2020年，印尼国家医疗保险计划JKN-KIS的参保人数已超过2.21亿，表明印尼人民的医疗素养正逐步提高。

（五）重要节日

开斋节：伊历10月第一天

宰牲节：伊历12月10日

民族觉醒日：5月20日

独立日：8月17日

（六）衣着服饰

印尼民族服装"巴迪"（Batik）衫是由传统的蜡染布制成的，被称为"国服"。正式场合中，男士可上身着长袖巴迪衬衫，下着深色裤子；女士一般穿巴迪或其他布料的套装。男性在办公时通常着统一工装或穿长裤、白衬衫并打领带，妇女在办公时着裙子和有袖的短外套，并要避免色彩过于鲜艳。参观庙宇或清真寺时，不能穿短裤、无袖服、背心或比较裸露的衣服，并需要脱鞋。

（七）饮食习惯

印尼人以大米为主食，副食品主要包括鱼、虾、牛肉等。印尼人爱吃西餐，同时受当地华人的影响，印尼人普遍喜爱中餐。除在官方场合使用刀叉外，印尼人一般习惯用右手抓饭。印尼人在用餐时有喝凉开水的习惯，也喜爱葡萄酒等，但一般不喝烈性酒。

印尼为数众多的伊斯兰教徒忌食猪肉、禁酒。

（八）社交与禁忌

1. 商务礼仪

印尼人友善且容易接近。在社交场合与客人见面时，一般习惯以握手为礼。在印尼，一般商务访问穿西服、打领带、穿长裤即可。访问政府机构时应穿西装，须事先预约，并准时赴约。在商务社交场合，印尼人喜欢送名片。初次相识，客人应把自己的名片送给主人，名片文字使用英文。拜访印尼商人时最好带上礼物，在印尼收下礼物即意味着承担某种责任。当被印尼人赠送礼品时，宜欣然接受，但不要当面打开包装。印尼商人喜爱宴请，作为被接待的客人，建议在回国前以相同标准回请一次。

印尼人忌讳用左手传递东西或食物；忌讳他人摸孩子的头部；忌讳老鼠和乌龟。

2. 谈判风格

如果与印尼人有商务往来，应熟悉那里的风土人情，这对于双方交往是很有帮助的。一般来说，印尼人的一个显著特点就是重深交、讲旧情，老朋友在一起可以推心置腹。所以，与印尼人交往，不要指望一两次见面就有结果，要着眼于将来，应把印尼商人当作你的朋友，充分展现出你的真诚，才能获得他们的信赖。

另外，印尼人喜欢客人到他们的家中做客，以此增加感情交流。这是加深与印尼人交往的重要方式。所以，商业谈判如果能选择在印尼人的家中进行，可以消除主客之间的隔阂，交易洽谈的效果更佳。

3. 沟通方式

与印尼人谈判时，应态度谦逊并放低声音。

另外，印尼人喜欢笑，心情舒坦就笑，顺利完成某件事就笑，笑是他们的另一种语言。他们也喜欢开玩笑，甚至认为"笑口常开"是社交上的一种礼貌，所以与印尼人相处不可愁眉苦脸。在社交场合对印尼人的称谓要多加小心，他们的姓名、头衔、职务要称呼准确。与有身份的人打交道最好以其正式头衔相称。通常不宜直接询问印尼人的姓名，因为印尼人姓名有长有短，其长度往往与他们的富裕程度成正比，穷人只有一个名字，中层人士多有两个名字，而富人则会有一长串名字。印尼人男子有互称"兄弟"的习惯，妇女则往往互称"姐妹"。

思政小课堂

雅万高铁

雅万高铁是印尼乃至东南亚的第一条高速铁路。作为中国与印尼共建"一带一路"的重大标志性成果，雅万高铁线路全长142.3公里，全线采用中国技术、中国标准，最高运行时速350公里，与中国内地高铁"中国速度"同步。

作为中国共建"一带一路"倡议与印尼"全球海洋支点"构想对接的旗舰项目，雅万高铁连接印尼首都雅加达和旅游名城万隆，直接间接拉动印尼国内5万人以上就业。高铁建成通车将进一步优化当地投资环境，增加民众就业机会，有力带动沿线商业开发和旅游发展，形成新的增长点，加快形成高铁经济走廊。

资料来源：CCTV央视网。

视频资料

【课后思考题】

1. 印尼的自然资源和经济市场环境有哪些特点？
2. 中国对印尼的投资面临哪些机遇和挑战？
3. 从投资者角度，对中资企业投资印尼有哪些建议？

第二章

马来西亚(Malaysia)

一、基本情况

马来西亚,简称大马,是君主立宪联邦制国家,首都吉隆坡,联邦政府行政中心布城。全国分为13个州和3个联邦直辖区,国土面积约33万平方公里。马来西亚位于东南亚,国土被南海分隔成东、西两部分,即马来半岛南部(西马)和加里曼丹岛北部(东马)。全国人口3 370万(2023年),其中马来人占70%、华人占22.7%、印度人占6.6%、其他种族占0.7%。

公元初,马来半岛有羯荼、狼牙修等古国。15世纪初,以马六甲为中心的满剌加王国统一了马来半岛的大部分。16世纪开始,先后被葡萄牙、荷兰、英国占领。20世纪初完全沦为英国殖民地。加里曼丹岛砂拉越(旧称沙捞越)、沙巴历史上属文莱,1888年两地沦为英国保护地。第二次世界大战中,马来半岛、砂拉越、沙巴被日本占领。战后,英国恢复殖民统治。1957年8月31日,马来亚联合邦宣布独立。1963年9月16日,马来亚联合邦同新加坡、砂拉越、沙巴合并组成马来西亚(1965年8月9日新加坡退出)。

马来西亚是一个多民族、多元文化的国家,官方宗教为伊斯兰教。马来西亚是资本主义国家,其经济在20世纪90年代突飞猛进,为"亚洲四小虎"之一,已成为亚洲地区引人注目的多元化新兴工业国家和世界新兴市场经济体。马来西亚实施马来族和原住民优先的新经济政策。2022年,马来西亚国内生产总值(GDP)达3 435亿美元,国内生产总值增长率为8.7%,人均国内生产总值12 040美元。

2024年1月31日,马来西亚柔佛州苏丹易卜拉欣·苏丹伊斯坎达尔在首都吉隆坡国家皇宫宣誓就任第17任最高元首,开始为期5年的任期。

小知识

马来西亚国旗与国徽

国旗

马来西亚国旗又称为"辉煌条纹",是马来西亚的国家主权象征之一。这面旗帜自1963年9月16日马来西亚成立时正式开始启用。国旗呈横长方形,长宽比为2:1。主体部分由14道红白相间、宽度相等的横条组成。左上方有一深蓝色的长方形,上有一弯黄色新月和一颗黄色14芒星。14道红白横条和14芒星原代表全国14个州，自新加坡在1965年独立后代表全国13个州和联邦直辖区。新月象征马来西亚的国教伊斯兰教。蓝色象征人民的团结及马来西亚与英联邦的关系（英国国旗以蓝色为旗底），黄色象征皇室，红色象征勇敢，白色象征纯洁。

国徽

马来西亚国徽中间为盾形徽，顶端的新月与星象征伊斯兰教。星的14芒象征马来西亚的13个州与联邦政府之间的平等关系。盾牌上的五把马来短剑代表前马来属邦，即玻璃市、吉打、吉兰丹、登嘉楼及柔佛。红色、白色、黑色与黄色条纹代表前马来联邦，即霹雳、雪兰莪、森美兰及彭亨。其中，黑与白是彭亨州旗的颜色；红与黄是雪兰莪州旗的颜色；白、黄、黑是霹雳州旗的颜色；黄、黑、红是森美兰州旗的颜色。槟榔树及槟威大桥（红条纹左方）象征槟城。马六甲树（黄条纹右方）代表马六甲。沙巴州州徽（红条纹下方）代表沙巴，而砂拉越州州徽的犀鸟（黄条纹下方）代表砂拉越。大红花（红色朱槿）为马来西亚国花，它也象征马来西亚联邦政府。国徽两侧的护盾兽——马来亚虎——象征人民的勇敢与坚强。国徽下彩带的左右分别以罗马字母和爪夷文写着马来西亚国家格言：团结就是力量（BERSEKUTU BERTAMBAH MUTU）。彩带的黄色为皇室颜色。

（一）建国历程

早年的印度文明支配着马来西亚。从印度输入的印度教和佛教文化，主导了早期马来西亚的历史。公元初，马来半岛建立了羯荼、狼牙修、古柔佛等古国。15世纪初，以马六甲为中心的满剌加王国统一了马来半岛大部。从7世纪到14世纪，在苏门答腊的三佛齐文明达到高峰，其影响力延伸至苏门答腊、爪哇、马来半岛和婆罗洲的大部分地区。

伊斯兰教早在10世纪就传至马来西亚，但直到14世纪和15世纪三佛齐覆灭后，伊斯兰教才在马来半岛奠定根基。这个地区分裂成众多以伊斯兰教为主的苏丹国，其中最突出的是马六甲苏丹王朝。伊斯兰文化对马来人产生了深远影响，但是同时它也受到马来民族的影响。1942—1945年，日本占领马来亚地区。虽然日本占领的时期相当短，但是它激起了马来亚和其他地区的反殖民民族主义运动。1957年，多民族的马来亚联合邦宣告独立。1959年6月3日，英属新加坡被英国殖民政府授予自治地位，英属砂拉越和英属北婆罗洲（沙巴州）也相继在1963年7月22日和8月31日被授予自治地位，三者在自治时期的国防、外交、财政、内政等事务仍由英国政府所掌管,并未从法律上获得正式独立。经多次抗争,马来半岛11州、沙巴州、砂拉越州及新加坡最终于1963年9月16日组成马来西亚。

随着以华人为主导的新加坡的加盟,整个马来西亚华人人口数量也持续增长,当时华族约占马来西亚人口的42%,与马来族人口的比例不相上下。后来"马来人至上"的观念越来越强烈,认为马来族是马来西亚或马来亚的主人或特权者,华人和印度裔被认为是承蒙马来族的恩惠。马来族精英也开始惧怕以华人占多数的新加坡会削弱他们占多数的人口比例,并主宰马来西亚的政治及经济环境。1965年8月8日,以巫统为首的国阵执政联盟利用其在国会的优势通过决议,将新加坡驱逐出马来西亚。8月9日,新加坡宣布退出马来西亚独立建国。马政府的目标是"2020宏愿",即让马来西亚在2020年成为先进国家。

(二)人口状况

据马来西亚统计局《2023年当地人口预测》报告,截至2023年底,马来西亚总人口预计超过3 340万人,年人口增长率2.1%,平均年龄30.7岁(见图2-1)。其中,居民3 040万人,非居民300万人;男性1 750万人,女性1 590万人,性别比为110∶100。人口集中分布的城市主要有吉隆坡、新山、怡保、莎亚南、八打灵再也、古晋、乔治市、哥打巴鲁、哥打基纳巴鲁、瓜拉登嘉楼等。在马华人约755万人,占总人口的22.6%,主要集中在槟城、吉隆坡、乔治市、怡保、新山、古晋、亚庇和马六甲等。据世界银行有关数据统计,马来西亚劳动力(所有年满15周岁、符合国际劳工组织对从事经济活动人口所作定义的群体)人数为1 627.7万人,失业率为3.6%。马来西亚人受教育程度较高,全国人口识字率为95%,劳动力人口平均受教育年限为10.5年,学历多为中等教育水平,接受高等教育的比例较低。

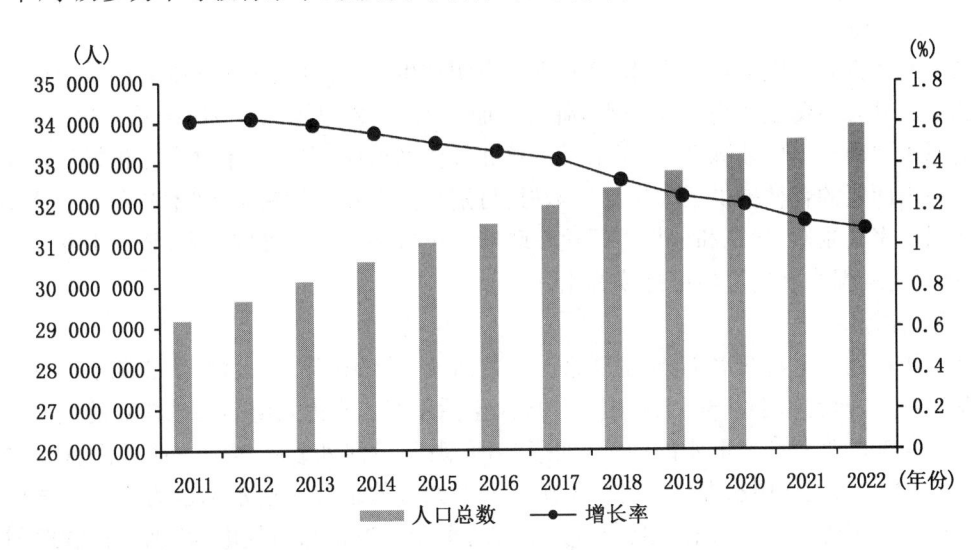

数据来源:世界银行数据库。

图2-1 2011—2022年马来西亚人口规模及增长情况

(三)地理环境

马来西亚地处北纬1°~7°、东经97°~120°,位于太平洋与印度洋之间。马来西亚国土面积330 257平方公里,海岸线总长4 192公里,全境被南中国海分成马来西亚半岛(简称半岛)和马来西亚沙砂(简称沙砂)两部分。

半岛位于马来半岛南部,北与泰国接壤,西濒马六甲海峡,东临南中国海,南濒柔佛海峡与新加坡毗邻,并建有两条长堤相通,半岛上共11州属;沙砂即沙巴州和砂拉越州,位于婆罗洲北部,文莱则夹于沙砂两州之间。

马来西亚位于赤道附近,属于热带雨林气候和热带季风气候,无明显的四季之分,一年之中的温差变化极小,平均温度在26℃～30℃;全年雨量充沛,3—6月及10月至次年2月是雨季。内地山区年均气温22℃～28℃,沿海平原为25℃～30℃。

马来西亚地形主要是平原,地面平坦、起伏较小。半岛地势北高南低,其主干山脉蒂迪旺沙山脉将半岛分成了东西海岸;沙砂的沿海多为平原,内地多为森林覆盖的丘陵和山地,克罗克山脉由砂拉越向北延伸,穿过沙巴将沙巴分为东部和西部两个区域。马来西亚最高峰是高达4 101米的京那巴鲁山。

(四)资源禀赋

马来西亚是东南亚的一个资源丰富的国家,拥有多样的自然资源,这些资源在其经济发展中发挥了关键作用。其主要的自然资源有:

1. 矿产资源

马来西亚是东南亚主要的石油和天然气生产国之一,拥有丰富的海上和陆上油气资源。主要油气田分布在南中国海沿岸的砂拉越州、沙巴州以及马来半岛的登嘉楼州。石油和天然气不仅满足国内能源需求,还大量出口,为国家带来了可观的外汇收入。除石油和天然气外,还有高岭土、煤、铁矿石、硅砂、铝土、钽、锡等矿产资源。马来西亚曾是全球最大的锡生产国,其锡矿主要集中在霹雳州、雪兰莪州和彭亨州。尽管近年来马来西亚锡矿产量有所减少,但仍然是其重要的矿产资源。

2. 森林资源

马来西亚拥有广阔的热带雨林,这些森林资源在生物多样性、生态保护和经济发展中具有重要意义。其森林覆盖率高达55.3%,森林总面积为18.27万公顷,占国土总面积的73.2%。森林资源主要由干旱内陆森林、泥炭沼泽森林和红树林组成,主要的木材产品包括热带硬木和软木。马来西亚的森林提供了大量优质木材,特别是热带硬木如柚木、红木和乌木。这些木材被广泛用于家具制造、建筑和地板等行业。政府通过可持续林业管理计划,努力平衡经济利益与环境保护,确保森林资源的可持续利用。

3. 水利资源

马来西亚拥有丰富的水资源,主要来源于其河流、湖泊和降水。这些水资源不仅支持农业和渔业的发展,而且用于发电、工业用水和居民生活用水。水力发电是马来西亚的重要电力来源之一。马来西亚有许多重要的河流,如彭亨河、玻璃市河和砂拉越河。这些河流为农业灌溉、工业用水和居民饮用水提供了主要来源。湖泊如肯德湖和比达尔湖也为水资源供应和生态系统提供了重要支持。马来西亚利用其丰富的水资源进行水力发电,特别是在沙巴州和砂拉越州的山区。其水力发电不仅提供了清洁能源,减少了对化石燃料的依赖,还为偏远地区提供了稳定的电力供应。

二、经济环境

(一)经济水平

2004年以来,马来西亚经济保持平稳增长。2021年9月,马政府向国会提交《第十二个马来西亚计划》(Twelfth Malaysian Plan,2021—2025),主要聚焦重振受"新冠"疫情影响的经济,增进社会福祉、安全和包容性以及推动环境可持续发展,以期实现建设"繁荣、包容、可持续的马来西亚"的目标。计划的主要发展目标包括：在2021—2025年期间，实现国内生产总值年均增长率为4.5%至5.5%；到2025年，家庭平均月收入达到1万林吉特；缩小马国内不同区域发展差距；节能减排等。2022年，马来西亚GDP同比增长8.7%，显著高于2021年3.1%的增速，也是2000年以来的最高增速，主要得益于疫情防控平稳过渡，经济活动全面重启，国内需求和出口强劲增长（见图2-2、图2-3）。

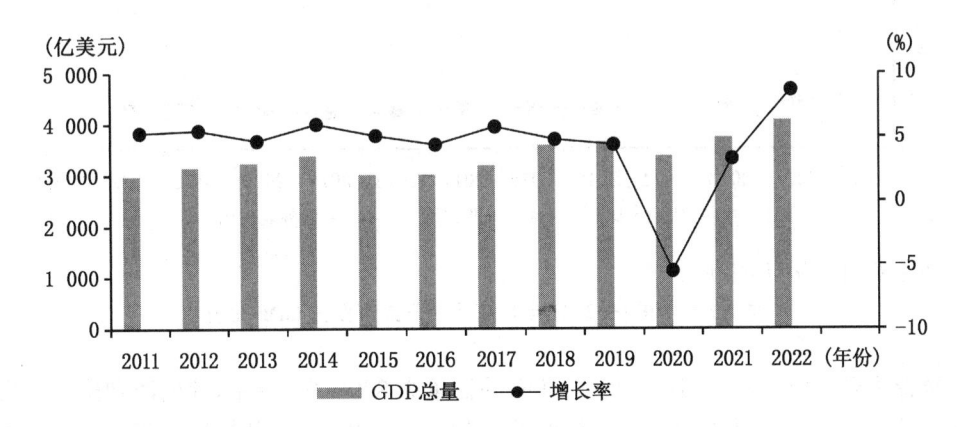

数据来源：世界银行数据库。

图2-2 2011—2022年马来西亚GDP总量及增长情况

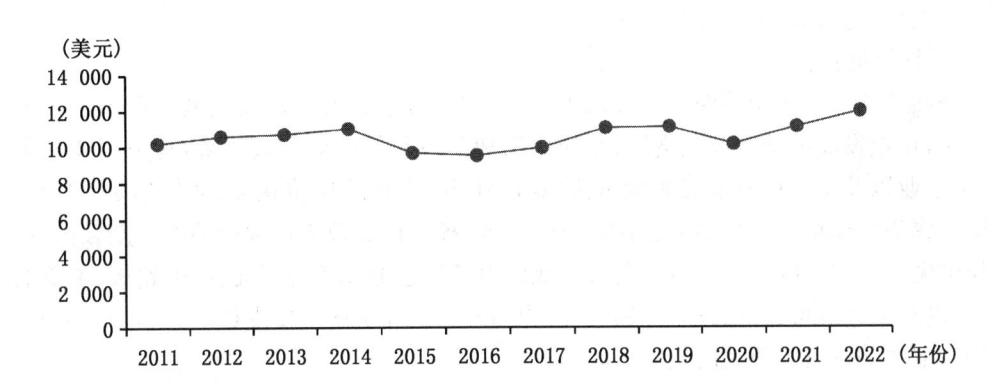

数据来源：世界银行数据库。

图2-3 2011—2022年马来西亚人均GDP

（二）产业状况

从2011年到2022年，马来西亚的经济结构经历了一些稳定的变化。农业占GDP的比重从2011年的11.45%缓慢下降至2022年的8.93%，整体下降了2.52个百分点。这表明农业在国民经济中的比重逐渐减少。工业占比在此期间有一定的波动，但总体变化不大，从39.82%小幅下降至39.20%，下降了0.62个百分点。服务业占GDP的比重则显著上升，从2011年的47.77%增加至2022年的50.82%，增加了3.05个百分点。这一变化反映了马来西亚经济结构向服务业倾斜的趋势，服务业在国民经济中的地位日益重要（见图2-4）。

1. 农业

马来西亚的农业主要以经济作物为主，主要有棕榈油、橡胶、水稻、蔬菜、可可、椰子、胡椒等。近年来，随着国家工业化进程的加快，农业在GDP中的占比逐年下降，但其在国民经济中

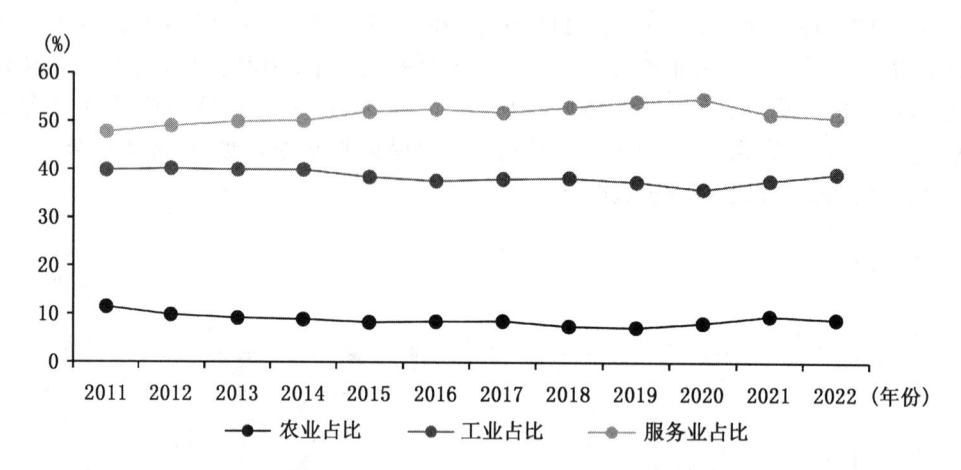

数据来源：世界银行数据库。

图2—4　2011—2022年马来西亚三大产业占GDP比重

仍然扮演着重要角色。2022年，农业占GDP的比重为8.93%。其中，棕榈油和橡胶是最主要的农业产品。马来西亚是世界第二大棕榈油及相关制品生产国，其棕榈油年产量达2 000万吨，占全世界总产量的30%左右，出口主要面向中国、印度、欧盟、中东、巴基斯坦、美国和日本等市场。橡胶方面，马来西亚是全球第三大天然橡胶生产国和出口国，橡胶手套、导管及乳胶线等产品的出口量也在全球名列前茅。

2. 工业和制造业

马来西亚的工业和制造业主要以加工工业为基础，政府大力鼓励发展以本国原料为主的加工产业，重点发展电子、汽车、钢铁、石油化工和纺织品等行业。近年来，马来西亚电子制造业、汽车工业以及钢铁行业发展尤为迅猛，制造业占GDP的比重在2022年达到39.2%。马来西亚已成为全球重要的半导体、视听器材、空调、橡胶产品及人造油产品的生产和出口国，形成了规模庞大且完整的工业体系。马来西亚的电子制造业涵盖电子元件、电路板、消费电子产品、计算机及周边设备、通信设备等领域，已成为其国民经济的重要支柱。汽车产业方面，马来西亚拥有宝腾和派洛多两大民族汽车品牌。

3. 服务业

自20世纪90年代以来，马来西亚政府积极推动服务业发展，服务业逐渐成为国民经济的支柱产业，吸收了超过50%的就业人口。2022年，服务业占GDP的比重为50.82%，成为占比最高的产业部门。马来西亚主要的服务行业包括批发零售（14.5%）、金融保险（9.1%）、政府服务（8.3%）、房地产和商业服务（5.6%）、通信（4.0%）、运输仓储（3.6%）等。服务业的快速发展，反映了马来西亚经济结构从传统农业和工业向现代服务业转型的趋势，推动了经济的多元化和稳定增长。特别是旅游业和金融服务业的崛起，使马来西亚成为东南亚地区重要的经济和金融中心。

4. 数字经济产业

马来西亚政府将数字经济定义为"个人、企业和政府运用数字科技进行生产和应用的经济和社会活动"。数字科技包括人工智能、物联网、区块链、云计算、大数据、虚拟现实、增强现实等。

马来西亚通信和数码部负责管理通信、媒体等业务。该部下属的马来西亚通信与多媒体委员会(MCMC)根据1998年《马来西亚通信与多媒体委员会法》、1998年《通信与多媒体法》和2010年《战略贸易法》规定的权力对通信与多媒体行业、邮政、数字签名认证机构进行监管及颁发许可。该部另一下属机构数字经济局(MDEC)的主要职能是实施马来西亚多媒体超级走廊计划(MSC),为相关企业提供政府认证、基础设施、税收减免、降低聘用外籍员工限制、"一站式"政府公共服务等。

2020年11月,马来西亚总理署宣布设立数字经济和第四次工业革命委员会(Digital Economy and Fourth Industrial Revolution Council),该委员会是制定政策、实施和监督国家数字经济和第四次工业革命战略和举措的最高行政机构,由总理主持。

马来西亚统计局曾发布文告表示,2020年,数字经济占马来西亚GDP的22.6%。电子商务领域实现了显著增长,增幅为25.5%。通信和数码部预计,2024年数字经济对GDP的贡献率将达到25.5%。信息和通信产业(ICT)是马来西亚的支柱产业之一,2022年,ICT产业占GDP的比重为5.7%。半导体行业是马来西亚制造业出口创汇的贡献者之一,业内多家跨国公司在马来西亚设有工厂。马来西亚在该行业的强项主要集中在半导体价值链的下游,包括组装(高级封装)和测试,以及系统集成。受5G、云计算和物联网等技术快速发展促进,近年来全球对半导体需求增长强劲,2022年,马来西亚集成电路出口同比增长33%,集成电路零部件出口同比增长120%,集成电路和零部件合计出口占马来西亚电器和电子产品出口总额的58%。

课外阅读

马来西亚大力发展数字经济

在后疫情时代,数字经济无疑将成为马来西亚乃至东盟与中国合作的重点领域之一。在数字经济层面,RCEP主要建立了电子商务、数字服务、数字贸易等框架,并纳入了知识产权条款。RCEP的贸易便利化和电子商务条款将促进区域电子商务政策的一致性,降低跨境电子商务的运营风险,大幅提高通关和物流效率,释放区域消费市场潜力,促进供应链和资源优化,为两国提供更多机遇。另外,马来西亚政府的多媒体超级走廊2.0计划(MSC 2.0)也将为两国在这些领域提供重要合作机遇。(注:MSC 2.0计划旨在应对数字鸿沟问题,解决现有挑战和局限性,同时明确马来西亚的价值定位,以吸引更多国外数字投资。)

视频资料

2012年,马来西亚华人陈炳耀和陈惠玲创立了Grab,如今其从打车软件发展为集合外卖、打车等多项服务的超级APP。而它背后的股东也包含了中国企业滴滴。

在马来西亚数字经济发展的进程中,不同领域的企业都渴望成为"Grab"。踏过移动互联网历程的中国公司嗅到机遇,在提供技术支持的过程中帮助它们复制"中国模式"。

2024年6月,一家成立了50年的马来西亚公司Kenanga Investment Bank Berhad(肯纳格投资银行)即将上线马来西亚第一个综合金融服务APP。以往,马来西亚不同类型的金融服务分散在不同的APP上,这导致用户获取金融服务的体验不佳,且成本较高。在底层技术上,肯纳格投资银行的APP应用蚂蚁数科多端开发平台mPaaS,以此整合股票交易、智能投顾、电子钱包和外汇兑换等金融服务。这也是马来西亚第一家引入中国小程序架构的银行。

马来西亚的房地产企业实达集团(SP Setia)对APP的诉求是为用户提供一个智慧社区,

希望用户在这个APP中一站式管理房产、享受社区商家服务、参与开发商组织的优惠活动。在数字化应用的搭建上，马来西亚还未出现过类似于中国"贝壳"的APP。而线上社群运营和精准营销的缺失，会阻碍传统企业拓展业务。在mPaaS提供的技术支持下，实达集团在2024年推出了超级APP"Setia GO"（见下图），应用中集成了房产管理、生活服务、购房交易、营销推送、会员权益等功能。

资料来源：深圳卫视"关键洞察力"栏目。

（三）金融情况

1. 货币与外汇管理

马来西亚货币为马币（也称林吉特或令吉，Ringgit Malaysia）。外商可到银行及货币兑换所兑换马币，马来西亚所有银行都能兑现旅行支票。目前人民币与马币可直接兑换。中国国家外汇管理局2024年8月14日公布的人民币兑马币汇率中间价为100：61.989。

马来西亚外汇管制条例规定，在马来西亚注册的外国企业可以在当地商业银行开设外汇账户，用于国际商业往来支付；资本项下鼓励投资目录下的外汇进出不需要核准；外汇汇出马来西亚无须缴纳特别税金。马来西亚原则上规定，外国公民在入境或离境时携带超过1万美元或等值的其他货币，须向海关申报。在马来西亚工作的外国人，其合法的税后收入可全部转往国外。

2. 银行

马来西亚中央银行是国家银行，主要负责维持国家货币稳定，管制和监督银行、金融及保险机构，发行国家货币。

马来西亚当地主要商业银行有：马来亚银行、联昌银行、大众银行、丰隆银行、兴业银行等。商业银行积极参与社会责任活动，支持当地社区和中小企业的发展。此外，它们还积极应对全球经济和金融市场的变化，通过技术创新和业务创新来提高服务质量，满足客户的需求。例如，一些银行已经开始使用人工智能和区块链技术来改进其业务流程和风险管理。

在马来西亚，外资银行如中国银行、中国工商银行和中国建设银行等，还积极参与当地社会经济建设,支持当地社区和中小企业的发展。此外,这些外资银行也利用其在国际金融市场上的经验和资源,为马来西亚企业提供更多元的融资渠道和投资机会。

在马来西亚的中资银行主要有中国银行、中国工商银行和中国建设银行。其中马来西亚中国银行(马中行),作为在马来西亚经营时间最久、机构网点最多、业务规模最大、牌照等级最高的中资银行,积极推动人民币业务在马来西亚的发展,并在人民币国际化进程中发挥了重要作用。此外,马中行还加大了对中小企业的支持力度,通过举办中小企业撮合对接会等方式,促进中马企业之间的合作与交流。

3. 证券股票

马来西亚股票交易所(Bursa Malaysia Berhad)是马来西亚唯一的股票交易市场,经营股票、债券、衍生品等,分为主板市场(Main Market)和创业板市场(ACE Market)两部分。2020年4月,深圳证券交易所与马来西亚股票交易所签署合作备忘录,双方将进一步拓宽跨境合作领域和渠道,共同发挥中马资本市场枢纽作用,增强市场信心,服务两国实体经济,深化"一带一路"建设务实合作。

4. 融资渠道

在融资条件方面,马来西亚的商业银行根据企业业绩、信用、发展潜力及具体融资项目对内外资企业的融资要求进行审查,以决定是否给予融资或信贷支持。2017年1月,马来西亚国家银行颁布吉隆坡银行同业拆息率(KLIBOR)制定政策文件的增强标准,其中纳入了进一步加强KLIBOR参考利率完整性的措施。

2020年7月,马来西亚央行将隔夜政策利率下调至1.75%,成为自2004年以来的最低水平。2022年5月、7月、9月、11月和2023年5月,马央行分别5次将隔夜政策利率上调0.25%,目前已调至3%。

(四)外贸情况

马来西亚对外贸易在国民经济中占重要地位,自1995年以来,外贸依存度达150%以上。从1998年起,马来西亚连续16年保持对外贸易顺差。21世纪以来,马来西亚对外贸易增长较快,2001—2008年对外贸易平均增速在25%以上。2009年,马来西亚对外贸易额受全球金融危机影响较大,外贸总额降幅达16.6%。2010年,马来西亚外贸恢复强劲增长,外贸总额达11 686亿马币,同比增长18.3%,接近危机前2008年的水平。2011—2013年,在全球经济总体不景气的背景下,马来西亚对外贸易仍取得较好的成绩。

1. 进出口情况

2022年,马来西亚对外货物贸易总额为2.848万亿马币,同比增长27.8%;其中,出口额1.55万亿马币,同比增长25%;进口额1.297万亿马币,同比增长31.3%;贸易顺差2 551亿马币,同比增长0.6%(见表2—1)。

表2—1　　　　　　　2018—2022年马来西亚货物贸易统计　　　　　　单位:亿马币

年份	进出口	出口	进口	累计比上年同期±%		
				进出口	出口	进口
2018	18 834	10 036	8 798	6.3	7.3	5.2
2019	18 445	9 951	8 494	−2.1	−0.8	−3.5
2020	17 843	9 838	8 005	−3.3	−1.1	−5.8

续表

年份	进出口	出口	进口	累计比上年同期±%		
				进出口	出口	进口
2021	22 270	12 398	9 872	24.8	26.0	23.3
2022	28 480	15 500	12 970	27.8	25.0	31.3

数据来源：中国驻马来西亚大使馆经商处整理。

2022年，马来西亚前五大类出口产品分别是电子电器产品、石油产品、棕榈油及其制品、化工及化学产品、液化天然气；前五大类进口产品分别是电子电器产品、石油产品、化工及化学产品、机械设备及零件、金属制品（见表2—2）。

表2—2　　　　　　　　　　　2022年马来西亚主要进出口产品　　　　　　　　单位：亿马币

前五大出口商品				前五大进口商品			
出口商品品类	出口额	占比(%)	同比(%)	商品品类	进口额	占比(%)	同比(%)
电子电器产品	5 935	38.2	30.2	电子电器产品	3 938	30.3	25.2
石油产品	1 630	10.5	69.4	石油产品	1 487	11.5	66.1
棕榈油及其制品	965	6.2	27.3	化工及化学产品	1 155	9.0	19.6
化工及化学产品	806	5.2	14	机械设备及零件	893	6.9	30.2
液化天然气	680	4.4	78	金属制品	639	4.9	17.8

资料来源：中国驻马来西亚大使馆经商处整理。

中国、新加坡和美国继续位列马来西亚前三大贸易伙伴。中国连续第14年成为马来西亚最大的贸易伙伴，进出口贸易总额达到创纪录的2 035亿美元。2022年，马来西亚是中国的第十大贸易伙伴和在东盟国家中的第二大贸易伙伴（见表2—3）。

表2—3　　　　　　　　　　　2022年马来西亚主要贸易伙伴　　　　　　　　　单位：亿马币

前十大出口目的地				前十大进口来源地			
排名	国家(地区)	出口额	占比(%)	排名	国家(地区)	进口额	占比(%)
1	新加坡	2 326	15	1	中国大陆	2 765	21.3
2	中国	2 106	13.6	2	新加坡	1 356	10.5
3	美国	1 671	10.7	3	中国台湾	1 061	8.2
4	日本	982	6.3	4	美国	1 004	7.7
5	中国香港	956	6.2	5	日本	833	6.4
6	泰国	658	4.2	6	印尼	741	5.7
7	印尼	561	3.6	7	韩国	598	4.6
8	韩国	548	3.5	8	泰国	562	4.3

续表

	前十大出口目的地				前十大进口来源地		
9	印度	547	3.5	9	澳大利亚	398	3.1
10	越南	537	3.4	10	沙特	382	2.9

资料来源：中国驻马来西亚大使馆经商处整理。

2. 投资情况

马来西亚政府欢迎和鼓励外国投资者对其制造业及相关服务业进行投资，近年来一直致力于改善投资环境、完善投资法律、加强投资激励，以吸引外资进入马来西亚的相关行业。由于马来西亚投资法律体系完备、与国际通行标准接轨、各行业操作流程较为规范，加之其独特的地缘优势，吸引了包括中国企业在内的各国企业赴马来西亚投资经营。马来西亚投资环境的竞争优势主要体现在五个方面：地理位置优越，位于东南亚核心地带，可成为进入东盟市场和前往中东澳新的桥梁；经济基础稳固，经济增长前景较好；原材料资源丰富；人力资源素质较高，工资成本较低；民族关系融洽，三大民族和谐相处，政治动荡风险低。

联合国贸发会议发布的《2023年世界投资报告》显示，2022年，马来西亚吸收外资流量为169.4亿美元，同比增长39.2%；截至2022年底，马来西亚吸收外资存量为1 992.1亿美元，同比增长6.4%。根据马来西亚投资发展局(MIDA)公布的数据，2022年，马来西亚获批准的外来投资为1 633亿马币（约369亿美元），同比下降21.7%，投资规模下滑的主要原因是2021年基数较高。外资主要流向服务业和制造业，主要产业包括电子电气、信息通信、金融服务、机械设备、石油化工、金属材料等，前三大外资来源国为中国(554亿马币)、美国(282亿马币)、荷兰(204亿马币)。

根据马来西亚"吉隆坡投资促进局"发布的消息，目前在马跨国企业中70%来自美国、英国和欧洲，主要有爱德华兹生命科学公司(Edwards Lifesciences Corp.，美国)、斯普兰克(Splunk，美国)、通用电气(美国)、阿斯特拉赞尼卡(Astra Zeneca，英国)、ABB(瑞士—瑞典)、迅达(Schindler，瑞士)、CMA CGM(法国)、TUI(德国)和SCM(意大利)等；30%来自亚洲，主要包括Daifuku(日本)、Vanke(中国)、CRRC Corporation(中国)及SRKay Consulting(印度)等。此外，马来西亚拥有50家以上半导体公司，其中大部分属于跨国企业，包括意法半导体、TI、英特尔、瑞萨以及日月光等。

3. 中马经贸合作

中国和马来西亚在经贸领域有着长期而广泛的合作关系。两国之间的经贸合作涵盖了贸易、投资、基础设施建设、技术交流等多个方面，并不断深化和拓展。2022年，马来西亚对中国出口增长主要源于电气及电子产品、液化天然气、棕榈油及其制品。中马贸易在进出口增速方面较2021年有所回落，但仍呈两位数增长，是中马两国贸易的一大亮点。据中国海关统计，2022年全年，中马双边货物贸易总额2 035.9亿美元，同比增长15.3%，马保持中国在东盟第二大贸易伙伴地位。中国对马出口额937.1亿美元，同比增长19.7%；自马进口额1 098.8亿美元，同比增长11.8%(见表2—4)。中国连续14年成为马来西亚最大贸易伙伴国，同时也是其第一大进口来源地及第二大出口目的地。据中国商务部统计，2022年，中国对马来西亚直接投资流量16亿美元；截至2022年末，中国对马来西亚直接投资存量120.5亿美元。

表2—4　　　　　　2018—2022年中国和马来西亚货物贸易统计　　　　　　单位：亿美元

年份	进出口	中国出口	中国进口	累计比上年同期±%		
				进出口	出口	进口
2018	1 086.3	454.1	632.2	13.0	8.9	16.2
2019	1 239.6	521.3	718.3	14.2	14.9	13.6
2020	1 311.6	564.3	747.3	5.7	8.2	3.9
2021	1 768.0	787.4	980.6	34.5	39.9	30.4
2022	2 035.9	937.1	1 098.8	15.3	19.7	11.8

资料来源：中国海关总署。

中国和马来西亚的经贸合作历史悠久且成效显著。两国通过不断深化贸易、投资和技术交流，推动了各自经济的繁荣和发展。随着"一带一路"倡议和区域全面经济伙伴关系协定（RCEP）的实施，两国在区域和全球经济中的合作将更加紧密和广泛。通过共同努力，中马两国有望在未来进一步深化经贸合作，实现更大的经济和社会效益。

三、法律环境

（一）贸易法规

马来西亚主管对外贸易的政府部门是国际贸易和工业部，其主要职责是：负责制定投资、工业发展及外贸等有关政策；拟定工业发展战略；促进多边、双边贸易合作；规划和协调中小企业发展；促进和提升私人企业界与本地企业的管理和经营能力。

马来西亚主要对外贸易法律有《海关法》《海关进口管制条例》《海关出口管制条例》《海关估价规定》《植物检疫法》《保护植物新品种法》《反补贴和反倾销法》《反补贴和反倾销实施条例》《2006年保障措施法》和《外汇管理法令》等。马来西亚实行自由开放的对外贸易政策，部分商品的进出口会受到许可证或其他规定的限制。

1998年，马来西亚海关禁止进口令规定了四类不同级别的限制类进口品。第一类是14种禁止进口品，包括含有冰片、附子成分的中成药，45种植物药以及13种动物及矿物质药。第二类是需要许可证的进口产品，主要涉及卫生、检验检疫、安全、环境保护等领域，包括禽类和牛肉（还必须符合清真认证）、蛋、大米、糖、水泥熟料、烟花、录音录像带、爆炸物、木材、安全头盔、钻石、碾米机、彩色复印机、一些电信设备、武器、军火以及糖精。第三类是临时进口限制品，包括牛奶、咖啡、谷类粉、部分电线电缆以及部分钢铁产品。第四类是符合一定特别条件后方可进口的产品，包括动物及动物产品、植物及植物产品、香烟、土壤、动物肥料、防弹背心、电子设备、安全带及仿制武器。为了保护敏感产业或战略产业，马来西亚对部分商品实施非自动进口许可管理，主要涉及建筑设备、农业、矿业和机动车辆部门。

马来西亚规定，除以色列外，大部分商品可以自由出口至其他任何国家和地区。但是，部分商品需获得政府部门的出口许可，包括短缺物品、敏感或战略性或危险性产品，以及受国际公约控制或禁止进出口的野生保护物种。此外，马来西亚《1988年海关令（禁止出口）》规定了对三类商品的出口管理措施：第一类为绝对禁止出口，包括禁止出口海龟蛋和藤条；禁止向海地出口石油、石油产品和武器及相关产品；第二类为需要出口许可证方可出口；第三类为需要视情况出口。大多数第二和第三类商品为初级产品，如牲畜及其产品、谷类、矿物/有害废弃物;第三类还包括武器、军火及古董等。

（二）外国投资法规

马来西亚针对不同行业的外商投资设置不同的政府部门进行具体管理,主要投资主管部门包括马来西亚投资、贸易和工业部,外商投资委员会,投资发展局。其中,投资、贸易和工业部主要负责制定和实施产业发展、国际贸易和投资政策,提高国家生产力和竞争力,吸引国内外投资,促进多边、双边贸易,推进数字化和创新技术应用,规划和协调中小企业发展等。外商投资委员会主要负责审核外国投资者从马来人和马来西亚土著人处并购资产超过2 000万马币以上项目。投资发展局主要负责促进制造业、服务业领域投资,审批制造业执照、企业税务优惠,协助企业落实和执行投资项目等。其他行业投资由马来西亚总理府经济事务部及国内贸易、合作与消费者事务部等政府部门负责。

马来西亚的官方法律法规数据库是马来西亚联邦政府宪报(Federal Government Gazette),也是马来西亚联邦政府发布公告、通知和法律修订等官方资料的官方网站。除马来西亚联邦政府宪报以外,马来西亚的政府以及监管部门也有权利发布指南和与政策相关的文件,而各监管部门会将该资料发布于各自的政府网站。马来西亚没有有关投资、贸易、税收或土地的"一站式"网站可供投资者参考或浏览。但是,马来西亚投资发展局(MIDA)会在其官网上发布有助于投资者了解与马来西亚特定行业相关的产业政策、投资奖掖措施、许可证与批准程序、股权限制等信息的指南和政策。

（三）税收制度与法规

马来西亚实行联邦和州政府分税制,由联邦财政部统一管理税务,内陆税务局和皇家关税局负责征收直接税(如所得税、石油税)和间接税(如国产税、关税、销售税、服务税、印花税),州政府则征收土地税、矿产税、森林税等。公司所得税税率为24%,中小型居民企业首60万马币以内的所得税税率为17%;石油所得税税率为38%;个人所得税税率为1%～30%,外国公民固定为30%。预扣税是马来西亚付款人直接扣除并缴纳给税务局的一部分收入,适用于非居民:特殊所得10%,利息15%,承包费用10%（承包商）、3%（雇员）,佣金等10%;税率依据与收款人所在国的双重征税协议而异。房地产盈利税率在30%～5%,视持有年限而定。进口税主要针对进口货物,税率在0～5%,视协议而定;出口税针对资源性产品,税率为0～20%。国内税根据《1976年国内税法》规定,本地制造的一些特定产品,包括烟草、酒类、扑克、麻将、汽车、四驱车和摩托车等,须缴纳国内税。销售税适用于年度营业额超过50万马币（食品和饮料供应商为150万马币）的销售,其中0%适用于农产品等,5%适用于加工食品等,10%适用于工业品等;服务税税率为6%,适用于所有商业服务和跨境数字经济服务。印花税根据文件类型和金额征收,数字税为6%。2022年预算案新增一次性繁荣税,税率为24%～33%,用于公共医疗体系。

（四）劳动就业法规

马来西亚的劳工法律体系涵盖了多部重要法律法规,主要包括《1955年雇佣法》《1967年劳资关系法》《1991年雇员公积金法》和《1969年雇员社会保险法》。《1955年雇佣法》适用于月薪不超过2 000马币的雇员及所有体力劳动者,规定了必须有书面合同、工资支付时限、工作时间和加班补贴等内容。《1991年雇员公积金法》要求雇主按月为雇员缴纳不少于月薪11%的公积金,以提供退休金及其他福利。《1969年雇员社会保险法》包括职业伤害和养老金计划,其中职业伤害保险和养老金分别按雇员月薪的1.25%和1%缴纳。《1967年劳资关系法》则调节资方、劳方和工会之间的关系,包括劳资争议的预防和解决机制、员工复职规定,以及工会权利和集体谈判程序等。

外国人在马来西亚工作须遵守严格的法律规定,必须取得适当的工作许可。马来西亚政府鼓励各类公司培训和使用本地员工,但也因国内劳动力短缺而允许在某些行业雇佣外国劳工。对于外资公司,它们可以雇用外籍员工担任管理职务,并可以在特定情况下永久保留主要职位给外国人。为了吸引和保护外国人才,马来西亚政府设立了马来西亚人才机构(Talent Corp.),推出居住准证(Residence Pass)等政策,以便外籍人才可以长期在马来西亚工作和居住,享受与本地人同等的待遇和福利。

(五)知识产权保护法律法规

在马来西亚,大多数知识产权受法律保护,立法涉及商标、专利、版权、工业设计、地理标识、外观设计和植物品种。马来西亚还系若干国际公约、条约和协定的成员国,如《与贸易有关的知识产权协定》(TRIPs协定)和《世界知识产权组织(WIPO)公约》。马来西亚知识产权局(MyIPO)是马来西亚国内贸易、合作与消费者事务部(MDTCC)的下设机构,负责规范马来西亚知识产权制度的相关事项以及各种知识产权的有效管理。知识产权的执行仍由 MDTCC 的执行部门负责。马来西亚涉及保护知识产权和工业产权的法律法规包括《专利法》《商标法》《工业设计法》《版权法》和《集成电路设计布局法》。《专利法》规定,专利保护期限为 20 年,工业创新证书保护期限为 10 年。保护期间应按规定缴纳年费,否则将导致专利失效。《商标法》规定,商标保护期限为 10 年,之后每次申请可再延长 10 年。《工业设计法》规定,工业设计最初保护期限为 5 年,之后可申请延长 2 次,每次 5 年,总保护期限为 15 年。《版权法》规定,文学、音乐或艺术作品保护期是作者有生之年,加上逝世后的 50 年;录音、广播及电影保护期为作品出版或制作后的 50 年。《集成电路设计布局法》规定,商业开发的保护期是开发之日起 10 年,未进行商业开发的保护期是从创作完成之日算起 15 年。

马来西亚法律规定,违反知识产权保护法律法规,将受到法律制裁。除了以上法令,2011 年 11 月 1 日《商品说明法》生效,提供了一种独特的知识产权强制执行工具——商品说明命令(TDO),对侵犯注册商标者,马来西亚国内贸易、合作与消费者事务部有权对侵权人提起刑事诉讼。

(六)解决商务纠纷的途径与法规

在马来西亚解决商务纠纷的主要途径是仲裁和诉讼。

马来西亚和中国都是《承认及执行外国仲裁裁决公约》(简称《纽约公约》)的缔约国,仲裁裁决可以通过当地法院执行,仲裁由双方约定,可以选择异地仲裁或国际仲裁,在马来西亚可以选择吉隆坡区域仲裁中心。马来西亚是《关于解决国家与其他国家国民之间投资争端公约》(简称《1965年华盛顿公约》)的签字国,在马投资出现争端时,可依照该公约,将投资争议提交位于华盛顿的解决投资争端国际中心仲裁,以保障投资纠纷的解决和仲裁结果的执行。吉隆坡区域仲裁中心(Kuala Lumpur Regional Centre for Arbitration)是 1978 年由亚非法律协商委员会(Asian-African Legal Consultative Organization, AALCO)主持成立的,作为非营利性政府间组织,该机构为亚太地区贸易、商业与投资提供中立的争议解决服务。

马来西亚和中国不相互承认对方法庭判决,中国的判决不能在马来西亚执行,反之亦然。因此选择诉讼要考虑以下几点:判决能否有效执行;资产所在地;司法独立性;费用。建议制定合同前咨询律师。

(七)数字经济相关政策和法规

1996 年,马来西亚政府推出多媒体超级走廊计划(Multimedia Super Corridor, MSC)计划,对符合条件的本地和外国 ICT 相关企业提供包括税务减免、员工签证等广泛的激励措施、权利和特权,以促进其持续增长。马来西亚在 2010 年推出国家宽带计划,大力加强互联网连接建设。2013 年推出的国家科学、技术和创新政策旨在推动主流科学、技术和创新,将信息和通信技术确定为知识型经济的一个必要的推动因素。其他举措包括国家电子商务战略路线图(2014 年推出)和马来西亚生产力蓝图(2017 年推出),强调通过电子商务和创新技术的采用,加强中小微企业的数字化。2017 年,马来西亚启动了数字自由贸易区计划,以促进跨境电子商务发展,放宽中小微企业的全球市场准入。前文所提及的 2021 年数字经济发展蓝图则是马来西亚推出的最新相关政策,对其整个数字经济发展进行了规划,有望推动该国数字经济进一步发展。

马来西亚在数字经济领域最重要的法令是《1998 年通信与多媒体法》。依据该法,相关网络设施、网络服务、应用程序服务、内容应用程序服务供应商必须向马来西亚通信与多媒体部申请执照。如果有关产品或服务涉及金融、货币、投资、机器机械、博彩、贸易分销等,还必须按照有关行业规定向行业主管部门申请执照。

电子合同在马来西亚受到法律认可,因此商品或服务的买卖合同可以通过网站或网络平台以电子形式成立,包括使用电子签名以及数字签名。有关电子合同/签名以及数字签名的主要法律法规分别为《2006 年电子商务法》以及《1997 年数字签名法》。

为消费者提供商品或服务的商家必须遵守所有有关消费者权利及其保护的马来西亚法律法规。例如,《2012 年消费者保护(电子贸易交易)法规》规定了任何通过网站或网络市场提供商品或服务的商家须履行相关义务。

在马来西亚,任何媒体内容,包括网络内容与广告,必须符合《1998 年通信与多媒体法》以及《马来西亚通信与多媒体内容法规》等的规定与限制。比如,《1998 年通信与多媒体法》规定,任何内容应用程序服务供应商或内容应用程序服务使用者均不得发布不雅、淫秽、错误、威胁性或有攻击性的内容,以意图搅扰、辱骂、威胁或骚扰任何人。《马来西亚通信与多媒体内容法规》也详细列出了有关媒体内容的规定与限制。

根据《2010 年个人资料保护法》,任何有关个人数据收集、记录、保存或处理的商业活动必须遵守相关原则,如收集数据须得到数据主体同意、获取的数据未经数据主体同意不得向任何人披露等。

马来西亚目前没有统一的网络安全法令,但是其政府已宣布考虑引入更统一以及全面的网络安全法律法规。目前,有关网络安全的规定分散在马来西亚的各种立法中,如《1997 年电脑犯罪法》《1998 年通信与多媒体法》《刑事法典》和《2010 年个人资料保护法》。

此外,《2021 年数字经济蓝图》提出,为保障数字经济的发展与用户隐私安全的平衡,要对相关法律进行完整的梳理和修订,包括:在 2023 年前要修订知识产权法令、竞争法;到 2025 年,修订《个人数据保护法》以加强数据跨境章节的内容,制定基于国际最佳实践的数字经济征税体系。同时,所有新签订的贸易协定要包含数据跨境的内容。

四、社会文化环境

(一)民族宗教

1. 民族

马来西亚是个多民族国家,马来裔占总人口的 70.1%、华裔占比 22.6%、印度裔占比 6.6%、其他族裔占比 0.7%,大致形成"马来人主政、华人主商"的局面。马来半岛以马来裔、华裔、印度裔三大族群为主；砂拉越以达雅克人、马来裔、华裔为主；沙巴以卡达山人、华裔、马来裔为主。马来西亚华人经济地位显著，2023年福布斯马来西亚富豪榜榜单前十名中，除排名第4的"通讯大亨"阿南达·克里斯南系马来人外，其余全部为华人。但总体来看，占有土著特权的马来人在政治和社会的很多方面拥有更多的权利和更好的待遇。如果马来西亚华人想拥有土著特权，就必须与马来族或马来西亚土著通婚，信奉伊斯兰教，同化后的子孙才会拥有马来西亚的土著特权。

2. 宗教

伊斯兰教是马来西亚的国教，主要属逊尼派。此外，还有佛教、道教、印度教、基督教、锡克教等。一般来说，马来人信奉伊斯兰教，华人信奉佛教和道教，印度人信奉印度教；小部分华人、欧亚混血人和沙巴、砂拉越的少数民族信奉基督教或天主教。由于多民族的长期共同生活，形成一种多元的文化特色。马来西亚主要的宗教节日有开斋节、哈芝节、屠妖节、大宝森节、圣诞节、卫塞节等。尽管马来西亚《宪法》第11条宣布宗教信仰自由，但对某些宗教群体，特别是马来人穆斯林，有一些特殊的法律限制。例如，法律规定所有的穆斯林禁止改教，而且马来人在出生时就会自动成为穆斯林。马来西亚政治家特别重视宗教和谐，各宗教信徒之间几乎不存在宗教极端主义和仇视，这是马来西亚多元文化特色的重要组成部分。

（二）语言

马来语（Bahasa Malaysia）为马来西亚官方语言，英语在过去较长的一段时间曾经是实际上的官方语言，在1969年种族骚乱"五一三"事件发生后，马来语才成为官方语言。然而在许多领域，英语依然是活跃的第二语言。此外，华语使用也较为广泛。马来西亚华人基本上能用普通话或方言交谈，普遍使用的方言有粤语、闽南语、客家话、潮州话、海南话、福州话等。印度族群常用泰米尔语交谈。

（三）教育

马来西亚独立后，政府努力塑造以马来文化为基础的国家文化，极力推行国民教育计划，所有的国民学校采用统一的教学课程。国民学校普遍采用国语马来语为教学媒体语言。1961年，许多华文中学和泰米尔中学被改制成为国民型中学，教学媒体语言由母语改成马来语，母语学习只能当作其中一门语言课。改制后的国民型小学继续沿用母语教学，即国民小学（马来语）、国民型华文小学（华语）以及国民型泰米尔小学（泰米尔语）。2003年，政府更改教学方针，采用英语作为国民学校数理科的教学语言。2009年，政府决定废除英语教授数理科的政策，并从2012年开始，分阶段恢复在小学以母语教授数理、在中学以马来语教授数理。

马来西亚国民教育体系总体上以公立教育为主体，但在高等教育领域，公立教育与私立教育并存。马来西亚著名公立大学有马来亚大学、马来西亚国民大学、马来西亚博特拉大学、马来西亚理工大学等。1997年马政府通过了《私立教育法》，为私立高等教育的发展提供了法律保障。马来西亚私立院校一般与欧美、澳新等国的高等院校合作，开设学分转移和双联课程。这些私立高等院校每年招收的本国学生及国外留学生多达几十万名。为了保证私立高等院校规范发展，马来西亚教育部成立了私立教育及国家学术鉴定局（MQA），对私立教育机构的课程设置、学费以及教学水平进行监督和评估。

（四）医疗

马来西亚卫生体系继承英国的国家卫生服务制度，实施居民基本免费的医疗服务，政府因此建立了相对完善的医疗卫生服务体系，主要由卫生诊所和社区卫生中心、二级医院、三级医院三个层次的机构组成。自20世纪70年代开始，随着经济领域私有化程度的加速和政府卫生预算的限制,马来西亚卫生领域采取了一系列的私有化改革举措,使私立医疗机构和私立医疗保险得到了快速发展。总体而言,目前马来西亚的卫生体系是公立和私立并存的体制。2021年,马来西亚人均预期寿命为75.6岁,其中男性人均预期寿命为72.8岁,女性人均预期寿命为78.5岁。

(五)重要节日

马来西亚实行每周五天工作制,每周六、日为公休日。政府规定的全国性节日主要有元旦、穆罕默德诞辰、春节(华人)、劳动节、卫塞节、最高元首诞辰、开斋节(穆斯林)、国庆日(又称独立日)、马来西亚日、哈芝节(穆斯林)、回历元旦、圣诞节。除少数节日日期固定外,其余的具体日期由政府在前一年统一公布。除全国性节日外,各州还有自己规定的节假日。

(六)衣着服饰

马来西亚男女传统礼服分别是:男士为无领上衣,下着长裤,腰围短纱笼,头戴宋谷帽,脚穿皮鞋;女士礼服也为上衣和纱笼,衣宽如袍,头披单色鲜艳纱巾。除皇室成员外,一般不穿黄色衣饰。打工族为了工作穿着方便,一般着轻便的西服,只在探亲访友或重大节日时,才着传统服装。在各种正式场合,男士着装除民族服装或西服外,可穿长袖巴迪衫。巴迪衫是一种蜡染花布做成的长袖上衣,质地薄而凉爽,现已渐渐取代传统的马来礼服,成为马来西亚国服。

在日常生活中,马来西亚人的服饰更加多元化和现代化。因为马来西亚地处热带,轻便、透气的衣物更为常见。对非穆斯林来说,短裤、T恤、短裙等休闲服饰很受欢迎。而对穆斯林来说,男女在日常穿着上通常更加保守,女性一般戴头巾,男性则多穿长裤。

(七)饮食习惯

马来菜主食为米,食物调料常使用一种虾酱,这是用虾发酵并配合香辛料及辣椒调制而成的。另外,家常菜还有炸鸡、炸鱼及咖喱牛肉等。

马来西亚是一个美食天堂。多元文化的天然优势造就了马来西亚拥有许多特殊美食。来自该国境内和周边地区的许多文化,包括中国、印度、泰国、爪哇和苏门答腊,对这里的饮食有着极大影响。这里有辛辣的马来食、色香味俱全的中餐、印度风味美食以及娘惹与葡萄牙美食、沙爹、椰浆饭、干咖喱牛肉、印度飞饼、叻沙、马来西亚鸡饭、各式炒面和炒饭以及西方美食应有尽有。

(八)社交与禁忌

1. 接待礼仪

传统上,马来人在见面时会用双手握住对方的双手互相摩擦,然后将右手往心窝点一点。对不相熟的女士则不可随便伸手要求握手,男子应该向女子点头或稍行鞠躬礼,并且主动致以口头问候。西式的握手问好在马来西亚是最普遍的见面礼,在马来人、华人或印度人之间都可通用无阻。

马来人忌食猪肉、忌饮酒。在马来餐厅,餐桌上通常有个水壶,其用途是用来洗手的。一般马来人都是用右手抓饭来吃,所以餐前及餐后洗手是马来人餐桌上的礼节。除非主人允许,否则不管是到访马来人、华人或印度人的家,都需在入门前先脱鞋子。到马来人家做客,如果主人安排坐在地板的垫子上,男性应盘腿而坐,女性则应把腿偏向左边而坐。

2. 称呼礼仪

同家族的马来人没有固定的姓,所以不以姓氏作为称呼用途。马来人名字的第一个部分是他们自己的名字,第二个部分是他们父亲的名字,两者之间隔着"bin"(男士用)或"binti"(女士用),有时会省略。

在非正式的场合,对小辈可较为亲昵地称呼为 Adik 或 Dik,意为弟弟或妹妹,名字则可省略。对年纪较大的男士可称为 Pakcik,意为伯父;女士为 Makcik,意为伯母。在日常场合,用 Encik 加名称呼男性,意为某某先生;用 Cik 加名称呼女性,意为某某女士。

在较为正式的场合,用 Tuan 加名来尊称男士,用 Puan 加名来尊称女士。此外,对拥有马来西亚封衔(常见的如拿督、丹斯里等)的人可尊称其封号或封号加姓名。

3. 风俗禁忌

马来人的习俗与中国相异处甚多,所以必须加以留意,以免无意中犯了禁忌,造成失礼或引起误会与无谓的纷争。其风俗禁忌主要有:马来人视左手为不洁,因此见面握手时,一定要用右手,平时接、递东西时,也必须用右手,在不得不用左手时,一定要说声"对不起";马来人认为,以食指指人是对人的一种污辱,所以切勿以食指指人;对女士不可先伸出手要求握手;头被认为是神圣的部位,在亲近儿童时,不可触摸他的头部,否则会引起不快;与伊斯兰教徒共餐时,不要劝酒,要避免点猪肉做的菜肴;无论是进入马来人的清真寺还是华人或印度人的寺庙,进门前都要先脱掉鞋子,穿着必须整洁适宜,凡是穿着短裙、短裤及半袖衫的人禁止进入清真寺。

按照穆斯林的风俗,每年回历 9 月为斋月,其间除幼儿和病人外,日出后到日落前不得进食、喝水,不得举行娱乐活动。斋戒 1 个月后迎来开斋节。节日期间,最高元首、总理和马来西亚政府部长等都会举行开门迎宾活动。

思政小课堂

中马关系基础深厚、前景广阔

2024 年 6 月 19 日晚,国务院总理李强在吉隆坡同马来西亚总理安瓦尔共同出席庆祝中马建交 50 周年暨"中马友好年"招待会并发表主旨演讲。中马两国各界人士代表约 500 人与会。

李强表示,正如习近平主席指出的,中国同马来西亚是千年结好的邻居、以心相交的朋友、合作共赢的伙伴。回顾中马建交的 50 年,两国坚持战略自主、坚持合作共赢、坚持守望相助、坚持人文相亲,这些是在中马关系发展历程中积累的重要经验启示,也成为双方共同的宝贵财富。

李强指出,今年是"中马友好年"。"友好"二字重千斤,在当今时代尤为珍贵。我们所处的世界缺的是和平安宁,而不是纷争冲突;缺的是理性平和,而不是蛮横暴戾;缺的是将心比心,而不是自我中心;缺的是开放合作,而不是封锁对抗。我们要更加注重互利共赢的合作,彻底摒弃零和博弈的思维和做法;要更加注重设身处地的理解,"己所不欲,勿施于人"。中马开展友好年活动,不仅是为了促进双边关系更好发展,而且是要弘扬一种友好的精神,呼吁和感召世界上更多的人同心济沧海,携手向未来。

李强强调,无论过去、现在还是未来,"友好"都是中马两国交往的底色。中马关系已站在新的起点上,让两国友好世代传承,是双方的共同心愿。我们要弘扬传统友好,夯实双边关系根基,把共建中马命运共同体贯穿到双方合作的各个方面;推动发展对接,持续拓展共同利益,更好惠及两国人民;深化交流互鉴,厚植人民相亲基础,不断拉紧中马人民情感的纽带;加强团结协作,共同应对全球挑战,合力建设和平安宁、繁荣美丽、友好共生的亚洲家园。

资料来源:CCTV 央视网。

【课后思考题】

1. 马来西亚主要发展哪几个产业？
2. 在马来西亚进行商务活动要注意规避哪些风险？
3. 外国人在马来西亚进行投资有什么规定？

第三章

菲律宾(Philippines)

一、基本情况

菲律宾共和国(Republic of the Philippines),简称菲律宾,位于西太平洋,是东南亚一个多民族群岛国家,面积29.97万平方公里,人口约1.16亿(2022年)。菲律宾建国历史悠久,其祖先是亚洲大陆的移民,14世纪前后建立了海上强国苏禄王国,但16世纪后期开始屡遭西方国家侵略和占领,直到1946年才宣告独立。菲律宾岛屿众多、资源丰富、种族与文化多样,融合了许多东西方的风俗习惯,除了菲律宾土著文化外,还有马来文化、印度文化、华夏文化和伊斯兰文化。菲律宾是东盟(ASEAN)主要成员国,是亚太经合组织(APEC)的24个成员国之一。目前,菲律宾政局总体稳定,经济保持快速增长。2023年,菲律宾国内生产总值4 350亿美元,增长5.6%,人均GDP 3 816美元。

小知识

菲律宾国旗与国徽

国旗

菲律宾国旗呈长方形,长宽比为2∶1。旗面左侧为白色等边三角形,内有放射着八束光芒的黄色太阳,三颗黄色的五角星分别在三角形的三个角上。右侧为蓝、红两色的直角梯形,平时蓝色在上,战时红色在上。太阳象征自由,八道较长的光束代表最初起义的8个省,其余光束代表其他省。三颗五角星代表三大地区:吕宋、萨马、棉兰老。蓝色象征忠心、诚实、正直,红色象征勇气,白色象征和平与纯洁。

国徽

菲律宾国徽的图案、意义与国旗相同，盾徽下半部分增加了两个动物图案：左下部分是蓝地上的白头鹰，源于美国统治时期的纹徽图案；右下部分红地上的金狮则来源于西班牙占领时期纹徽的图案。中央自由的光芒照耀这两个殖民主义的标记，象征菲律宾人民经过艰苦卓绝的斗争终于彻底摆脱了殖民主义统治，获得独立和自由。盾徽下面有一条白色饰带，上书"菲律宾共和国"。

（一）建国历程

14世纪之前，菲律宾群岛上未形成国家，多以土著部落形式存在。据《吴时外国记》记载，最早到达菲律宾群岛的国家力量，是中国三国时期的东吴。14世纪前后，菲律宾出现了由土著部落和马来族移民构成的一些割据王国，其中最著名的是14世纪70年代兴起的海上强国苏禄王国。

1521年，麦哲伦率领西班牙远征队到达菲律宾群岛。此后，西班牙逐步侵占菲律宾，并统治长达300多年。1896年，"美西"战争爆发，美国打败西班牙，1896年8月美国和菲律宾军队发动"马尼拉之战"取得胜利，1898年6月12日，菲律宾宣告独立，成立菲律宾共和国。同年，美国依据对西班牙战争后签订的《巴黎条约》占领菲律宾，对菲律宾实行殖民统治。1942年，日本偷袭珍珠港，并占领了马尼拉，建立了对菲律宾的法西斯统治。第二次世界大战结束后，菲律宾再次沦为美国殖民地。战后，菲律宾人民要求民族独立的呼声高涨，1946年7月4日，美国被迫同意菲律宾独立。

菲律宾独立后，自由党和国民党轮流执政。1965年费迪南德·马科斯就任"二战"后第六任总统，并三次连任。1983年8月，反对党领导人贝尼尼奥·阿基诺被谋杀，导致政局动荡。1986年2月7日，提前举行总统选举，贝尼尼奥·阿基诺的夫人科拉松·阿基诺在民众、天主教会和军队的支持下出任总统。此后，拉莫斯和埃斯特拉达先后按宪制当选总统。2001年1月，埃斯特拉达因受贿丑闻被迫下台，副总统阿罗约继任总统。2004年6月，阿罗约再次当选总统。2010年6月，自由党候选人阿基诺三世就任菲第15届总统。2016年5月，民主人民力量党候选人罗德里戈·杜特尔特当选菲律宾第16任总统，并于6月30日就任，任期至2022年。2022年，费迪南德·罗慕尔德兹·马科斯就任第17任菲律宾总统。

（二）人口状况

2014年7月27日凌晨，菲律宾总人口突破1亿大关，成为世界上第12个人口过亿的国家。2022年，菲律宾总人口约1.16亿，为全球第13大人口大国。马来族占全国人口的85%以上，包括他加禄人、伊洛戈人、邦班牙人、维萨亚人和比科尔人等；少数民族及外来后裔有华人、阿拉伯人、印度人、西班牙人和美国人；还有为数不多的原住民。

近10年来，菲律宾人口规模总体呈稳定增长趋势，年平均增长率在1.66%左右，最近三年人口年增长率呈下降态势。2013年，菲律宾人口总数是9 970万，2014年突破1亿大关，成为世界上第12个人口过亿的国家。2022年，菲律宾总人口约1.16亿，比2013年增加了1 585多万人。从年龄构成来看，2022年菲律宾65岁及以上人口占比为5.5%，15～64岁人口比重为64.2%，0～14岁人口比重为30.3%，属于严重多子化。菲律宾人口委员会调查显示，菲律宾总生育率为3.2人，意味着一对夫妇平均有3到4名子女。但大部分人丁众多的家庭来自贫穷阶层，而富有的民众反而平均只有2到3名子女。从性别结构来看，2022年菲律宾男性人口占比为50.8%，人口数量为5 867.9万人；女性占比为49.2%，人口数量为5 688万人；男女性别比为103∶100(女性=100)(见图3-1、图3-2)。

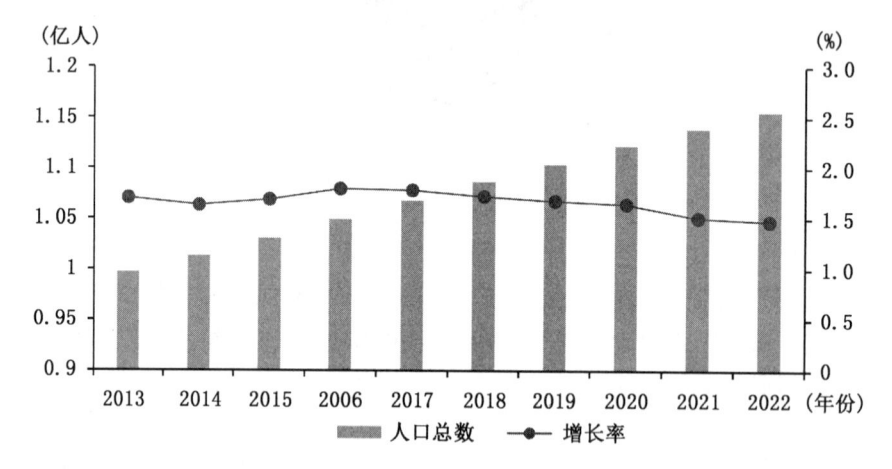

数据来源：世界银行数据库。

图3-1 菲律宾人口规模及增长情况

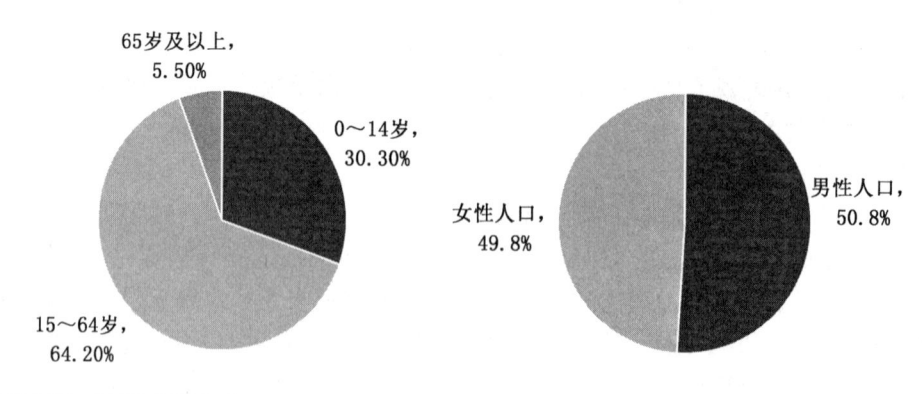

数据来源：世界银行数据库。

图3-2 2022年菲律宾人口结构

由于地区发展差异导致菲律宾人口分布很不平衡，马尼拉的人口密度高达4.8万人/平方公里，吕宋岛北部的一些省人口密度仅为数十人/平方公里。城市人口占总人口的51.2%。在33个高度城市化的城市中，奎松市(294万人)、马尼拉市(178万人)、达沃市(163万人)和加洛奥坎市(158万人)在人口规模方面居于前列。菲律宾华侨华人将近162万，大部分居住在吕宋岛，尤其是大马尼拉地区。

(三)地理环境

菲律宾位于亚洲东南部,北纬 4°35′与北纬 21°08′之间,东经 116°55′与 126°37′之间,总面积 29.97 万平方公里,海岸线长约 18 533 公里。北隔巴士海峡与中国台湾遥遥相对,南和西南隔苏拉威西海、巴拉巴克海峡与印度尼西亚、马来西亚相望,西濒南中国海,东临太平洋。菲律宾是亚洲、大洋洲两大陆与太平洋之间以及东亚与南亚之间的桥梁,其地理位置有重要的战略意义。

菲律宾由 7 100 多个岛屿组成,其中 2 773 个已有名称,其余的尚未起名,有人居住的约 1 000 个,被称为"千岛之国"。其中,吕宋岛、棉兰老岛、巴拉望岛等 11 个主要岛屿占全国总面积的 96%。按照岛屿排列情况自北向南通常将群岛分为吕宋岛(菲律宾第一大岛,面积约为 109 965 平方公里,也是世界第 15 大岛屿)、巴拉望岛(面积约为 11 785 平方公里)、米沙鄢群岛(总面积约为 61 077 平方公里)、棉兰老岛(菲律宾第二大岛,面积约为 94 630 平方公里)和苏禄群岛(总面积约为 2 823 平方公里)。群岛从北至南呈花状散开,构成了菲律宾通向加里曼丹的两条岛链。

菲律宾群岛多山,各岛都有山,境内山地面积占总面积的三分之二以上,海陆对比很明显,西侧中国南海,深达到 5 000 米以上;东侧太平洋,深达 6 000 米以上。菲律宾不仅多山而且火山众多、地震频繁。菲律宾最高的山是阿波火山(Mount Apo),该山是菲律宾的至高点,海拔 2 953 米,位于棉兰老岛。菲律宾境内地势最低洼的地方是位于棉兰老岛东海岸的"菲律宾海沟",该处深达 10 540 米,为世界最深的海沟。菲律宾最有名的平原是吕宋平原,有"菲律宾粮仓"之美称。菲律宾海拔最高的地区是位于北吕宋的本格特高原(Benguet),其上坐落着菲律宾著名消暑胜地碧瑶(Baguio),在棉兰老岛也有 7 处高原,海拔高度不等。

菲律宾海岸线蜿蜒曲折,总长 18 533 公里,颇多天然良港。菲律宾群岛遍布河流,最长的河流是卡格扬河(Cagayan),流经亚洲最著名的烟草生产地区卡格扬峡谷。拉古纳湖,又称贝湖(Laguna de Bay)是菲律宾最大的淡水湖,位于吕宋岛内湖省(Laguna)和黎刹省(Rizal)的环绕之中。

菲律宾属热带海洋性气候,高温多雨、阳光充足、湿度大,全年平均气温为 26.6℃上下。一年分干季和湿季两季,湿季为 5 月至 10 月,高温多雨;干季为 11 月至次年 4 月,炎热干燥。菲律宾雨量充沛,年平均降雨量 2 000 毫米。菲律宾国土南北狭长,东西有山脉分隔,因此南部与北部、东海岸与西海岸之间的气候均有差别。

小知识

马尼拉市

马尼拉(Manila)是菲律宾共和国的首都,也是全国最大的城市和政治、经济、文化、交通中心。它地处菲律宾群岛中最大的岛屿——吕宋岛西岸,也称"小吕宋",濒临天然的优良港湾——马尼拉湾。

马尼拉建在巴石河两岸,河流把城市分成两大部分。1976 年 11 月,菲律宾政府决定把马尼拉、奎松、卡洛奥坎、帕萨伊 4 个市和玛卡蒂等 13 个区合并,组成大马尼拉市,面积达 638.6 平方公里。马尼拉现有人口 1 864 万(2020 年 10 月),是亚洲最大的城市之一,也是亚洲最欧化的城市,有人称之为"亚洲的纽约"。

马尼拉是一座具有悠久历史的城市。它在印度文明、中华文明及中亚古文明的基础上,融合西班牙、美国的西洋文明,形成东西合璧的文化。1571年,西班牙殖民者黎盖斯比从马尼拉登陆,入侵并占领了菲律宾。自那时起,这里便成了西班牙殖民统治当局的首府。1898年,美国人打进马尼拉,取代了西班牙对菲律宾的统治,随后又征服了附近的尼格罗族,把四周的乡镇和地区并入马尼拉,使马尼拉逐渐扩大。1901年7月31日,马尼拉被辟为菲律宾的特别城市,成了美国统治菲律宾的基地。从此,巴石河北岸的商业区内,大银行、大公司、大饭店等高楼大厦拔地而起。1942年,日本取代了美国在菲律宾的位置。第二次世界大战中,马尼拉遭到严重破坏,城堡要塞周围的建筑物全部被炮火摧毁。1946年7月4日,菲律宾正式独立,将马尼拉定为首都。今天的马尼拉,是一座市容整洁的热带花园城市,也是一座国际性的商埠。

马尼拉是菲律宾的经济中心,它集中了全国半数以上的工业企业,主要有纺织、榨油、碾米、制糖、烟草、麻绳、冶金企业等,产值占全国的60%。近年来,跨国公司利用当地的人力资源优势,纷纷将呼叫中心等设在马尼拉,形成独具特色的全球服务外包基地。马尼拉还是菲律宾的重要交通枢纽和贸易港口,全国出口货物的1/3和进口货物的4/5集中在这里。

马尼拉的面貌既古老又年轻,地处亚洲又十分欧化。马尼拉是一座富有浓厚热带情调的城市,也是东南亚地区著名的旅游胜地,城内可供游览的名胜很多。如罗哈斯(Roxas)海滨大道(日落大道)、市中心的黎刹尔公园、圣·奥古斯丁教堂和马尼拉大教堂等。马尼拉还有一些著名街区,也是旅游者观光的好地方,如马卡蒂(Makati)街、阿亚拉(Ayala)街等金融商业街。阿亚拉街原是西班牙财阀阿亚拉的私有土地,经过多年的不断扩建发展成为今日菲律宾最繁荣的商业中心。这里集中了许多公司、餐厅、商店、电影院和马尼拉第一流的饭店,不少外国大使馆也在这个地区。此外,马尼拉还集中了许多所高等学府,最著名的有菲律宾大学(University of the Philippines)、菲律宾亚洲管理学院(Asian Institute of Management)、雅典耀大学(Ateneo De Manila University)等,菲律宾的许多杰出人物都毕业于这些学府。

(四)资源禀赋

菲律宾地貌复杂多样,山脉、平原、高原、峡谷、湖泊、大河、火山、草原、森林等诸多形态孕育了丰富的自然资源。其主要的自然资源有:

1. 植物资源

由于土壤肥沃、气候良好、雨量充沛,菲律宾境内植物生长繁茂,野生植物有近万种,其中高等植物有2 500余种,主要有松柏、竹子、龙脑香、红树、松树等,还有乌木、红木、檀木等名贵木材。菲律宾的花卉、水果也十分丰富,花卉品种达数千种之多,其中热带兰花和茉莉花最为出名,茉莉花是菲律宾的国花。菲律宾盛产热带水果,素有"太平洋果盘"的美称。菲律宾的椰子、香蕉、芒果、菠萝和榴莲闻名世界。菲律宾的椰子产量在全球排名第二,仅次于印度尼西亚。同时,菲律宾也是世界上最大的椰子出口国,每年产量的70%用于出口,2022年椰子出口总额达到了 32 亿美元。

2. 矿产资源

由于地处火山地带,土地肥沃,火成岩和变质岩的广泛分布形成了多种金属矿藏。根据菲律宾矿业和地质科学局数据,菲律宾有超过三分之一的国土被确定为具有"高矿产潜力",到目前为止,菲律宾已被开采的矿产量不到其矿产储量的 5%。据估计,菲律宾金属矿产储量约 215 亿吨,非金属矿产储量约 193 亿吨。菲律宾境内矿产资源主要有铜、金、银、铁、铬、镍等 20 余种。其中,铜蕴藏量约 48 亿吨,镍 10.9 亿吨,金 1.36 亿吨。菲律宾是中国最大的镍矿供应国,也是铜和金的主要生产国。此外,菲律宾地热资源丰富,预计有 20.9 亿桶原油标准能源,位居世界第四。巴拉望岛西北部海域有石油储量约 3.5 亿桶。

3. 水产资源

菲律宾群岛多、海岸线长,水产资源极其丰富。菲律宾海岸有 61 个自然港,马尼拉湾是世界上最好的港湾之一,水域达 770 平方公里。菲律宾的鱼类有名称的就达 2 400 多种,还有许多没有名称的鱼类。菲律宾盛产贝、螺、蟹、虾、珍珠和食用海藻,金枪鱼资源居世界前列。菲律宾已开发的海水、淡水渔场面积达 2 080 平方公里。

二、经济环境

(一)经济水平

菲律宾独立前是个落后的农业国家。20 世纪 60 年代后期,菲律宾采取开放政策,积极吸引外资,经济发展取得显著成效,1982 年被世界银行列为"中等收入国家"。80 年代后,受西方经济衰退和自身政局动荡影响,经济发展明显放缓。90 年代初,拉莫斯政府采取一系列振兴经济措施,经济开始全面复苏,并保持较高增长速度。1997 年爆发的亚洲金融危机对菲律宾冲击不大,但其经济增速再度放缓。马科斯执政后,将疫后复苏和经济发展作为首要任务,聚焦农业、能源等重点领域发展,经济保持较高增速,但也面临高通胀、高债务、高失业率、粮食和电力价格居高不下等问题。菲律宾实行出口导向型经济模式,第三产业在国民经济中地位突出,农业和制造业也占相当比重。

从近十一年来的数据可以看出,菲律宾经济发展总体较为稳定,GDP 总量基本呈逐步增长态势,GDP 总数从 2013 年 2 839 亿美元增至 2023 年的 4 350 亿美元,增长率大部分时间稳定在 6% 以上。2020 年,受"新冠"疫情影响,经济实际增长率大幅下降到 -9.5%,GDP 下降至 3 617 亿美元,人均 GDP 降至 3 224 美元。2021 年,随着服务业的全面复苏,菲律宾经济总量(GDP)为 3 941 亿美元,经济实际增长率恢复至 5.7%,人均 GDP 为 3 461 美元。2022 年,随着疫后经济复苏,内需扩大,经济实际增长率飙升至 7.6%,达 1976 年以来最高水平。2023 年,菲律宾国内生产总值 4 350 亿美元,人均 GDP 3 816 美元,受全球经济复苏减缓、主要经济体需求萎缩等影响,出口订单大幅减少,拖累经济增长,增长率降至 5.6%(见图 3—3、图 3—4)。

(二)产业状况

近年来,菲律宾第一、二、三产业占 GDP 比重较为稳定,产业结构进入高级化阶段,三大产业结构比重呈现三、二、一特征。2013—2022 年,菲律宾第一产业占 GDP 比重约为 10%,第二产业占 GDP 比重约为 30%,第三产业占 GDP 比重约为 60%。其中,2022 年第一、二、三产业占 GDP 比重分别为 9.6%、29.2% 和 61.2%。2022 年全年,第一产业小幅增长 0.5%,第二、第三产业强劲反弹,分别增长 6.7% 和 9.2%。第三产业比重不断上升,已成为菲律宾经济发展的第一动力(见图 3—5)。

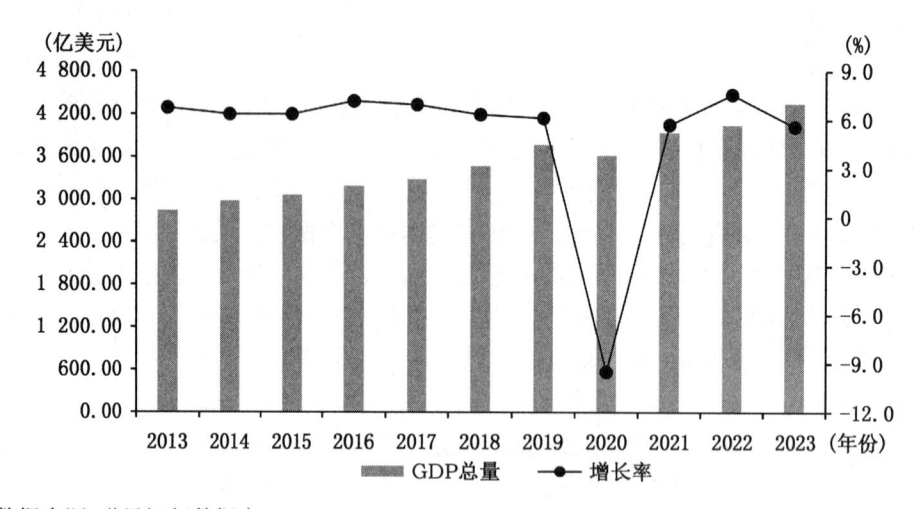

数据来源:世界银行数据库。

图3－3　2013—2023年菲律宾GDP总量及增长情况

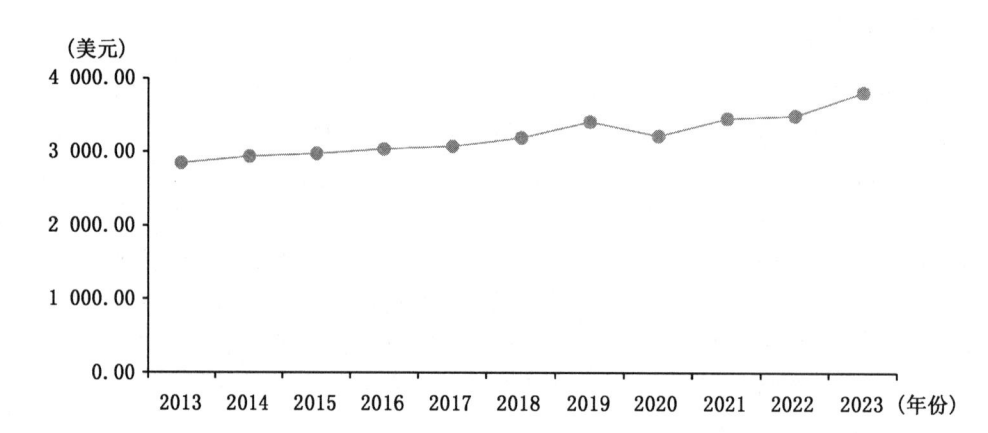

数据来源:世界银行数据库。

图3－4　2013—2023年菲律宾人均GDP

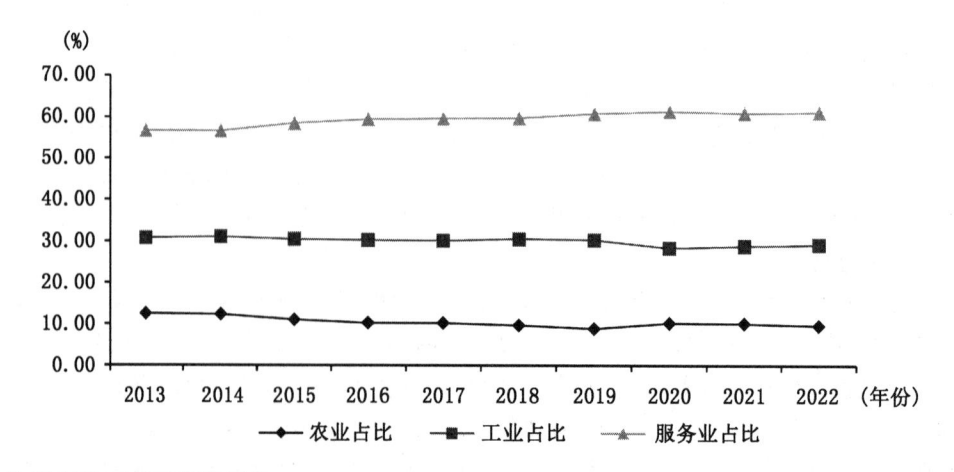

数据来源:世界银行数据库。

图3－5　2013—2022年菲律宾三大产业占GDP比重

1. 农林渔业

菲律宾第一产业主要包括农业、林业和渔业。2022年,菲律宾农林渔业产值为386.1亿美元,占GDP比重为9.6%。其主要出口产品为椰子油、香蕉、鱼和虾、糖及糖制品、椰丝、菠萝和菠萝汁、未加工烟草、天然橡胶、椰子粉粕和海藻。稻米是菲律宾的主要农作物之一,年产量约为1.88亿吨,其中以米兰加рап省和科迪勒拉省的产量最高。除了稻米外,棉花也是菲律宾的主要农作物之一,年产量约为13.2万吨。此外,玉米和椰子也是菲律宾的主要农作物,年产量分别约为2.33亿吨和2.3亿个。据菲统计局数据,2024年一季度,菲律宾农产品出口增长10.7%,达17.2亿美元,其中水果出口5.2亿美元,占比超过30%。但菲前农业部副部长阿德里亚诺表示,农业预算对出口农产品的支持不足,农业部60%的资金用于支持水稻。菲农业部长劳雷尔近期在内阁会议上提出了农渔业发展三年计划,主要是投资收获后设施,实现粮食减损;推动农业数字化转型,获得更准确的生产数据;建设冷藏设施,缓解蔬菜季节性供应过剩问题。

2. 工业

菲律宾第二产业主要包括矿业、制造业、建筑业和电力等产业。2022年,菲律宾工业产值为1 181.6亿美元,占GDP比重为29.2%。最近几年,菲律宾的工业发展状况显示出积极的增长趋势。根据菲律宾统计署(PSA)的数据,2023年5月,菲律宾的工业产量指数(VoPI)同比上升了265%,这一增长显著高于前一个月的155.6%和上年同期的数据。菲律宾的工业结构主要以轻工业为主,包括食品加工、化工产品、无线电通信设备等。制造业是菲律宾工业的重要组成部分,占国内生产总值(GDP)的约17.8%。

3. 服务业

菲律宾服务业对整体经济增长的贡献举足轻重。2022年,菲律宾服务业产值约为2 475.2亿美元,占国内生产总值的61.2%。菲律宾是全球主要劳务输出国之一,目前有约1 000万菲律宾人(侨民+移工)长期生活在外国,构成全球第三大海外移民族群,每年的外汇收入在200亿美元左右。2023年数据显示,菲律宾海外劳工人数约为233万人,占总人口的1.9%,其中主要为菲佣。海外劳务汇款创历史新高突破370亿美元,约占菲律宾GDP的8.5%。服务外包(BPO)可谓菲服务业"皇冠上的明珠",BPO也是菲律宾仅次于菲佣的可赚取丰厚外汇的产业。2023年,菲律宾BPO产业带来的收入突破300亿美元,约占菲律宾GDP的6.8%;从业人数也突破200万,占总人口的1.6%,成为支柱产业之一。此外,菲律宾岛屿众多,旅游业也是菲律宾支柱产业之一。菲律宾统计署(PSA)数据显示,2023年菲旅游业直接总增加值(TDGVA)达2.09万亿比索,同比增长47.9%,是自2000年开始统计以来的最高增长率。旅游业直接增加值在菲律宾GDP中占比为8.6%。2023年,菲律宾旅游产业就业人数约为621万,同比增长6.4%,占全国总就业人数的12.9%。

4. 数字经济产业

近年来,菲律宾电子商务发展迅速,2022年数字经济规模达2.08万亿比索(约合375亿美元),与2021年的1.87万亿比索相比增长约11%。菲律宾国家统计局表示,2022年数字经济对该国国内生产总值的贡献达到9.4%。菲律宾数字经济主要包括数字化赋能基础设施、电子商务和数字媒体。在该国2022年数字交易总额中,数字化赋能基础设施占比最大,达到77.2%,较2021年增长7.5%。在数字化赋能基础设施中,电信服务和商业服务是前两大贡献者,分别占30.7%和27%。2022年,菲律宾数字经济领域就业人数约为605万人,较2021年增长8.2%。其中,数字化赋能基础设施吸纳就业人数最多,占数字经济领域总就业人数的

77.2%；其次是电子商务，占比为20.4%；数字媒体就业人数占比为2.4%。

课外阅读

国际农业发展基金会助菲农民走向数字化

据菲律宾《商业镜报》2023年10月26日报道，国际农业发展基金会(IFAD)和新加坡非政府组织Grow Asia在菲启动了"数字化赋能小农经济"(SEEDS)项目，旨在利用数字技术加速菲小农家庭和贫困农村人口的经济发展。10月23日，IFAD和Grow Asia在越南和柬埔寨启动了同样的项目。

IFAD表示，SEEDS项目将与菲律宾、越南和柬埔寨的政府部门、农业企业和农民组织合作，全面分析影响小农经济数字创新的政策和监管环境，重点促进农村和偏远地区互联互通，协助基层农民提高数字素养并掌握数字技术。该项目预计将惠及三个国家的4.8万名农民、30家农业初创企业和150名政府农业官员。

资料来源：中国国际贸易促进委员会。

（视频资料）

（三）金融情况

1. 货币与外汇管理

菲律宾货币为比索，可自由兑换；可与比索直接交易的外币仅限于美元和人民币。比索2020—2022年的汇率变动情况如表3—1所示。

表3—1　　　　　2020—2022年比索兑美元平均汇率和期末汇率

年份	比索兑美元平均汇率	比索兑美元期末汇率
2020	49.624	48.036
2021	49.255	50.248
2022	54.522	55.680

数据来源：中国商务部《菲律宾投资指南》。

2023年，菲比索相对美元小幅贬值。8月17日，比索兑美元贬至56.77∶1（较年初贬值约1.52%），兑欧元为61.72∶1，兑人民币元为7.77∶1。

外汇管理方面，菲律宾实行浮动汇率制。在银行体系之外，可以自由买卖外汇；外汇收入和所得可以出售给授权代理行，也允许在银行体系之外进行交易，还允许在菲律宾境内外自由存储外币，并且可以自由用于任何目的。在菲律宾注册的外国企业可以在菲律宾银行开设外汇账户，用于进出口结算。

根据菲律宾中央银行(BSP)的规定，任何人均可通过现金或电子转移方式将一定数额本币资金带出/入菲律宾国境。相关货币形式包括法定纸币和硬币、支票、汇票和在菲银行汇票。若不超过5万比索，可不预先向菲央行申报；若超过5万比索，且未获BSP事先授权，超出部分金额将被菲海关没收。对于外币，任何人最多可携带等值1万美元的任何外币现金或其他货币工具出入菲律宾国境。

2. 银行

菲律宾中央银行(BSP)负责制定和实施国家外汇管理政策。BSP直属菲中央政府，监管范围不仅包括菲境内所有银行,还包括部分非银行金融机构(NBFIs),例如准银行机构(NBQBs)、典当行、货币服务商(MSB)、非股份制储蓄和贷款社(NSSLAs)、国际金融业务分行(OBU)信托公司(TCs)等及其分支机构与关联企业。

菲律宾银行主要包括综合银行、商业银行、储蓄银行和农村银行等。综合银行和商业银行多为大型银行,综合银行可从事投资银行等其他金融中介活动。根据BSP数据,菲金融部门总资源约80%来自银行。其中,综合银行和商业银行的资源占银行总资源的90%以上。

根据BSP数据,截至2023年3月末,菲律宾有45家综合银行和商业银行、43家储蓄银行、399家农村银行、6家数字银行,营业网点超过13 000家。截至2023年3月,菲律宾银行系统总体不良贷款率为3.33%。外资银行参与菲律宾市场的程度居亚洲新兴市场国家前列,2022年总资产占比为6.2%,已成为菲律宾银行体系的重要组成部分。

为促进菲律宾农业、渔业和农村发展(Agriculture Fishery and Rural Development,AFRD),BSP通过了《2022年农业、渔业和农村发展融资增强法案》并于2022年8月18日生效,要求所有银行将其可贷资金总额的25%分配给AFRD融资,为期10年,其中10%给土地改革受益人,15%给农业活动。对于刚成立的银行,在5年内免除规定拨款。2023年6月,BSP修订相关条例,在25%的AFRD信贷配额方面具有更大的灵活性。

3. 证券股票

菲律宾证券交易所(PSE)是菲律宾唯一的证交所,成立于1992年,上市板块分为主板和中小企业(SME)板块。除了一般性股票上市和交易,PSE专门筛选出符合伊斯兰教法的股票(Shariah)供穆斯林投资者交易,并提供菲律宾存托凭证(PDRs)、交易型开放式指数基金(ETF)、债券、权证、房地产投资信托(REIT)、美元计价证券(DDS)及融资融券(SBL)和卖空等产品和服务。PSE全资拥有菲律宾证券结算公司(SCCP)和资本市场诚信公司(CMIC),分别作为证券结算机构以及对证券经纪人交易的独立审计、监督和合规部门。

根据菲律宾证券交易所(PSE)的数据,截至2022年12月,共有286只股票在PSE挂牌,其中主板和中小板分别为276只和10只。这些公司的总市值达到了1.73万亿菲律宾比索,折合约为3 000亿美元。菲律宾证券交易所指数(PSEi)从2021年底的7 122.6指数点下降至2022年底的6 566.4指数点,下降了7.8%。

债券市场方面,约80%的债券为菲律宾国库署招标发行的国库券(T-Bills)、固定利率国债(T-Bonds)和零售国债(RTBs);菲本币债券余额占GDP的比重约为30%。

4. 保险

菲律宾保险公司包括人寿保险公司、非人寿保险公司、综合性保险公司、互助组织(MBA)等传统保险公司以及预先需求公司(Pre-Need Company)、健康维护组织(HMOs)等机构。与银行体系相比,菲律宾的保险业部门相对较小,资产规模仅相当于银行业部门的十分之一。菲律宾传统保险公司中,寿险保费收入占近80%;非寿险中,车辆和房地产相关险种占七成左右。

根据菲律宾保险业委员会(IC)报告,2023年菲保费排名前五大人寿保险公司为加拿大永明金融(菲律宾)公司、英国保诚保险集团公司、安联人寿保险公司(Allianz PNB Life Insurance, Inc.)、工银安盛人寿保险(菲律宾)公司、BDO人寿保险。

5. 融资渠道

菲律宾市场融资价格商业化,不同的项目和企业资质对融资成本都会有影响。2023年5月,菲律宾综合/商业银行平均贷款利率为7.66%。可通过项目融资、银团贷款、发行债券等渠道融资。

以在菲中资金融机构要求为例，与中国内地银行标准大体相同，直接开具保函需要授信额度或保证金；转开一般从中国内地或香港发起。

（四）外贸情况

1. 进出口情况

外贸在菲律宾经济中占有重要的地位。过去传统出口有椰子产品、糖、矿产品、木材等。进口产品有石油、机械化工、金属材料、棉纱、合成纤维等。由于政府实行多元化发展政策，近年进出口产品结构发生显著变化。目前，电子产品、成衣、化肥等出口额超过传统商品出口额；消费品进口比重下降，生产资料进口比重增加。

菲律宾1979年12月加入《关税与贸易总协定》，1995年1月成为世界贸易组织的创始会员。菲律宾与150个国家和地区有贸易关系，主要的贸易伙伴是中国、美国、日本及欧洲国家。目前，菲律宾已同近40个国家和地区签订了各类双边经贸协定或安排；已同39个国家签署了税务条约。作为东盟成员国之一，菲律宾先后与中国、韩国、澳大利亚、新西兰和印度5国签订了自由贸易协议与经济一体化协议。菲律宾于2023年2月核准《区域全面经济伙伴关系协定》（RCEP），6月正式生效。

2022年，菲律宾对外货物贸易总额为1 924.2亿美元，同比增长24.1%。其中，出口额746.4亿美元，同比增长14.4%；进口额1 177.8亿美元，同比增长31.1%。2022年，菲律宾前十大贸易伙伴分别是中国大陆、日本、美国、韩国、印度尼西亚、中国香港、新加坡、泰国、中国台湾、马来西亚。除中国香港和美国以外，菲律宾对其他八个主要贸易伙伴均呈现贸易逆差。中国和菲律宾贸易额占菲对外贸易总额的18.1%；中国是菲律宾最大逆差来源国，菲律宾对华贸易逆差占其逆差总额的23.1%。

菲律宾主要出口商品为电子产品、机械及运输设备、交通工具零配件、医药产品、工业机器和设备、钢铁、杂项制成品等，主要进口商品为电子产品、矿物燃料和润滑油、运输设备、工业机械和设备、钢铁、混合制成品等。

2022年，菲律宾服务贸易占GDP比重为16.45%，主要涉及旅游及通信、电脑和信息服务、其他商业服务等产业。

2. 投资情况

根据菲律宾央行数据，2022年，菲律宾净吸收外国直接投资（FDI）93.66亿美元，同比下降21.8%；其股权投资主要来自日本、新加坡和美国。

据联合国贸发会议发布的《世界投资报告》（2023版）显示，2022年菲律宾吸收外国直接投资流量92亿美元，截至2022年底，菲律宾吸收外国直接投资存量1 129.7亿美元。

3. 中菲经贸合作

中国与菲律宾早在公元10世纪就有贸易往来，1975年6月9日正式建交。建交以来，中菲关系总体发展顺利，各领域合作不断拓展。胡锦涛主席（2005年）、温家宝总理（2007年）、贾庆林政协主席（2009年）、李克强总理（2017年）、习近平主席（2018年）先后访菲。阿罗约总统（任期内9次访华）、阿基诺三世总统（2011年）、杜特尔特总统（2016年、2017年）先后访华。2017年3月，国务院副总理汪洋访问菲律宾。5月，菲律宾总统杜特尔特来华出席"一带一路"国际合作高峰论坛。11月，国家主席习近平在越南亚太经合组织领导人第26次非正式会议期间同菲律宾总统杜特尔特举行双边会见。同月，李克强总理赴菲律宾出席东亚合作领导人系列会议并对菲律宾进行正式访问。2018年4月，菲律宾总统杜特尔特来华出席博鳌亚洲论坛2018年年会。其间,习近平主席同其举行双边会见。9月,全国人大常委会副委员长吉炳轩访问菲律宾。10月,国务委员兼外交部部长王毅访问菲律宾。2018年11月20日至21日,中华人民共和国主席习近平对菲律宾进行国事访问,并在马尼拉发表了《中华人民共和国与菲律宾共和国联合声明》。2018年,双方签署《关于共同推进"一带一路"建设的谅解备忘录》和《基础设施合作规划》。菲律宾是中国共建"一带一路"的重要伙伴,中方将深化"一带一路"倡议同菲律宾发展战略的对接,加强基础设施建设、电信、农业等领域合作。

中国连续7年保持为菲律宾最大贸易伙伴、进口来源地和第二大出口目的地。2023年,中菲双边贸易额719亿美元,同比下降16%。其中,中国对菲律宾出口额524.1亿美元,同比下降16.3%;自菲律宾进口额195亿美元,同比下降15.3%。贸易差额329.1亿美元(见表3-2)。

表3-2　　　　　　　2015—2023年中国与越南双边贸易数额　　　　　　　单位:亿美元

年份	进出口 金额	进出口 同比变化	中国出口 金额	中国出口 同比变化	中国进口 金额	中国进口 同比变化	贸易差额
2015	456.50	2.70%	266.73	13.70%	189.76	-9.57%	76.97
2016	472.10	3.40%	298.30	11.90%	173.70	-8.40%	124.60
2017	512.80	8.50%	320.40	7.40%	192.30	10.50%	128.10
2018	556.70	8.50%	350.60	9.30%	206.10	7.10%	144.50
2019	609.50	9.50%	407.50	16.30%	202.00	-2.00%	205.50
2020	611.50	0.30%	418.40	2.60%	193.10	-4.40%	225.30
2021	820.50	34.00%	573.10	36.80%	247.40	27.90%	325.70
2022	877.30	7.10%	646.80	13.20%	230.50	-6.90%	416.30
2023	719.00	-16.00%	524.10	-16.30%	195.00	-15.30%	329.10

数据来源:中国商务部亚洲司。

2022年,中国对菲律宾出口前八大商品为:铁或非合金钢平板轧材(44亿美元),成品油(25.8亿美元),电话机、其他发送或接收声音、图像或其他数据用的设备(18.3亿美元),集成电路(14.9亿美元),橡胶或塑料制外底及鞋面的鞋靴(14.2亿美元),钢铁管及空心异型材(11.8亿美元),玩具(10.1亿美元),家具及其零件(9.8亿美元)。

2022年,中国自菲律宾进口的前八大商品为:集成电路(90.4亿美元),镍矿砂及其精矿(25.9亿美元),自动数据处理设备及其他办公机器的零附件(13亿美元),半导体器件(12.5亿美元),自动数据处理设备及其部件(9.3亿美元),未锻轧的精炼铜及铜合金(7.8亿美元),固定、可变或可调(微调)电容器(7.1亿美元),褐煤(5.4亿美元)。

投资方面,据中国商务部统计,2022年中国对菲律宾直接投资流量2.7亿美元;截至2022年底,中国对菲律宾直接投资存量11.1亿美元。目前,中国在菲律宾投资规模较大的项目包括国家电网公司参与菲国家电网特许经营权(中外方股比为40%:60%)、中国电信参股菲第三家电信运营商(中外方股比为40%:60%)、攀华集团投资综合性钢厂项目(中方独资)等。2022年菲律宾对华实际投资1 493万美元;截至2022年底,菲律宾累计在华投资34.2亿美元。菲律宾在华投资规模较大的企业包括SM集团、上好佳集团、快乐蜂集团等。2022年,中国企业在菲律宾新签承包工程合同515份,新签合同额105.12亿美元,同比降低5.3%;完成营业额

33.93亿美元,同比增长4.4%。累计派出各类劳务人员551人,年末在菲律宾劳务人员3 406人。

三、法律环境

(一)贸易法规

贸工部(DTI)是菲律宾外贸政策制定和管理部门。其主要职责包括:制定综合的工业发展战略和进出口政策;创造有利于产业发展和投资的环境;促进竞争和公平贸易;负责双边和多边贸易投资合作协定的谈判;支持中小企业发展,保护消费者权益。贸工部下属机构产品标准化局主要负责技术标准和法规的管理和实施;进口服务署主要负责特定产品进口法规的实施及发起和指导反倾销、反补贴及保障措施的初步调查。

菲律宾管理进出口贸易的相关法律主要包括《海关法》《出口发展法》《反倾销法》《反补贴法》和《保障措施法》等。《菲律宾海关现代化和关税法》(CMTA)将进口商品分为四类:自由进口商品;管制进口商品;限制进口商品;禁止进口商品(见表3—3)。出口商品同样按照《菲律宾海关现代化和关税法》规定,菲律宾政府一般对出口贸易采取鼓励政策,主要包括简化出口手续并免征出口附加税,进口商品再出口可享受增值税退税、外汇资助和使用出口加工区的低成本设施等。

表3—3　　　　　　　　　　　　菲律宾进口商品管理规定

类　别	规　定
禁止进口商品 (《CMTA》第3章 第118节)	• 包含颠覆国家政权内容或违反菲律宾法律的印刷制品; • 用于非法堕胎的商品、工具、药物、广告印刷品等; • 包含不道德内容的印刷品或媒体制品; • 包含金、银等贵金属且未标明质量、纯度的商品; • 违反本地法规的食品、药品; • 侵犯知识产权的商品,其他主管部门发布法律法规禁止进口的商品
限制进口商品 (《CMTA》第3章 第119节)	除非法律或法规授权允许,否则禁止进口以下商品: • 枪支弹药、爆炸物等武器,赌博用具,彩票和奖券; • 菲律宾总统宣布禁止的毒品、成瘾性药物及其衍生物; • 有毒有害危险品; • 其他受到限制的商品
管制进口商品 (《CMTA》第3章 第117节)	管制进口商品必须获得相应主管部门的许可证或授权才可进口,受管制的进口商品清单可以在菲律宾国家贸易资料库中查看
自由进口商品 (《CMTA》第3章 第116节)	除禁止进口商品、限制进口商品、管制进口商品外的商品,除非法律法规另有规定,否则可自由进出菲律宾

数据来源:中国商务部《菲律宾投资指南》。

菲律宾进口关税税率一般为0~30%。具体商品的税率可从其关税委员会的网页查阅。根据东盟内部协议规定,菲律宾对东盟成员国全部产品进口实行零关税。菲律宾对大米等部分农产品实行关税配额管理措施,对配额内的产品征收正常关税,对配额外的商品征收高关税。菲律宾对原木出口征收20%的出口关税。

(二)外国投资法规

贸工部是主管投资的职能部门,负责投资政策的实施和协调,促进投资便利化。贸工部下设的投资署(BOI)、经济特区管理委员会(PEZA)负责投资政策包括外资政策的实施和管理。此外,菲律宾在苏比克、克拉克、巴丹等地设立了自由港区或经济特区,并成立了相应的政府机构进行管理。

除了宪法中相关规定外,菲律宾与外资相关的法律主要包括:《综合投资法典》《企业复苏和税收激励法案》《外国投资法》《公共服务法》《零售贸易自由化法》《经济特区法》《投资者租赁法案》《地区总部、地区运营总部和地区仓储中心相关法案》等。

2021年3月通过的《企业复苏和税收激励法案》(CREATE),将外资企业税率从30%降至25%,并一揽子为外资企业提供最长17年的税收激励,包括4至7年所得税免税期(ITH),以及长达10年的特殊企业所得税(SCIT,5%的税率)等。菲律宾政府不定期更新外国投资负面清单(FINL),对于部分行业也颁布了相应的法律法规,设置了外资准入门槛。如文化行业、广告业外资占股不得超过25%;在私营广播公司中,外资占股不得超过20%,有线电视及其他形式的广播和媒体只能由菲本国公民经营。对于绝大多数外资公司,公司董事会成员中60%以上应为菲律宾公民,菲律宾公民应至少拥有60%的股权和表决权。如不能满足上述要求,则必须符合下列条件:

(1)经菲律宾投资署批准,属于先锋项目,且至少70%的产品用于出口。

(2)从注册之日起30年内,必须转为菲律宾本国企业(产品100%出口的公司无须满足该要求)。

(3)公司涉及的先锋项目领域不属于宪法或其他法律规定应由菲律宾公民所有或控制的领域。

(三)税收制度与法规

菲律宾税法的基本法律渊源是《国家税务法典(1997)》(National Internal Revenue Code,NIRC),财政部长通常会参考国家税务局局长的意见颁布所需的税务条例。对于《国家税务法典(1997)》的条款,国家税务局局长享有排他性的解释权,但这一解释权受财政部长的审查。菲律宾的税收体制可以分为国家税(National Taxes)以及地方税(Local Taxes)。

国家税是指由中央政府施行并征收的税种,主要包括所得税、增值税、关税、比例税以及印花税等。地方税是指由地方政府基于宪法的授权性规定而施行并征收的税种,主要包括社区税、地方营业税、不动产税等。

现行的企业所得税税率为应纳税收入的25%;资产不超过1亿比索(不包括土地)且年度应纳税所得额不超过500万比索的菲本国企业的所得税税率为20%。如果企业应纳税收入为零或负数,或最低企业所得税超过其普通公司应纳所得税,则自该企业第4个年度起可按2%的最低企业所得税税率征收。专营教育机构和非营利性医院按应纳税收入净额的10%征收。自2022年1月1日起,适用于区域运营总部(ROHQ)的企业所得税税率从10%升至25%。外国公司通过未在菲律宾证券交易所挂牌的股票出售中获得的资本收益所得税税率从5%~10%升至15%。离岸银行业务单元(OBU)与非居民进行外币交易获得的收入,以及从对居民的外币贷款中获得的利息收入从原来的免税和10%升至25%等。

(四)劳动就业法规

菲律宾《劳动法》对工资标准、雇佣关系、工作时间等进行了规定。

雇员的工作时间为每天不超过8小时或每周不超过48小时。雇员在连续工作6天后应享受连续24小时的休息。该要求不适用于政府雇员、管理人员、野外作业人员、提供私人服务者及根据工作成果领取工资者。在菲律宾经商必须为雇员购买保险。私人雇员适用社会保险系统(SSS),政府雇员适用政府服务保险系统(GSIS)。

外国人在菲律宾工作须获得外国人就业许可和移民局的工作签证,并办理身份证(I-CARD)。在菲律宾的中国公民须遵守菲律宾移民法律法规,注意及时办理签证延期等手续,勿从事与签证种类不符的活动。如发生劳务纠纷,可通过法律手段进行维权,或通过菲律宾工作环境局、有特殊关切工人局以及员工补偿委员会等机构寻求救济。

(五)知识产权保护法律法规

菲律宾在1946年前已有知识产权保护方面的法律措施,这些措施与美国的法律法规相似。1997年,菲律宾颁布《知识产权法典》(RA8293),并成立了知识产权办公室。菲律宾是下列国际知识产权条约的签字国:《保护文学和艺术作品伯尔尼公约(1948年布鲁塞尔版本)》《保护工业产权巴黎公约(里斯本修正案)》《保护表演者、音像制品制作者和广播组织罗马公约》。

菲律宾关于知识产权的核心法规是《菲律宾知识产权法典》(RA 8293),知识产权的执法单位包括菲律宾贸工部及下属的知识产权办公室。侵权处罚规定分两种情况:情节较轻的,可由上述执法单位责令停止侵权行为、罚款(6 000至10万比索)、吊销执照等;情节较重的(指损失超过20万比索),可由当事人提起司法诉讼,由上诉法院或高级法院裁决,给以刑事处罚。菲律宾贸工部负责受理侵权投诉,知识产权办公室负责纠纷调解。

(六)解决商务纠纷的途径与法规

在菲律宾,企业不仅要依法注册、合法经营,必要时也需要通过法律手段解决纠纷,维护自身权益,可以采取的途径有法院诉讼、仲裁与和解等。只有律师可代表当事人在法院或行政机构行使其准司法职能。菲律宾全国设有多家律师事务所,法律行业属于外资禁止进入领域。

依据《菲律宾仲裁法》(共和国法案876号),发生争议的双方可以通过事先合同约定或事后双方同意的方式,提起仲裁。仲裁双方应首先签署书面的仲裁协议,并由起诉方或其合法代理人签署。当事人可自由选择仲裁员,如无指定仲裁员,一级法院可根据争议指定1~3名仲裁员。如当事双方认为仲裁员的任命有失公允,可对该任命提出异议。仲裁裁决通常在听证会结束30天内作出,裁决必须由独任仲裁员或多名仲裁员书写、签署和确认,并向各方提供一份裁决副本。

菲律宾争议解决中心(Philippine Dispute Resolution Centre, PDRCI)成立于1996年,是菲律宾最主要的仲裁机构。

(七)数字经济相关政策和法规

2018年7月,菲律宾政府宣布2022年国家ICT生态环境框架,规划了国家数据管理和发展路线图。2019年2月,菲律宾发布《数字化转型战略(2022)》,计划在2022年完成电子政务系统的全覆盖。2020年5月,菲众议院提交《数字经济税收法案》,拟对数字服务征税以填补数字服务税收漏洞。2021年1月,菲贸工部发布《2022年菲律宾电子商务路线图》,旨在促进中小企业参与电子商务,并增强消费者的网购信心。2021年12月,菲律宾政府取消电信行业外资比例不得超过40%的规定,外资的进入将加速行业发展。2022年,信息和通信技术部公布数字基础设施建设计划,涉及金额约9.6亿美元,以加强全国网络建设和网络服务。

四、社会文化环境

菲律宾无论从宗教、宗族还是从历史上考量,都呈现出丰富多样的文化内涵。西班牙人带来了天主教和南欧建筑,至今深刻影响着菲律宾。华人带来了中国式建筑和文化习俗。美国人除了让英语成为官方语言之外,也在音乐、建筑等多方面影响了菲律宾。还有原始土著部落文化和伊斯兰文化等,各种文化和种族在菲律宾交织,创造出一个文化多元共存的奇妙菲律宾。

(一)民族宗教

菲律宾是一个多民族的国家,有 90 多个民族。主要民族有比萨扬人、他加禄人、伊洛克人、比科尔人、卡加延人等,共占全国总人口的 85% 以上。少数民族有华人、印度尼西亚人、阿拉伯人、印度人、西班牙人和美国人,还有为数不多的土著民族。

菲律宾居民约 85% 信奉天主教,5% 信奉伊斯兰教,少数人信奉独立教和基督教新教,土著居民多信奉原始宗教,华人多信奉佛教。这里与西方国家一样不会错过任何一个天主教节日,遍布各地大大小小的天主教堂将天主教文化在菲律宾广泛传播。建筑也呈现出欧陆风情和本地传统建筑完美融合的状态。除了上述主要宗教信仰之外,菲律宾还有许多其他宗教信仰,包括印度教、锡克教、犹太教、摩尼教等。此外,还有一些人信仰当地的传统宗教或民间信仰。偏远的山村依旧能体验到巫医、通灵、洞穴丧葬、木乃伊等充满原始味道传统宗教体验,依旧能看到最传统的本地体育竞技——斗鸡。传统的土著部落还在深山丛林里过着千年未变的生活。菲律宾的宗教信仰具有多样性和复杂性,不同宗教信仰之间相互尊重、包容共处是菲律宾社会的常态。

(二)语言

由于独特的地理位置、多元的民族文化和历史原因,菲律宾语言相当复杂和多样,有 70 多种语言。1959 年,菲律宾政府正式宣布以他加禄语(Tagalog)为基础的菲律宾语为国语,后来菲宪法规定菲律宾语和英语为官方语言。与菲律宾语相比较,在政府文告、外交谈判、国际学术交流等正式场合和正式文件中大多使用英语。英语在菲律宾十分普及,受过中学教育的人能比较熟练地运用英语。普通人在日常谈话中也会不同程度地掺杂英语,即所谓的 Taglish。一般来说,受教育程度越高的菲律宾人,使用英语越多。英语被广泛用于教育、金融和贸易领域。

(三)教育

菲律宾的教育事业在东南亚国家中是发展比较早也比较发达的。16 世纪西班牙殖民者来到菲律宾后,便开始在各地兴办教会学校。1863 年,西班牙开始在菲律宾普及初等教育,建立中等职业学校、师范学校和技术学校。美国占领菲律宾后,开始推行美国式的教育制度,使用美国课本和英语教学。1611 年,美国在亚洲建立的第一所大学就在菲律宾马尼拉,即圣托马斯大学,到现在已有 407 年的历史了,是亚洲最古老的大学。到 1946 年时,菲律宾已经形成了从初级教育到高等教育的比较完整的教育体系。菲律宾独立后,政府重视教育,宪法规定中小学实行义务教育,鼓励私人办学,为私立学校提供长期低息贷款,并免征财产税,但初、中等教育仍以政府办学为主。

根据法律,菲律宾实行 13 年义务教育(幼儿园和 1~12 年级)。全国共有小学 50 483 所,小学生入学率达 91.05%;中学 14 217 所,中学入学率 68.15%;高等教育机构 1 599 所,主要由私人控制,在校生约 244 万人。菲律宾著名高等院校有菲律宾大学、德拉萨大学、雅典耀大学、东方大学、远东大学、圣托马斯大学等。

(四)医疗

菲律宾有完善的医疗体系,由公立和私立医疗机构组成。其中,公立医院设施设备条件一般、收费便宜,主要满足低收入群体就医需求;私立医院条件较好,但费用昂贵,主要面向中、高收入群体。整体来说,菲律宾大多数的医院为私人所有,公立医院仅占 30% 左右。根据 PhilHealth 的数据显示,至 2020 年 9 月,菲律宾全国已获认证的第一层级(Level 1)的医院有

826家,第二层级(Level 2)的医院有340家,第三层级(Level 3)的医院有117家。另外还有为数众多的、遍布各地包括偏远地区的各类诊所。

2017年9月,菲律宾国会通过了全民医疗保险(UHC)计划,该计划旨在为所有菲律宾人提供全面的医疗保健和保险。菲律宾卫生部还制订了卫生设施改进计划(HFEP),以便为改善创伤和其他紧急情况提供设施及资金。HFEP旨在提升20%的卫生部保留医院、46%的省级医院、46%的地区医院和51%的农村医疗机构。2022年,菲律宾全国经常性医疗卫生支出占GDP的5.5%,人均医疗支出10 059.49比索。

联合国数据显示,2023年,菲律宾人均寿命为71.66岁。菲律宾主要传染疾病有登革热、麻疹等。

(五)重要节日

菲律宾民族众多,因此节日也非常多。菲律宾是世界上节日最多的国家之一,全国各民族大大小小的节日有几百个,其中全国性的节日有20多个。在菲律宾,重要的节日包括:

新年(New Year's Day):公历元旦是菲律宾的新年,既有西方的风气,也有传统的习尚。从除夕开始,菲律宾全国各地的城市街道上到处燃放烟花,洋溢着热闹欢乐的气氛。新年除夕与家人团聚是菲律宾的传统习惯。一月份的第一个星期天,相当于我国的春节。市民汇集于各区教堂,充满虔诚和期望,参加新年的第一个弥撒。这段时间是菲律宾旅游的高峰,度假区的酒店常常一房难求。

阿提阿提汗狂欢节(Ati-Atihan):地方性节日,是班乃岛的卡利博镇举行的狂欢节,是菲律宾最出名、最疯狂的节日。在这个为庆祝耶稣圣婴、庆祝种族和平而举行的庆典上,大家穿着奇装异服,全身抹黑,在镇上舞蹈狂欢、击鼓作乐。活动历时一周,通常在1月的第三个星期举行。

春节:地方性节日,中国农历春节期间,在马尼拉等华裔聚集地区有大规模的春节庆祝活动,其中包括舞龙、烟花表演等。

复活节(Good Friday):在每年3月29日举行。节日里最富特色的活动是自我鞭笞赎罪和钉十字架。这一天,数以千计的戴头兜的忏悔者在大街小巷、乡间泥路上蜿蜒而行,其中许多人用嵌着碎玻璃的竹棒边走边打自己的背,为自己的罪孽"赎罪",并祈求上帝的保佑。

巴丹日(Araw ng Kagitingan):节期是4月9日,菲律宾人民会在这一天缅怀在第二次世界大战中为保卫菲律宾而牺牲的战士。

五月花节:在5月最后一个星期日举行。节日那天,少女们身着纯洁的白衣围绕着圣母玛利亚肖像游行、抛洒鲜花。这个可以纯净心灵的习俗已经延续了几百年。

独立日(Independence Day):于每年6月12日举行,是菲律宾的国庆节,纪念菲律宾在1898年6月12日脱离西班牙独立,结束长期的殖民统治。这天,首都马尼拉市举行庆祝活动,如举行体育比赛和文艺演出,总统还将为庆祝独立日发表讲话。

万圣节(亡人节):11月1日举行。这天,人们会带着食物等祭品前往公墓,悼念死去的亲朋,并通宵守夜。华人称这天为"番子清明",马尼拉的华人公墓能体验这一特殊的节日。

圣诞节(Christmas Day):节期是12月25日,但各种活动从12月16日从就开始了,一直持续到翌年1月6日,是世界上最长的圣诞节。

英雄节(Rizal Day):节期是12月30日,举国同庆,纪念菲律宾伟大的民族英雄何塞黎刹殉难。

（六）衣着服饰

西班牙殖民者入侵菲律宾前，菲律宾人穿用棉纱、麻纤维制成的衣服。男人穿的上衣称"康岗"，无领、短袖，下身用一条称为"巴哈"的布裹着腹部，上衣下摆略低于腰。衣服的颜色多为蓝色或黑色，只有尊长着红色的衣服。现在菲律宾人的服装变化很大，西装在中上层人士中广泛流行，而老百姓的衣着则比较简单。男子上身穿衬衣，喜用白色，下身穿西装裤；女子喜欢穿无领连衣裙。大部分青年着西式皮鞋，老年人仍穿用木头、麻或草做成的拖鞋。

菲律宾穆斯林男子着短外衣和宽大的长裤，围一条"沙隆"（一种花围裙）作为腰带。到麦加朝圣过的信徒头上围一条白色头巾或戴一顶白帽子。妇女穿紧身的短袖背心，钉上两层金属纽扣，穿束脚的宽大裤子，或穿裙子。妇女像马来人一样把头发盘成结，有时裹着颜色鲜艳的头巾，戴手镯、项链和耳环。

菲律宾男子的国服称为"巴隆他加禄"。这是一种丝质紧身衬衣，长可及臀，领口如同一般可以扎领带的衬衫，长袖，袖口如同西服上装。前领口直到下襟两侧，都有抽丝镂空图案，花纹各异，颇为大方。女子的国服称为"特尔诺"。这是一种圆领短袖连衣裙。由于它两袖挺直，两边高出肩稍许，宛如蝴蝶展翅，所以也称"蝴蝶服"。这种服装结合了许多西欧国家，特别是西班牙妇女服装的特点，并经过三四百年的沿革，而成为菲律宾妇女的国服。

图3—6 菲律宾服饰"巴隆他加禄"

少数民族的穿戴各不相同。例如：伊富高人男子往往上身裸露，下身围一条T形花布；女子穿着类似的裙子，颜色鲜艳。丁冈人衣服极为简单，男子普遍仅在腹部围一块布，有的也穿前襟分开的上衣；女子穿短上衣，用布缠绕腹部。

（七）饮食习惯

菲律宾人的主食是大米、玉米。农民在煮饭前才舂米。米饭是放在瓦罐或竹筒里煮的，用手抓饭进食。菲律宾人喜欢用椰子汁煮木薯、椰子汁煮饭，煮熟后用香蕉叶包裹。玉米先是晒干，磨成粉，然后做成各种食品。菲律宾人烹调很简单，喜欢使用刺激性的调味品，进食时用手抓。城市中上层人士大多吃西餐。菲律宾穆斯林人的主食是大米，有时也吃玉米和薯粉，佐以蔬菜和水果等。按照伊斯兰教教规，他们不吃猪肉，不喝烈性酒。他们与马来人一样喜欢吃鱼，不喝牛奶。咀嚼槟榔在菲律宾穆斯林人群中非常流行。

（八）社交与禁忌

在菲律宾，日常见面，无论男女都行握手礼，男人之间有时也拍肩膀。菲律宾人一般较随和，无论何时何地，他们都显得愉快、乐观，好像从不知道忧愁为何物。跟他们打交道，你就不能"面无表情"，或是"三缄其口"。你若是面无表情或一声不吭，他们会认为你不怀好意，或是不愿意跟他们打交道。在菲律宾上门做客时，不能拒绝主人的茶点。出席宴会时，尤其是家庭宴请，要尽量学着菲律宾人，放得轻松自在些。否则，若是显得很严肃，或者老是一本正经的话，反而会失礼。菲律宾人的家庭观念很强，他们喜欢别人谈论他们的家庭。值得注意的是，有些菲律宾人不那么喜欢美国那一套。有一些菲律宾家庭，进屋要脱鞋，客人要看主人怎么做。如果你带了礼物，到主人家时再送，过后最好寄上一封简短的感谢信。菲律宾人能歌善舞，喜爱斗鸡；崇尚茉莉花，将其视为忠于祖国、忠于爱情和表达友谊的象征，常把茉莉花环挂到贵宾脖子上。

菲律宾人与其他一些东南亚国家的人一样,忌讳用左手传递东西或抓取食物。他们认为左手是肮脏、下贱之手,使用左手是对他人的大不敬。菲律宾人不爱吃生姜,也不喜欢吃兽类内脏和腥味大的东西,对整条鱼也不感兴趣。菲律宾人忌讳"13"和"星期五"。

思政小课堂

筑梦路上 家在远方

在马尼拉,如果提到中国项目,人们最容易想到的,就是中国援建的两座桥梁。其中一座是埃潘桥,它连接金融中心马卡蒂和曼达卢永市,桥身造型看上去像是两只并肩飞行的海鸥,寓意着中菲友谊展翅齐飞。

这座桥通车后,日均车流量达到5万辆次,大幅改善了帕西格河两岸交通。

视频资料

2021年7月29日埃潘桥竣工,中国记者在现场合影

项目建设期间,为当地民众创造了数百个工作岗位,培养各类管理和技术人才200余人,为菲律宾留下一批掌握了熟练工程技能的当地员工。这是实实在在的友谊象征。

埃潘桥航拍全景(图片来自中国路桥)

另一座是比农多—王城大桥，它连接了马尼拉的中国城和西班牙王城，桥体是白色拱桥的造型。夕阳西下的时刻，桥梁拱顶上的两国国旗熠熠生辉。修桥的工人们曾经告诉我们，希望以后能带着孙辈来看这座桥，这是他们的骄傲。

比农多—王城大桥全景（记者黄铮铮 摄）

在菲律宾南部，还有一座在建的大桥备受关注，这就是达沃—萨马尔跨海大桥。这座大桥于2022年10月开工，全长3.81公里，其中跨海桥梁总长1.62公里，大桥连接达沃市与萨马尔岛，原本这两地被海峡分隔，通勤只能依靠轮渡，单程至少需要半小时，但大桥建成后，通勤时间将缩短到5分钟。这座大桥可以说将彻底改变当地民众的出行方式，让达沃市与萨马尔岛之间的经济往来提速升级。

菲律宾副总统莎拉·杜特尔特是达沃人，她曾经在这里担任市长很多年，看到家乡的经济将迎来腾飞发展，莎拉·杜特尔特非常激动。

莎拉·杜特尔特：这座桥非常重要，不论是从政治上、经济上，还是社会意义上，都对达沃地区的发展有利。我们希望5年后就能通车，我们会和岛屿花园萨马尔市密切合作，确保工程按时完工。

这座跨海大桥可以说承载着达沃人民百年来的梦想，而中国方案能够助力当地民众梦想成真，是两国关系的重要里程碑。

中国驻菲律宾大使黄溪连：这个项目是中菲政府间合作的旗舰项目，也是中国"一带一路"倡议和菲律宾新政府的"多建好建"规划对接的一个重要成果。

大桥工期预计为5年，施工期间将创造上千个就业岗位，带动菲律宾南部经济发展。

"一带一路"不仅促进了菲律宾的交通发展，也为很多偏远的山乡带去了光明和希望。巴利瓦特村是菲律宾少数部族阿埃塔人的聚居处，他们靠打猎为生，村民的生活一直处于极度原始状态。以前这个村子没有电，也没有手机信号，更没有网络。要前往这个村子，需要蹚过11条季节性河流，穿过满布火山灰的峡谷，但中国企业跋山涉水地把太阳能电站搬到了这里。"光明乡村"项目在2019年6月完工，村里的一千多名居民用上了电，曾经的猎户变成了维护电站的技术工人，学校教室里点亮的灯光，如同点亮了希望。"光明乡村"成为中国企业支援菲律宾边远山乡的名片，它的二期项目有望于年内在菲律宾伊莎贝拉省开建，小小的灯光，将连通两国人民的心。

2020 年 12 月，记者重访光明乡村（记者黄铮铮 摄）

本杰明·穆萨：我们特别感激、特别感恩，也特别开心能和中国做生意，这是我们能够成功的关键。对我们这样的小种植户来说，能将榴莲出口到中国，简直是一份大礼，这完全改变了我们的生活，让我意识到某一天可能我们会富裕起来。

穆萨说，他的收入因此增加到之前的 3 倍之多，这让他这样的小果农看到了致富的希望，摆脱贫困不再是遥远的梦想。达沃市榴莲协会的会长曼努尔·贝尔维兹曾经告诉我，菲律宾人认为榴莲是"社交水果"，因为它最适合与家人朋友坐在一起分享。"一带一路"也正是这样，它通过团结和协作，把地区凝聚在一起，互相分享成就，和平友好相处。

2023 年 6 月，在榴莲农户穆萨的农场中（记者黄铮铮 摄）

资料来源：摘自央视"中国之声"专栏《总台记者看世界》——亚太总站记者　黄铮铮。

【课后思考题】

1. 菲律宾的地理、环境和市场有何特点?
2. 菲律宾当前面临主要经济问题是什么?
3. 中国与菲律宾的贸易、投资前景如何?

第四章

新加坡（Singapore）

一、基本情况

新加坡共和国（Republic of Singapore）简称新加坡，是东南亚岛国、世界重要的转口港及联系亚、欧、非、大洋洲的航空中心。新加坡位于马来半岛南端、马六甲海峡出入口，由新加坡岛及附近63个小岛组成，其中新加坡岛占全国面积的88.5%。这个城市国家占地710平方公里，有华人（多数）、马来人、印度人和欧亚混血人四大族群，近600万人口。

新加坡于1965年8月9日独立以来，即采用国会民主制度。目前政府与内阁由总理黄循财领导，总统尚达曼则为国家元首。新加坡8世纪属室利佛逝；14世纪始属于拜里米苏拉建立的马六甲苏丹王朝；18—19世纪属柔佛王国；19世纪初被英国占为殖民地；1942年2月15日，新加坡被侵略的日军占领；1963年加入马来西亚；1965年新加坡正式独立。

新加坡是一个多元文化的移民国家，促进种族和谐是政府治国的核心政策。新加坡以稳定的政局、廉洁高效的政府而著称，是全球最国际化的国家之一。

新加坡为"亚洲四小龙"之一，城市基础设施排名世界第一。2023年，新加坡国内生产总值6 733亿新元（约合4 879.0亿美元），人均国内生产总值11.4万新元（约合8.2万美元），国内生产总值增长率为1.1%。

新加坡已加入《区域全面经济伙伴关系协定》（RCEP）和《全面与进步跨太平洋伙伴协定》（CPTPP），同新西兰、智利发起《数字经济伙伴关系协定》（DEPA）；倡议成立了亚欧会议、东亚—拉美论坛等跨洲合作机制；积极推动《亚洲地区政府间反海盗合作协定（ReCAAP）》的签署，根据协定设立的信息共享中心于2006年11月正式在新成立。

小知识

新加坡国旗与国徽

国旗

新加坡国旗又称星月旗，于1965年8月9日正式成为新加坡共和国的国旗。1959年，当时新加坡在大英帝国统治下组成自治政府，星月旗随后成为自治政府的官方旗帜，1965年新加坡独立后它被选为国旗。新加坡国旗由红、白两个平行相等的长方形组成，长宽比为3∶2，左上角有一弯白色新月以及5颗白色五角星。

国徽

新加坡国徽由盾徽、狮子、老虎等图案组成。红色的盾面上镶有白色的新月和五角星,其寓意与国旗相同。红盾左侧是一头狮子,这是新加坡的象征,新加坡在马来语中是"狮子城"的意思;右侧是一只老虎,象征新加坡与马来西亚之间历史上的联系。红盾下方为金色的棕榈枝叶,底部的蓝色饰带上用马来文写着"前进吧,新加坡"。

(一)建国历程

新加坡历史可追溯至3世纪,当时已有土著居住,其最早文献记载源自3世纪东吴将领康泰所著的《吴时外国传》。蒲罗中是新加坡岛最古老的名称,意为"马来半岛末端的岛屿",比淡马锡(明朝把新加坡称作"淡马锡")早1 000多年。据新加坡学者许云樵考证,蒲罗中是马来语"Pulau Ujong"的对音。1320年,元朝派人到一个叫"龙牙门"的地方寻找大象,这或许指的是吉宝海港。

1330年前后,一个名叫汪大渊的中国人来到此地,称这个居留地为"龙头",并说已经有中国人在此居住。最早把新加坡称作淡马锡(或海城)的是1365年普腊班扎所著的《爪哇史颂》。新加坡岛开始受到重视是在14世纪,来自室利佛逝的王子拜里米苏拉在该区域建立了马六甲苏丹王朝,后来葡萄牙人在1613年焚毁了河口的据点。此后的两个世纪内并没有关于新加坡的史料。

1824年,新加坡沦为英国殖民地,成为英国在远东的转口贸易商埠和在东南亚的主要军事基地。1942年,新加坡被日本占领。1945年日本投降后,英国恢复在新加坡的殖民统治,次年将其划为直属殖民地。1959年,新加坡实现自治,成为自治邦,英国保留国防、外交、修改宪法、宣布紧急状态等权力。1963年9月16日,新加坡与马来亚、沙巴、砂拉越共同组成马来西亚联邦。1965年8月9日,新加坡脱离马来西亚,成为一个有主权、民主和独立的国家。同年

12月22日,新加坡成为共和国,尤索夫·宾·伊萨克出任首任总统。建国以后,新加坡人民的集体危机感成为其创造经济奇迹的原动力,他们靠着勤奋的打拼在逆境中求得生存。

新加坡在建国后寻求国际承认,于1965年9月21日加入联合国。同年10月,新加坡加入英联邦。1967年,新加坡协立东盟。作为一个蕞尔小国,世界对于新加坡是否能继续存在表示疑问,除了主权纠纷,其他重要的问题包括住宅短缺、缺乏土地与天然资源。失业率当时高达12%。

新加坡为了求存求活,开始采取一连串的措施来发展工业及经济。于1961年设立的经济发展局致力于实行国家经济发展方针,重视制造业,裕廊工业区正式成立,并在加冷、大巴窑等地建立轻工业基地。为了吸引外资,政府决定给予外国企业优惠。同年,经济发展局重组,裕廊镇管理局以及新加坡发展银行也在该年成立。工业化的迅速发展使得新加坡在10年内成为世界主要电子产品出口国。虽然新加坡在国内政治上的自由空间逐渐被压制,经济上却取得高速发展,很快成为东南亚重要的金融和转口贸易中心,成为当时的"亚洲四小龙"之一。与此同时,人民的生活水平也得到大幅度提高,住房、教育、交通等问题都得到解决。

(二)人口状况

新加坡人主要由近一百多年来从欧亚地区迁移而来的移民及其后裔组成,其中华人占74%。移民社会的特性、殖民统治的历史和地理位置的影响,使得新加坡社会文化更加多元化。截至2023年6月,新加坡总人口591.76万,其中居民414.93万(包括361.07万公民和53.86万永久居民),非本地居民176.84万。总人口增长率5.0%,人口密度8 073人/平方公里,性别男女比例为957∶1 000。年龄中位数43岁,65岁以上人口占19.1%。劳动力人口为371.39万,占总人口的62.8%。其中,居民劳动人口为234.55万,大学以上居民劳动力占居民劳动力总数比重为39.1%。

(三)地理环境

新加坡位于北纬1°18′,东经103°51′,毗邻马六甲海峡南口,北隔狭窄的柔佛海峡与马来西亚紧邻,并在北部和西部边境建有新柔长堤与第二通道相通,南隔新加坡海峡,与印尼的民丹岛和巴淡岛等岛屿都有轮渡联系。新加坡的土地面积是718.3平方公里,海岸线总长200余公里,全国由新加坡岛、圣约翰岛、龟屿、圣淘沙岛、姐妹岛、炯岛等63个岛屿组成,最大的3个外岛为裕廊岛、德光岛和乌敏岛。新加坡岛东西约50公里,南北约26公里,地势低平,平均海拔15米,最高峰163.63米。20世纪60年代,新加坡陆地面积581.5平方公里,经过多年填海造陆,目前陆地面积已增加25%至733平方公里,政府计划到2030年继续增加填海造陆的面积。

新加坡属东8时区,没有夏令时,与北京没有时差。

新加坡地势起伏和缓,东部以及沿海地带都是平原,其西部和中部地区由丘陵地构成,地理最高点为武吉知马山,高163米。

新加坡河流由于地形所限,都颇为短小,全岛共有32条主要河流,包括克兰芝河、榜鹅河、实龙岗河等,最长的河道则是加冷河。

新加坡地处热带,长年受赤道低压带控制,为赤道多雨气候,气温年温差和日温差小,年平均温度在23℃~35℃,年均降雨量在2 400毫米左右,湿度介于65%~90%。每年11月至次年1—3月左右为雨季,受较潮湿的东北季候风影响,天气不稳定,通常在下午会有雷阵雨,平均低温徘徊在24℃~25℃。6—9月则吹西南风,最为干燥。在季候风交替月,也就是4—5月以及10—11月,地面风弱多变,阳光酷热,岛内的最高温度可以达到35℃。

(四)资源禀赋

新加坡资源比较匮乏,主要工业原料、生活必需品依赖进口。除岛中部武吉知马的锡矿、辉钼矿和绿泥石的小矿藏外,其他矿产资源匮乏,锡矿也在早年被采尽。此外,新加坡农业受地形、河流等因素制约,耕地面积小,粮食依赖进口,连淡水也主要靠从国外引入。新加坡虽然四面环海,但渔业资源并不丰富,年产仅1万余吨。新加坡植物资源比较丰富,且多属热带低地常绿植物。植物品种多达2 000种以上,其中椰子、油棕、橡胶是经济价值较高的作物。新加坡普遍种植著名的热带观赏花卉胡姬花(即兰花),胡姬花每年被大量销往欧、美、日、澳和中国香港等国家和地区,是该国重要的出口创汇商品之一。

1. 水资源

新加坡建有17个蓄水池为市民储存淡水。其中,中央集水区自然保护区位于新加坡的地理中心,占地约3 000公顷。该保护区拥有麦里芝蓄水池、实里达蓄水池上段、贝雅士蓄水池上段和下段等水库。其土地除了用来收集雨水,还发挥着重要的城市"绿肺"功能。为减少对外来水源的依赖,新加坡通过大型蓄水计划,以及海水淡化和循环再利用等技术,使得水源供应更加多元化,逐步迈向水供自给自足的目标。随着新加坡最大的大泉海水淡化厂的落成,当前可满足其国内超过60%的用水需求。

2. 森林资源

新加坡国土面积小,物产资源匮乏,但岛上仍然保留有部分原生植物群。新加坡约有23%的国土属于森林或自然保护区,而都市化缩小了雨林面积。森林主要分布于武吉知马自然保护区以及3个保护区、西部地段和离岸岛屿。

二、经济环境

(一)经济水平

新加坡属外贸驱动型经济,以电子、石油化工、金融、航运、服务业为主,高度依赖中、美、日、欧和周边市场,外贸总额是GDP的3倍。经济曾长期高速增长,1960—1984年间GDP年均增长9%。1997年受到亚洲金融危机冲击,但并不严重。2001年受全球经济增长放缓影响,经济出现2%的负增长,陷入独立之后最严重衰退。为刺激经济发展,政府提出"打造新的新加坡",努力向知识经济转型,并成立经济重组委员会,全面检讨经济发展政策,积极与世界主要经济体商签自由贸易协定。2008年受国际金融危机影响,新加坡的金融、贸易、制造、旅游等多个产业遭到冲击。新加坡政府采取积极应对措施,加强金融市场监管,努力维护金融市场稳定,提升投资者信心,降低通胀率,并推出新一轮刺激经济政策。2010年,新加坡经济增长14.5%。2011年,受欧债危机负面影响,新加坡经济增长再度放缓。2012年至2016年,新加坡经济增长率介于1%~2%。

2017年2月,新加坡"未来经济委员会"发布未来十年经济发展战略,提出经济年均增长2%~3%、实现包容发展、建设充满机遇的国家等目标,并制定深入拓展国际联系、推动并落实产业转型蓝图、打造互联互通城市等七大发展战略。如表4-1所示,2018年、2019年经济增长率分别达到3.2%、0.7%。2020年受"新冠"疫情影响,经济衰退5.4%。2021年,新加坡经济实现强劲反弹,同比增长7.6%。2022年,新加坡国内生产总值增长率回调至3.6%。从宏观经济基本面来看,主要指标表现尚好:2022年,新加坡财政收入为903亿新元,支出为1 070亿新元。新加坡2022年全年总体失业率处于2.1%的历史低位。其中,居民失业率下降至2.9%。2022年,新加坡整体通胀率高达6.1%,核心通胀率为4.1%。截至2022年,新加坡国际收支赤字1 570亿新元。根据"标普全球"2022年12月统计新加坡采购经理指数(Purchasing Managers' Index,PMI)显示,整体PMI从2022年11月的56.2下跌至49.1。外部市场需求疲弱导致制造业产量和新订单下跌,私营经济领域无法延续过去两年来的扩张势头,2022年12月出现自2020年11月以来的首次萎缩。从微观层面来看,大部分企业对短期内经济走势非常谨慎,民众消费支出意愿趋于减弱,但人均GDP达82 794美元,是全球最为富裕的国家之一。总体上,新加坡经济进入缓慢增长阶段。

表4—1　　　　　　　　　新加坡宏观经济数据(2018—2022年)

年份	GDP(亿美元)	经济增长率(%)	人均GDP(美元)	第一产业占GDP(%)	第二产业占GDP(%)	第三产业占GDP(%)	投资占GDP(%)	消费占GDP(%)	净出口占GDP(%)
2018	3 610	3.2	64 015	6.1	25.2	68.7	24.7	46.9	27.3
2019	3 721	0.7	65 166	6.1	24.6	69.3	24.6	47.8	26.9
2020	3 401	−5.4	59 819	5.3	26.1	68.6	22.5	46.3	31.7
2021	3 874	7.6	72 800	7.9	22.3	69.8	24.4	42.5	31.4
2022	4 672	3.6	82 794	4.4	24.3	71.3	21.9	39.9	36.2

资料来源:新加坡统计局、世界银行。

(二)产业状况

服务业、制造业与建筑业是新加坡的支柱产业。根据数据显示,2022年新加坡国内生产总值4 672亿美元。制造业产值增长2.6%,建筑业产值增长6.5%,服务业产值增长5%。三大产业产值虽然均实现了不同程度的增长,但与2021年制造业产值增长13.2%、建筑业产值增长20.1%、服务业产值增长5.6%相比,增速均出现一定幅度下降。究其原因,主要与2020年各产业的比较基数较低等因素相关。

1. 农业

新加坡农业园区位于林厝港和双溪登雅,拥有可耕地面积600多公顷,只占国土面积约1%,产值占国民经济总量不到0.1%。新加坡绝大部分粮食、蔬菜从马来西亚、中国、印度尼西亚和澳大利亚进口。2020年,新加坡政府开始租赁部分停车场的屋顶,将其改造成种植蔬菜的农场,为民众提供更多蔬菜,这是新加坡政府粮食增产计划的一部分。两年来,新加坡已设立了近20个类似农场。吴丽娇的"停车场农场"是首个中标的农场,每天可为周边零售商提供100千克至400千克蔬菜。截至2022年12月,新加坡共有约240个城市农场,大约能满足全国每年10%的食物供应。

2. 制造业

1961年,新加坡政府为加快工业化进程、促进经济发展,创建了裕廊工业区。该区的面积为70平方公里,包含了来自各地的跨国公司和本地的高技术制造业公司。新加坡政府根据地理环境的不同,将新加坡东北部划为新兴工业和无污染工业区,沿海的西南部、裕廊岛和毛广岛等划为港口和重工业区,中部划为轻工业和一般工业区。新加坡的工业主要包括制造业和建筑业。制造业主要包括石化工业、电子工业、精密工程业、海事工程业、生物医药业。其中,电子工业、石化工业、生物医药业在制造业中占比较高,分别占2022年制造业总产值的45.6%、11.8%、4.2%。

3. 建筑业

新加坡是一个政府财力雄厚、经济高度发达的资本主义国家。新加坡的基建主要集中在地铁、公路和港口码头领域，未来新加坡一方面将继续有选择性地填海造陆，另一方面将着力深挖地下空间，不断开发地下工程项目。近年来，新加坡建筑业的增长靠公共住房、交通、医疗基础建设等政府项目推动，私人项目需求与全球经济复苏的步伐挂钩，出现稳健改善迹象。

2021年，新加坡国家发展部长李智陞在建设局—新加坡产业发展商公会的建筑业与产业前景研讨会上致辞时透露，新加坡建设局预计2022至2025年，新加坡每年的建筑需求增至250亿至320亿元。

4. 服务业

新加坡的服务业扮演着重要的经济角色，主要包括批发零售业、商业服务业、金融保险业、运输仓储业、网络与通信业、旅游业。其中，批发零售业、商业服务业、金融保险业在国民经济中占比较高，分别占2022年GDP总额的18.9%、10.7%、12.8%。

新加坡的商业服务业包括不动产、法律、会计、咨询、IT服务等行业。交通与通信行业包括水陆空交通及运输，也包括传统的邮政服务和新兴的电信服务业。金融保险业则包括银行、证券(股票、债券、期货)、保险、资产管理等门类，可以说正是依托这几大服务业的发展，新加坡才确立了其亚洲金融中心、航运中心、贸易中心的地位。2022年，新加坡商业服务业产值为688.8亿新元，金融保险业产值为823.9亿新元。

5. 旅游业

新加坡的旅游业占GDP的比重超过3%，是其外汇主要来源之一。游客主要来自中国、东盟国家、澳大利亚、印度和日本。新加坡的主要景点有滨海湾、圣淘沙岛、植物园、夜间动物园等。据新加坡旅游局统计，2022年新加坡旅游业持续复苏，全年旅游收入292.5亿新元，平均酒店入住率为75.8%；全年到访游客630万人次，游客已经恢复至疫情前33%的水平。

6. 数字经济产业

根据新加坡资讯通信媒体发展局的一份最新报告，新加坡数字经济分为两个部分：资讯和通信部门，以及其他经济领域的数字化。三分之一的数字经济是由资讯和通信部门驱动的，三分之二是由其他经济领域的数字化驱动的。资讯和通信部门通过提供电信、计算机编程和信息技术咨询、云计算和软件开发等服务，推动了数字化进程。其他经济领域的数字化衡量的是资讯和通信行业之外的所有行业数字资本投资和支出所产生的价值。它们包括企业投资于数字技术所产生的经济成果，这些数字技术可以创造价值，例如更好地接触客户、优化业务流程以及创新产品和服务。

2022年，新加坡数字经济对GDP的贡献超过17%，高于2017年的13%。2022年，数字经济对新加坡GDP的贡献达到1 060亿新元(合775亿美元)，较2017年的580亿新元增加近一倍。

小知识

新加坡樟宜机场

新加坡樟宜机场是新加坡最有名的机场，它位于新加坡共和国东海岸选区机场大道，西距新加坡市中心17.2公里，是一个4F级国际机场和大型国际枢纽机场。樟宜机场以其卓越的服务、设施和旅游景点而闻名，每年接待超过6 800万人次的乘客。樟宜机场拥有四座航站楼，包括T1、T2、T3和T4，每个航站楼都各有特色并提供丰富的设施和服务。

例如，T1航站楼不仅有免税购物，还有"星耀樟宜"这样的综合大楼，它集景观、花园、住宿、餐饮、购物、休闲、游乐项目等多功能于一体。樟宜机场的著名景点包括"雨漩涡"，这是全世界最高的室内瀑布。此外，T3航站楼拥有全球机场中最高的室内滑梯，而T4航站楼则有"花瓣之云"动态雕塑等。樟宜机场为旅客提供了七个主题公园来缓解旅途中的疲惫，包括向日葵花园和蝴蝶园等。此外，还有樟宜时空体验馆，旅客可以通过互动游戏和沉浸式剧目探索航空和科技的奥秘。樟宜机场提供了超过550家零售及服务商店，以及多个综合免税区，供旅客选择。

（三）金融情况

1. 当地货币

新加坡的货币为新加坡元（Singapore Dollar），简称"新元"。新元是可自由兑换货币。新加坡金融管理局通过将新元的贸易加权汇率维持在一定目标区域内以实现货币政策目标。2018年以来，新元兑美元和人民币汇率如表4—2所示。

表4—2　　　　　　　2018—2022年新元兑美元及人民币汇率变化情况

年份	新元/美元	新元/人民币
2018	1.364 8	0.198 4
2019	1.347 2	0.193 1
2020	1.322 1	0.202 4
2021	1.351 7	0.212 1
2022	1.344 6	0.193 3

资料来源：新加坡金融管理局。

根据新加坡金融管理局网站公布的数据,2023年8月17日,新元兑换美元汇率为1.362 0,兑换欧元汇率为1.479 6,兑换人民币汇率为0.186 2。

2. 外汇管理

(1)管理机构。新加坡本国的外汇管理分属三大机构:新加坡金融管理局负责固定收入投资和外汇流动性管理,用于干预外汇市场和作为外汇督察机构、发行货币;新加坡政府投资公司(GIC)负责外汇储备的长期管理;淡马锡控股利用外汇储备投资国际金融市场和高科技产业以获取高回报。

(2)外汇资金管理。新加坡无外汇管制,资金可自由流入流出。外资企业在新加坡各大银行,如星展银行(DBS)、大华银行(UOB)、华侨银行(OCBC)等均可申请开立多币种外汇账户。企业利润汇出无限制也无特殊税费。但为保护新元,1983年以后实行新元非国际化政策,主要限制非居民持有新元的规模。政策包括:银行向非居民提供500万新元以上融资,用于新加坡境内的股票、债券、存款、商业投资等,银行须向金管局申请;非居民通过发行股票筹集的新元资金,如用于金管局许可范围外的境内经济活动,必须兑换为外汇并事前通知金管局;如金融机构有理由相信非居民获得新元后可能用于投机新元,银行不应向其提供贷款;对非居民超过500万新元的贷款或发行的新元股票及债券,如所融资金不在新加坡境内使用,汇出时必须转换成所需外币或外币掉期等。

3. 银行和保险公司

(1)中央银行。新加坡未设中央银行,新加坡金融管理局行使央行职能。

(2)商业银行。根据新加坡统计局公布数据,2023年,新加坡共有商业银行132家,其中本地银行6家(均为全面银行)、外资银行126家(其中全面银行30家、批发银行96家)。

新加坡本地主要银行有:星展银行、大华银行、华侨银行、新加坡银行(华侨银行旗下)、新加坡邮政储蓄银行(星展银行旗下)等。

(3)中资银行。2012年10月,中国银行新加坡分行和中国工商银行新加坡分行获得新加坡金融管理局颁发的特许全面银行牌照。2020年12月,中国建设银行新加坡分行获特许全面银行牌照。

(4)保险公司。新加坡保险市场高度发达,市场主体众多,外资保险公司将新加坡作为区域中心辐射东南亚。根据新加坡统计局公布数据,2023年,新加坡共有保险公司217家,包括76家直接保险公司、51家专业再保险公司、83家自保保险公司和7家授权再保险公司。新加坡保险业拥有比较健全的行业协会组织体系,包括财产险行业协会、寿险行业协会、再保险行业协会、保险经纪行业协会和代理人协会。

(5)保险业监管机构。新加坡金管局负责保险业的金融监管。

(6)市场准入。保险公司的最低实缴资本为1 000万新元(约合4 830万元人民币),但只经营投连险或短期意健险的保险公司的最低实缴资本为500万新元(约合2 415万元人民币),再保险公司最低实缴资本为2 500万新元(约合1.2亿元人民币)。

4. 证券市场

新加坡证券交易所(简称"新交所",英文简称SGX,)成立于1999年12月,由前新加坡股票交易所和新加坡国际金融交易所合并而成,2000年11月成为亚太地区第二家通过公开募股和私募配售方式上市的交易所,也是亚洲首家实现电子化及无场地交易的证券交易所。其业务包括股票与股票期权、凭单与备兑凭单、债券与抵押债券、托收票据、挂牌基金、挂牌房地产信托基金及长、短期利率期货与期权等。截至2021年12月,新交所共有上市企业682家,市值6 680亿美元。

5. 融资渠道

根据新加坡金融管理局统计数据,2023年第一季度,商业银行向非银行客户提供的储蓄存款利率为0.53%(存款金额低于7.5万新元)、0.43%(存款金额低于7.5万新元),一年定期存款利率为1.96%(存款金额低于7.5万新元),基础贷款利率为5.25%。

外资企业可向新加坡本地银行、外资银行或中资银行、各类金融机构申请融资业务,并由银行或金融机构审核批准。可申请的贷款和融资类型包括短期贷款、汇款融资、应收账款融资、出口融资、分期付款等。

(四)外贸情况

1. 贸易基本情况

新加坡国内市场规模小,经济外向程度高。因此,新加坡政府一直积极参与并推动全球贸易自由化进程。外贸是新加坡国民经济的重要支柱。

(1)货物贸易。2022年,新加坡货物贸易额13 654亿新元,同比增长17.7%。其中,出口额7 099.7亿新元,同比增长15.6%;进口额6 554.3亿新元,同比增长20.1%;贸易顺差545.4亿新元。2023年对外货物贸易总额约12 060亿新元(约合8 739.1亿美元),其中出口约6 384亿新元(约合4 626.1亿美元),进口5 676亿新元(约合4 113.0亿美元)。主要进口商品为电子元器件、原油、加工石油产品、办公及数据处理机零件等。主要出口商品为成品油、电子产品、化工品和工业机械等。主要贸易伙伴为中国、马来西亚、美国。中国是新加坡第一大货物贸易伙伴、第一大出口市场和第一大进口来源地。

(2)服务贸易。2022年,新加坡服务贸易总额7 580.8亿新元,同比增长10.8%。其中,出口额4 015.4亿新元,同比增长12.1%;进口额3 565.4亿新元,同比增长9.3%。

根据新加坡统计局数据,2021年,新加坡服务贸易主要出口目的地为欧盟(491.2亿新元)、美国(448.3亿新元)、日本(370.4亿新元)、东盟(315.1亿新元)、澳大利亚(312.8亿新元)、中国大陆(269.1亿新元);服务贸易主要进口来源地为美国(803.6亿新元)、欧盟(319.0亿新元)、中国大陆(238.1亿新元)、中国香港(208.8亿新元)、东盟(172.8亿新元)、日本(165.7亿新元)。

2022年,新加坡服务贸易主要出口类别为:运输(占34.9%)、金融(占13.7%)、通信信息(占7.9%)、其他商业服务(占28.7%)。

2. 吸收外资

根据新加坡统计局数据,截至2021年末,新加坡累计吸收外国直接投资24 789.9亿新元,较上年末增加3 324.6亿新元。外资主要来源于美国(占24.1%)、日本(占6.2%)、英国(占4.6%)、中国香港(占3.7%)、加拿大(占3.7%)、瑞士(占3.4%)、卢森堡(占3.1%)、荷兰(占2.2%)、中国大陆(占2.2%)。外资的行业流向主要为金融保险业(占56.8%)、批发零售业(占14.3%)、制造业(占11.5%)、专业科技服务和商业服务业(占9.1%)、运输仓储业(占3.5%)、房地产业(占1.7%)。

另据联合国贸发会发布的2023年《世界投资报告》,2022年新加坡吸收外资流量1 412.1亿美元;截至2022年末,新加坡吸收外资存量23 684.0亿美元(见表4—3)。

表4—3　　　　　　　　　　2018—2022年新加坡双向投资情况　　　　　　　　　单位：亿美元

年份	对外投资流量	对外投资存量	吸收外资流量	吸收外资存量
2018	220.3	10 257.6	759.7	15 360.9
2019	505.8	11 061.9	1 141.6	16 975.6
2020	323.8	12 206.7	905.6	18 553.7
2021	473.9	13 463.9	990.9	20 072.7
2022	507.9	15 953.8	1 412.1	23 684.0

资料来源：联合国贸发会历年《世界投资报告》。

3. 对外投资

根据新加坡统计局数据，截至2021年末，新加坡累计对外直接投资12 513.5亿新元，较上年末增加1 012.9亿新元。对外投资目的地主要为中国大陆（占15.6%）、荷兰（占9.8%）、英国（占6.2%）、中国香港（占6.2%）、印度（占5.9%）、印度尼西亚（占5.5%）、澳大利亚（占4.9%）、马来西亚（占4.6%）、美国（3.6%）。对外直接投资的行业主要为金融保险业（占52.2%）、制造业（占18.2%）、批发零售业（占7.4%）、房地产业（占6.8%）、信息通信业（占3.8%）和专业科技服务和商业服务业（占2.8%）、运输和仓储业（2.6%）。

另据联合国贸发会发布的2023年《世界投资报告》，2022年新加坡对外投资流量507.9亿美元；截至2022年末，新加坡对外投资存量15 953.8亿美元。

4. 外国援助

"自力更生"是新加坡的外交原则之一。虽然国土面积小，几乎没有任何自然资源，但为避免养成依赖的心理，新加坡长期以来极少接受国际经济援助。相反，新加坡把精力放在吸引外资和发展对外贸易上，通过逾半个世纪的努力，其经济发展取得举世瞩目的成就，多项经济指标在世界上名列前茅，甚至超过许多传统发达国家。

"新冠"疫情期间，新加坡虽然曾面临较大规模确诊病例的情况，但由于其经济实力较强，且医疗物资设备和人员技术力量较为充足，因此未接受过大规模国际援助。

5. 中新经贸关系

中国与新加坡于2008年10月签署《中国—新加坡自由贸易区协定》，新加坡是首个同中国签署全面自贸协定的东盟成员国。根据协定，新加坡已于2009年1月1日起取消全部自中国进口商品的关税；中国也于2010年1月1日前对97.1%的自新加坡进口产品实现零关税。两国还在服务贸易、投资、人员往来、海关程序、卫生及植物检疫等方面进一步加强合作。2019年10月，《中新自贸协定升级议定书》正式生效，除对原协定的原产地规则、海关程序与贸易便利化、贸易救济、服务贸易、投资、经济合作6个领域进行升级外，还新增了电子商务、竞争政策和环境3个领域。2023年4月，中国商务部部长王文涛与新加坡贸工部部长颜金勇共同签署了《中华人民共和国商务部和新加坡贸易与工业部关于宣布实质性完成中国—新加坡自由贸易协定升级后续谈判的谅解备忘录》，确认实质性完成两国自贸协定升级后续谈判。该协定是中国在自贸协定实践中首次采用负面清单模式做出服务和投资开放承诺。

课外阅读

2024世界数字经济峰会在新加坡博览中心举办

5月29日,2024世界数字经济峰会在新加坡博览中心举办。本次峰会是在2023年全球数字经济大会新加坡分会场成功举办的基础上,由亚洲数字经济科学院独立主办的全球性数字经济盛会。本次峰会与新加坡2024亚洲科技企业会展同期举行,以进一步推动数字经济国际间的交流与合作。新加坡通讯及新闻部兼国家发展部高级政务部长陈杰豪等出席峰会开幕仪式。

峰会主要集中讨论人工智能、网络安全、数据跨境合作、Web3.0技术应用、新加坡科技创新策略等主题。100多位来自中国、新加坡等地的科学家、国际机构成员,以及国际知名科技企业高管齐聚一堂,共同探讨全球数字经济的发展方向和未来趋势。

"新加坡作为《数字经济伙伴关系协定》(DEPA)的创始成员国,一直是全球数字经济创新的前沿阵地。"801网络空间安全研究院院长兼全球数字经济联盟(D50)副秘书长文珠穆表示,中国学者和企业的参与将有助于展示中国在数字经济领域的成就,并为企业提供机会。

新加坡亚洲数字经济科学院院长陈柏珲表示,我们相信每位参与者通过与全球思想领袖和科技创新者的面对面交流,获得的宝贵知识和经验,都将成为推动个人和企业创新发展的关键。

资料来源:《经济日报》,驻新加坡记者·蔡本田,2024—05—30。

三、法律环境

(一)法律体系

1963年9月,新加坡并入马来西亚后,颁布了州宪法。1965年12月,州宪法经修改成为新加坡共和国宪法,并规定马来西亚宪法中的一些条文适用于新加坡。

新加坡宪法规定:实行议会共和制,总统为国家元首。1992年国会颁布民选总统法案,规定从1993年起将总统由议会选举产生改为民选产生,任期从4年改为6年。总统委任议会多数党领袖为总理;总统和议会共同行使立法权。总统有权否决政府财政预算和公共部门职位的任命;可审查政府执行内部安全法令和宗教和谐法令的情况;有权调查贪污案件。总统在行使主要公务员任命等职权时,必须先征求总统顾问理事会的意见。2017年2月,新加坡国会通过总统选举修正法案,修改民选总统制度,实施保留选举机制,在该机制下,若华族、马来族、印族和其他族群中有任何一个群体历经五个总统任期都没有代表担任总统,下一届总统选举将优先保留给该族候选人。2017年9月,马来族前任国会议长哈莉玛参选总统,作为唯一符合资格的候选人当选,成为保留制总统选举制度下第一位当选总统。2023年9月,印度族的尚达曼当选总统。

新加坡共和国现行法律体系以英国普通法为基础,其主要法律渊源包括成文法、判例法和习惯法。

新加坡作为普通法国家,其主要的法律领域,尤其是合同法、信托法、物权法与侵权法等法律领域的某些方面法律规定已在一定程度上进行了法规化,但仍极大地保持着法官创制法的传统。法官通过自书判决解释新加坡成文立法,发展普通法、衡平法的法律原则规则,并成为具有法律强制力的判例法。另一方面,在如刑法、公司法及家庭法等法律领域,已经基本完全成文法化。

新加坡的判例法方面,除了作为法律渊源的新加坡判例,新加坡法官仍继续援引英国判例法,尤其当所审判案件争议点落脚于传统的普通法领域或有关以英国法为基础制定的新加坡成文法及适用于新加坡的英国成文法。近年来,新加坡法院也多有援引英联邦其他重要司法管辖区(如澳大利亚与加拿大)的判例。

就新加坡的习惯法而言,习惯须经新加坡的案件判例认定而上升为习惯法。虽然新加坡规定具有确定性、合理性的法律习惯或贸易惯例可被判例承认而成为习惯法,但由于对习惯进行司法认定情形并非大量存在,导致新加坡的习惯法目前仅是其次要的法律渊源类型。

(二)贸易法规和政策

1. 贸易主管部门

新加坡贸易与工业部(Ministry of Trade and Industry,MTI)是新加坡政府直接授权制定有关贸易与工业发展政策的部门。贸工部监管10个法定部门,其中4个涉及具体贸易事务:新加坡竞争委员会(Competition Commission of Singapore)、新加坡经济发展局(Economic Development Board)、新加坡企业发展局(International Enterprise Singapore)和裕廊管理局(Jurong Town Authority of Singapore)。

2. 贸易法规

新加坡与贸易相关的主要法律有《商品对外贸易法》《进出口管理办法》《商品服务税法》《竞争法》《海关法》《商务争端法》《自由贸易区法》《商船运输法》《禁止化学武器法》和《战略物资管制法》等。

(三)数字经济相关政策和法规

为推动新加坡全面数字化转型,新加坡资讯通信媒体发展局制定了一系列政策措施,主要分公司数字化转型、数字化人才培养和社区数字化三个层面,具体包括数字化启动计划(Start Digital)、数字服务实验室(Digital Services Lab)、"首席科技官"数字咨询服务(CTO-as-a-Service)、数字领袖培训计划(Digital Leaders Programme)、牛车水数字化计划、邻里企业数字化计划(HeartLands)、设立50个数字转型社区援助站等。

1. 电子交易法

1998年7月,新加坡首次颁布《电子交易法》(ETA),旨在为电子交易提供法律基础,并为以电子方式形成的合同提供可预测性和确定性。该法不强制使用电子签名或交易,只在各方选择以电子方式进行交易的情况下促进其使用。2021年3月,新加坡对ETA进行了修订,以确保新加坡的法律和监管基础设施与国际贸易法和最新技术发展保持同步,从而使新加坡保持全球竞争力。

2. 个人数据保护法

2012年,新加坡政府为保护个人数据不被滥用出台了《个人数据保护法》(PDPA),该法详细规范了个人的数据保护权利以及企业对个人数据收集、利用和披露的规范,并发布了一系列条例与指引以推动该法令的执行。为了加强新加坡的数据隐私制度,新加坡2020年11月2日通过了对《个人数据保护法》的重大修改。《个人数据保护法》(PDPA)对各企业收集、使用和披露个人数据的行为进行了规范。PDPA既承认个人保护其个人数据的权利,又承认企业在理性情况合理目的下收集、使用和披露个人数据的必要性。因此,在人工智能系统设计、部署中收集和使用数据的行为应当受到 PDPA 的规制。同时,修正案还规定对数据泄露处以更严厉的罚款,最高罚款可以高于先前的 100 万新元。

3. 参与数字经济国际规则构建

近年来,新加坡十分重视推进数字经济协定的签署工作,充分抓住数字革命和数字技术发展带来的新机遇,积极拓展与各国在数字经济领域的伙伴关系。在多边层面,2020 年 6 月,新加坡与智利、新西兰签署了《数字经济伙伴关系协定》(DEPA),该协定分别于 2021 年 1 月(新加坡、新西兰)和 11 月(智利)正式生效,成为全球首个数字经济多边协定。在双边层面,新加坡积极与主要贸易伙伴发展数字经济伙伴关系。2020 年 8 月,与澳大利亚签署新的数字经济章节(SADEA);2022 年 2 月,与英国签订《英国—新加坡数字经济协定》(UKSDEA);2022 年 11 月,与韩国签署《韩国—新加坡数字伙伴关系协定》;2023 年 2 月,与欧盟签署《欧盟—新加坡数字伙伴关系协定》;2023 年 7 月,与欧盟宣布正式启动数字贸易协议谈判。另外,新加坡将数字经济作为发展双边经贸关系的重要组成部分,与中、美、日、法、印尼、越等国签署双边协议或备忘录,并与印度、加拿大等国积极探讨加强数字经济领域合作。

四、社会文化环境

新加坡是一个多民族国家,也是一个多元文化相融合的国度,包括华人文化、马来文化、印度文化、本地华人文化和欧亚文化。各种族人群有着不同的宗教文化、饮食文化、艺术和节庆等。新加坡除了本国的国庆节外,各民族还有自己的节日,在新加坡的日历上印有公历、中国的农历、穆斯林的回历和南印度泰米尔的历法。

(一)民族宗教

新加坡是一个移民国家。19 世纪前半期,中国、印度、马来半岛和印度尼西亚群岛的移民进入新加坡。

截至 2023 年 6 月,新加坡居民中,华族占 75.6%,马来族占 15.1%,印度族占 7.5%,其他民族占 1.7%。华族在新加坡经济社会中地位较高、经商表现突出,建立了"中华总商会"等规模大、影响广的商会组织。大多数新加坡华人的祖先源自中国南方,尤其是福建、广东和海南省,其中四成是闽南人,其次是潮汕人、广府人、莆仙人(莆田人)、海南人、福州人、客家人,还有峇峇、娘惹等。

新加坡提倡宗教与族群之间的互相容忍和包容精神,实行宗教自由政策。新加坡确实称得上多宗教融汇的大熔炉,这里有着各式各样的宗教建筑,许多历史悠久的寺庙已被列为国家古迹,而且每年都有不同的庆祝活动。新加坡人信仰的宗教包括佛教、道教、伊斯兰教、印度教、基督教等。佛教是全国第一大宗教,佛教信徒占总人口的 33%,基督教占 18%,伊斯兰教占 15%,道教占 10%,印度教占 5%。

(二)语言

新加坡是一个多语言的国家,拥有 4 种官方语言,即英语、马来语、华语和泰米尔语。基于与马来西亚的历史渊源,《新加坡宪法》明确规定马来语为新加坡的国语,主要是尊重新加坡原住民所使用的语言。出于对内在和外在因素的考量,新加坡采用英语作为主要的通行语和教学语。

(三)教育

新加坡十分重视教育,每个儿童都须接受 10 年以上的常规教育(小学 6 年,中学 4 年)。新加坡的教育制度强调识字、识数、双语、体育、道德教育、创新和独立思考能力并重。双语政策要求学生除了学习英文,还要兼通母语。政府推行"资讯科技教育",促使学生掌握计算机知识。学校绝大多数为公立,其中包括186所小学、152所中学、22所初级学院和8所理工学院,以及新加坡国立大学、南洋理工大学、管理大学、科技设计大学、新加坡理工大学和新跃社科大学6所公立大学。2023财年,新加坡教育预算146亿新元,占预算总支出的14.02%。新加坡的大学学费对公民、永久居民和国际生有所不同。以公民为例,一般专业约为9 000新元/年,法学专业约为13 000新元/年,医科专业约为30 000新元/年。

(四)医疗

新加坡公民享受良好的基本医疗服务。截至2021年末,新加坡共有19所综合性医院、9所社区医院、1所精神病院、1 107家牙医诊所和259家药房,共计3.1万张病床、8.7万名医护人员。据世界银行统计,2023财年新加坡卫生预计开支为169亿新元,占预算总支出的16.2%。全国经常性医疗卫生支出占GDP的4.46%,按照购买力平价计算,人均经常性医疗卫生支出2 823.64美元。

2023年,新加坡人均寿命为83.2岁,其中男性81岁,女性85.5岁。新加坡每年6—10月是登革热疫情高峰期,每年有上万例感染。

新加坡的医疗保障体制系储蓄基金型,主要通过政府补贴和强制性储蓄积累满足公民的医疗需求,其核心内容为"3M"计划,即保健储蓄计划(Medisave)、健保双全计划(Medishield)和保健基金计划(Medifund)。

(五)重要节日

1. 华人新年

同中国春节。这是一个重要的节日,也有许多独特的习俗,如家家户户要大扫除,门上要贴春联,要倒贴"福"字,除夕夜全家老小要在一起吃团圆饭,孩子们要守岁以期延长寿命,到了午夜时分家长们要祭神拜祖先,大年初一开始小辈要带着橘子给长辈拜年,长辈要给小孩"红包"——压岁钱。过年时要穿新衣、说吉利话,吃的东西也很讲究,如鱼象征年年有余、年糕代表年年高升、发菜代表发财、橘子代表吉利等。一般华人大年初一不扫地,否则好运气会被扫掉。过年时,华人都喜欢去牛车水采购年货。春节期间,也有社团组织的舞狮、舞龙队作精彩表演。政府也会举办"春到河畔迎新年"、妆艺大游行等活动,增添浓郁的节日气氛。

2. 泰米尔新年(屠妖节/万灯节)

4—5月间。该节是南亚泰米尔人的节日。

3. 卫塞节

5月的月圆日。农历四月十五是佛祖释迦牟尼的诞辰、成道及涅槃纪念日。新加坡佛教总会在节日的前几天就开始举行一连串的庆祝会,各佛教团体及寺庙张灯结彩、大放光明,象征佛陀的光辉世世代代照耀人间。

4. 国庆节

8月9日。

5. 开斋节

开斋节是伊斯兰教节日。在伊斯兰教历10月1日。中国新疆地区称之为肉孜节(Roza,波斯语,意为斋戒)。按伊斯兰教法规定,伊斯兰教历每年9月为斋戒月。凡成年健康的穆斯林都应全月封斋,即每日从拂晓前至日落禁止饮食和房事等。封斋第29日傍晚如见新月,次日即为开斋节;如不见,则再封一日,共30日,第二日为开斋节,庆祝一个月的斋功圆满完成。

6. 圣诞节

12月25日。新加坡法定公共节日，共计11天。

除上述外，还有元旦、复活节、哈芝节、劳动节等。

(六) 衣着服饰

新加坡服饰的特点，各个民族有所差异。马来人男子头戴一项叫"宋谷"的无边帽，上身穿一种无领、袖子宽大的衣服，下身穿长及足踝的纱笼；女子上衣宽大如袍，下穿纱笼。马来人最爱穿"巴汝"、纱笼；锡克人则是男子缠头、女子身披纱丽；华人则可能穿纽扣隐于布料之下的长袖唐装，搭配长裤。新加坡人的国服是一种以胡姬花作为图案的服装，在国家庆典和其他一些隆重的场合，新加坡人经常穿着自己的国服。政府部门对其职员的穿着要求较严格，在工作时间不准穿奇装异服。

在日常生活中，新加坡的各个民族穿着基本趋同，这是各民族在接触外来文化时所产生的共同认识或达成的统一意见。这样，各民族在保留自己本民族文化的同时也能融入其他文化。新加坡的服饰也受到西方文化的影响，无论哪个民族，男人都喜欢穿西装。然而，随着近几年人们穿着方式的变化，西装在平时生活中被认为过于严肃，适合较正式的场合穿着，而夹克衫和牛仔装变得流行起来。新加坡妇女喜欢穿裙子，年轻女孩子喜欢色彩鲜艳的裙子，老年妇女穿着的裙子则端庄素雅。学生上学穿校服，男生穿白衬衫配黑裤子，女生穿白衬衫配红裙子。

在许多公共场所，穿着过分随意者，如穿牛仔装、运动装、沙滩装、低胸装、露背装、露脐装的人，往往会被禁止入内。

(七) 饮食习惯

新加坡美食是最具代表性的亚洲美食之一，在世界上越来越为人称道。在新加坡，不但有中国、马来西亚、印度三国各自的代表风味，而且兼具日本、法国、意大利、西班牙等其他各国美食佳肴，可说是美食者的乐园。

当然，新加坡也有它土生土长的菜，这就是由长住马来西亚、新加坡的华侨融合中国菜与马来菜所发展出来的家常菜，主要是中国菜与东南亚菜式风味的混合体，也称为娘惹菜(Nyonya)。娘惹菜是新加坡饮食文化的代表，如甜酱猪蹄、煎猪肉片、竹笋炖猪肉等更是风靡东南亚。喜食甜品的人也可以在娘惹菜中找到知音，比如由香蕉叶、椰浆、香兰叶、糯米和糖精制成的娘惹糕。

新加坡华人的饮食与我国基本相同，菜肴以闽粤风味为主。印度血统者忌食牛肉，忌用左手进食；穆斯林忌食猪肉，不吸烟、不喝酒。

由于新加坡人多为华人，而新加坡华人绝大多数又祖籍广东、福建、海南和上海等地，因此他们在饮食习惯上与其他"龙的传人"可以说是大同小异，中餐通常是他们的最佳选择。他们口味上喜欢清淡，偏爱甜味，讲究营养。他们平日爱吃米饭和各种生猛海鲜，对面食不太喜欢。粤菜、闽菜和上海菜都很受他们的欢迎，海南鸡饭、肉骨茶等都是他们日常饮食的代表。

(八) 社交与禁忌

新加坡是一个多民族国家，各种族人群有着不同的宗教文化、饮食文化、艺术和节庆等。

1. 接待礼仪

新加坡人见面、告别都行握手礼，华裔老人中还有相互作揖的习惯，马来人行摸手礼，而印度人行合十礼。在一般情况下,他们对西式的拥抱或亲吻是不太习惯的。即使男女之间表达情感,若要如此也不受新加坡人的赞许。在待人接物方面,新加坡人特别强调笑脸迎客、彬彬有礼。对新加坡人而言,在人际交往中讲究以礼待人,不但是每个人所应具备的基本修养,而且已经成为国家和社会对每个人所提出的一项必须遵守的基本行为准则。

在政务活动和商务交往中,新加坡人的着装讲究郑重其事。男子一般要穿白色长袖衬衫和深色西裤,并且打上领带;女子则须穿套装或深色长裙。在对外交往中,新加坡人则大多按照国际惯例穿深色的西装或套裙,并穿皮鞋。

在新加坡,商务交往中常相互宴请,应邀赴约要准时,迟到会给人留下极坏的印象。如不能及时到达,必须预先通知对方,以表示尊重。新加坡官员不接受社交性宴请,因此与他们打交道时要慎重。

新加坡华人大多喜欢饮茶。当客人到来时,新加坡人通常都会以茶相待。每逢春节来临之际,新加坡人还经常会在清茶中加入橄榄后饮用,并且称之为"元宝茶"。他们认为,喝这种茶可以令人"财运亨通"。平时,新加坡华人还有经常饮用加入一定配方的中药制成的补酒的嗜好。鹿茸酒、人参酒都是他们常饮的杯中之物。

2. 称呼礼仪

不论什么民族,都可以先生、小姐、太太相称。商务交往中,名片必不可少。大多数新加坡人用双手递交名片,外来者应注意这一礼节,也用双手递交或接受名片。接到名片后,应放在桌子前方或放入前面的口袋,不要在名片上写字或放入后面的口袋。新加坡政府规定,官员不使用名片。

3. 风俗禁忌

在社交场合或商谈时,忌跷二郎腿,站姿也要端正,不把双手放在臀部。尤其忌讳将鞋底朝向他人,忌谈个人性格、当地政治和种族关系等问题。到清真寺参观或到新加坡人家里做客,忌穿鞋进入。新加坡人视黑色、紫色为不吉利,黑、白、黄为禁忌色。他们偏爱红色,视红色为庄严、热烈、勇敢和宽宏的象征。忌讳数字4、6、7、13、37、69,特别不喜欢7。

在设宴款待新加坡人时,务必在安排菜单方面注意因民族而异。必须谨记,马来人忌食猪肉、狗肉、自死之物和动物的血,不吃贝壳类动物,并且不饮酒;信奉伊斯兰教的人忌食猪肉、不抽烟、不饮酒,也请不要在他们面前吃猪肉、饮酒;信奉印度教的则绝对不吃牛肉。在用餐时,不论是马来人还是印度人,都不用刀叉、筷子,而惯于用右手直接抓取食物,他们绝对忌用左手取用食物。

4. 社会生活禁忌

新加坡全面禁售、禁食口香糖,禁止在公共场所咀嚼口香糖。新加坡是世界上唯一一个禁止口香糖的国家,违反规定者将面临罚款。初次被发现乱丢口香糖残渣者将被罚款1 000新币,入境也不可以携带口香糖。乱穿马路者将被罚款,情节严重者罚款高达1 000新币或判处3个月有期徒刑。盗用他人WiFi无线网,罚款1万新币或者坐牢3个月。不要随便使用地铁内的插座,违者罚款高达5 000新币。公共场所禁烟,违规者会被口头警告,重犯者将罚款高达1 000新币;入境带烟需要申报缴税,超过400克还要申请准证。禁止在商品包装上使用如来佛的图像,也不准使用宗教用语;忌讳猪、乌龟的图案。

在新加坡的某些公共场所,如地铁站台、车厢,是严格禁止饮食的。违反这些规定可能会面临罚款。

思政小课堂

新加坡总理李显龙："一带一路"倡议让大家实现合作共赢

新加坡很早便支持"一带一路"倡议，中新 2017 年 5 月签署《关于共同推进"一带一路"建设的谅解备忘录》。李显龙总理 2023 年 3 月访华前曾表示，"一带一路"倡议是中国为地区发展作贡献的方式，双方互利双赢，因此受到整个地区的欢迎。在双方共同推动下，中新在互联互通、金融支撑、三方合作、法律司法等重点领域取得了丰硕成果。

中新互联互通走在世界前列。除打造便捷且具韧性的陆海新通道外，双方更锚定绿色金融、数字经济等前沿领域，通过物流、资金流、人才流、数据流以及绿色低碳和产业融合等高质量发展，推动中新互联互通提质升级，成为带动整个地区蓬勃发展的强劲动力带。

中新在金融领域的合作潜力巨大。新加坡作为中国以外最大的离岸人民币中心之一，在为"一带一路"建设提供金融支持方面发挥了独特作用。2023 年 4 月，第五届中新金融峰会共签约项目 90 个，合同金额 150 多亿美元。新加坡金融管理局同中国人民银行宣布设立"中新绿色金融工作小组"，深化两国在绿色和转型金融方面的合作，以更好地满足亚洲迈向低碳未来的需求。

中新在第三方市场合作方面稳步推进。两国企业联袂赴第三国参与"一带一路"建设取得突出成果。中新企业合作在印度开发建设的园区、在几内亚组建的三国四方"赢联盟"、在澳大利亚投资的能源网项目等不仅实现了两国企业的优势互补、合作共赢，更为当地人民带去了实打实的发展红利。

中新在法律司法等专业服务领域合作具有引领性。中新法律和司法圆桌会议走过 6 年历程，两国最高法院围绕司法服务保障高质量共建"一带一路"目标，不断深化国际商事、知识产权、法官培训等领域合作，取得丰硕成果。2023 年中国—新加坡国际商事争议解决论坛在新成功举行，为深化区域争议解决发展合作、完善国际商事争议解决规则及开拓国际商事法律服务新领域注入新活力。

独具特色的中新共建"一带一路"，源于两国关系长期以来的前瞻性、战略性、示范性，不仅有力推动了两国各自发展振兴，也为地区国家树立了标杆。当前，"一带一路"合作正从"大写意"进入"工笔画"阶段，从硬联通扩展到软联通。中新共建"一带一路"经验可以不断推广、赓续发展，在构建"一带一路"立体互联互通网络、支持建设开放型世界经济、开展务实合作、促进绿色发展、推动科技创新、支持民间交往、建设廉洁之路、完善"一带一路"国际合作机制八项行动方面取得新的进展。发展理念相近、利益契合、优势互补的中国和新加坡，将通过高质量共建"一带一路"，为实现世界现代化作出更大贡献！

资料来源：CCTV 央视网。

【课后思考题】
1. 新加坡成为全球金融中心的原因是什么？
2. 新加坡目前主要的贸易政策是什么？
3. 新加坡的投资风险有哪些？

第五章

泰国（Thailand）

一、基本情况

泰王国（The Kingdom of Thailand），简称"泰国"，旧称为"暹罗"。泰国首都曼谷位于湄南河畔，距入海口15公里，面积1 569平方公里，是泰国最大城市、东南亚第二大城市，也是泰国政治、经济、文化、交通中心。泰国国土总面积513 000平方公里，海岸线2 705公里，全国分为五个地区，共有77个府。泰国总人口为6 790万人（截至2024年1月），全国共有30多个民族，泰族为主要民族，其余为老挝族、华族、马来族等。泰国90%以上的民众信仰佛教，泰语为国语。

小知识

泰国国旗与国徽

国旗

泰王国国旗，呈长方形、长宽比为3∶2。泰王国旗帜中的三色条纹分别有不同象征意义：红色代表民族和象征各族人民的力量与献身精神。泰国以佛教为国教，白色代表宗教，象征宗教的纯洁。泰王国是君主立宪制国家，国王是至高无上的，蓝色代表王室。蓝色居中象征王室在各族人民和纯洁的宗教之中。

国徽

泰王国国徽是由拉玛六世在1910年启用的，泰国的国家和皇室标识称作Garuda（伽楼罗，揭路荼），这是一个神话式的半人半鸟的形象，是印度教主神之一毗湿奴（Vishnu，泰语名称"Phra Narai")的坐骑,用以装饰拉玛九世国王的节杖和皇室旗帜。Garuda 还象征着泰国皇家认证,表示是受皇室正式批准的,被视为一种崇高的荣誉。

(一)建国历程

泰国一共有 700 多年的历史和文化。泰国古称暹罗,公元 1238 年建立了素可泰王朝,开始形成较为统一的国家。到目前为止,泰国先后经历了素可泰王朝、大城王朝、吞武里王朝和曼谷(却克里)王朝。现任国王玛哈·哇集拉隆功(拉玛十世王)为普密蓬国王之子。

1. 素可泰时期

泰国北部的素可泰,是泰国历史上第一个独立王朝即素可泰王朝(公元 1238—1356 年)的都城,素可泰在泰语中意为"幸福的黎明",原来只是柬埔寨吴哥王朝下辖的一个城市;后来当地泰族人起义,攻城略地,在这里创建起泰国的开国王朝。历史记载,素可泰王朝时期的泰国繁荣昌盛,疆域远远超过现版图,尤其是兰甘亨大帝在位时首创泰国文字和暹罗最早的宋加洛陶瓷业,开创了泰国历史的新纪元。

小知识

兰纳王国

兰纳王国是泰国历史上的一个曾经控制泰北地区的王国。其国名在兰纳语中意思是"百万(亩)稻地"。中国元代称之为八百媳妇国,明代称为八百,又有八百大甸、小甸之区别,清代常称之为景迈、整迈。

1292 年,傣阮族人庸那伽国王孟莱王(Phaya Mengrai)于清迈城建立兰纳王国。1558 年,兰纳为缅甸东吁王朝所征服。此后,兰纳成为缅甸与暹罗军队争夺的国家。1774 年,暹罗又从缅甸手中夺取清迈,由南邦王子 Kawila 管理其地。之后缅甸曾三度入侵清迈,但都失败。1802 年,Kawila 被册封为清迈国王,兰纳成为暹罗的附庸国清迈王国。1892 年,暹罗正式将清迈并入版图。

2. 大城时期

元朝国势强盛,锐意向外发展,东南亚各国纷纷向元廷朝贡,泰国也不例外。1350 年,乌通王在大城府建都,脱离素可泰王国宣布独立,建立阿瑜陀耶王国,不久后吞并素可泰王国,被中国明朝封为暹罗国王。1767年,缅甸军队攻陷大城,阿瑜陀耶王国灭亡。大城时代历417年,共有33位君主。

3. 吞武里时期

阿瑜陀耶王国灭亡后,郑信重建王国,将首都南迁至吞武里。郑信将军决定将都城从大城迁移到靠近海的地点,这样有利于对外贸易,保证武器的采购,并且万一缅甸重新进犯,也便于防守和撤退。他在湄南河西岸的吞武里建立了新都城。郑信的统治并不是一帆风顺的。由于大城沦陷后,泰国各地陷入了权力真空,中央政府的崩溃导致地方割据势力迅速崛起。郑信虽一度统一各府,但内部叛乱和反对势力导致他的统治最终瓦解。

4. 曼谷时期

郑信死后,拉玛一世从1782年统治到1809年。他将都城从吞武里迁到河对岸的曼谷,并建造了大王宫。拉玛二世国王(1809—1824)继续修建工作。拉玛三世国王(1824—1851)开始与西方国家联系,并发展同中国的贸易。拉玛四世国王(1851—1868)与欧洲国家缔结条约,避免沦为殖民地,并建立了现代泰国。拉玛五世朱拉隆功国王(1869—1910)在19世纪末大量吸收西方经验进行社会改革,废除奴隶制,改进公共福利和行政制度。拉玛六世国王统治时期(1910—1925)推行义务教育和其他教育方面的改革。拉玛七世国王统治期间(1925—1935),泰国从君主专制政体转变为君主立宪政体。

第二次世界大战后,泰国成为美国在东南亚的主要军事盟国。在东南亚地区,泰国也是一个举足轻重的国家,首都曼谷是该区域中国际化程度很高的大都会区。另外,泰国是东盟创始国之一,对东南亚区内事务积极参与。

(二)人口状况

泰国人口规模呈现递增趋势(见图5-1),2022年泰国人口总数为7 169.703万人,在2011年基础上增加了298.418 4万人。

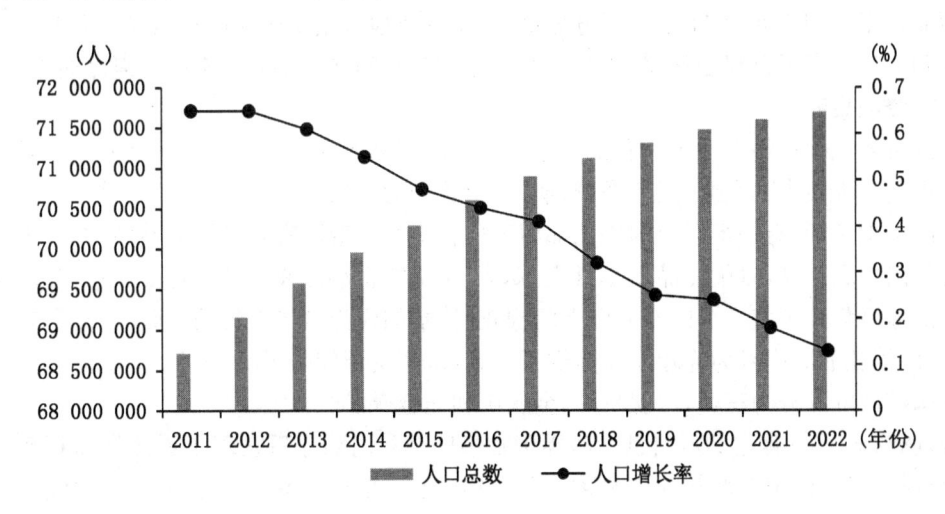

资料来源:世界银行。

图5-1 2011—2022年泰国人口数据变化趋势

泰国共有30多个民族,泰族为主要民族,占人口总数的40%,其余为佬族、华族、马来族、高棉族,以及苗族、瑶族、桂族、汶族、克伦族、掸族、塞芒族、沙盖族等山地民族。

(1)泰人。在全国都有分布,占全国人口的75%。根据其分布地区和方言,可分为中部泰人、东北部泰人、北部泰人和南部泰人。虽然中部泰人在政治、社会和文化方面拥有较大影响力，但人口数量并不占优势。根据20世纪60年代中期的统计，中部泰人和东北部泰人分别占人口总数的32%和30%；到了90年代中期，中部泰人的人口比例下降到28%，而东北部泰人依然保持在30%左右。

(2) 华人。在泰国华人约有900万，占全国人口的14%，是除泰人之外最大的族群。华人大批移居泰国，主要集中在19世纪下半叶到20世纪30年代。历史上，华人的主要职业是充当中介，他们的足迹遍布泰国各个乡镇。现在，华人的主要居住地是曼谷和半岛的中部地区。华人的同化程度非常高，由于20世纪之前移居泰国的华人和华泰混血大多已经完全融入当地社会，因此并不被计算在华人人口之中。

(3) 马来人。在泰国马来人约有200万，其中100万聚居在泰国最南端的四府：北大年、也拉、陶公和沙敦（约占当地人口的70%）。泰国的马来人信奉伊斯兰教，日常生活都遵循伊斯兰教规和习惯法行事。特别是在北大年、也拉、陶公三府的马来人大多不会讲泰语，保持着传统的马来文化。

(4) 高棉人。泰国境内的高棉人可分为两类：古老居民和新近移民。他们主要分布在与老挝和柬埔寨接壤的泰国东北部和东南部几府。15世纪时，高棉王国西部的大部分地区臣服于阿瑜陀耶王朝，当此地并入泰国版图后，许多高棉人依然居住在那里。他们的同化程度也非常高，主要讲泰语，或将泰语作为第一语言。他们的宗教信仰几乎与泰人相同。20世纪70年代，由于柬埔寨爆发旷日持久的内战，几十万高棉人越过泰柬边界进入泰国。这些新移民仍保留着自己的语言和文化。据统计，20世纪80年代时泰国境内的高棉人有60万～80万。

(三) 地理环境

泰国地处中南半岛中部（北纬5°30′～21°30′，东经97°30′～105°30′），东南临太平洋泰国湾，西南临印度洋安达曼海，西部及西北部与缅甸交界，东北部与老挝毗邻，东连柬埔寨，南接马来西亚。泰国国土面积51.3万平方公里，在东南亚地区仅次于印度尼西亚、缅甸；50%以上为平原和低地。泰国首都曼谷属于东7时区，比北京时间晚1小时。泰国无夏令时。

(四) 资源禀赋

泰国可耕地面积约占国土面积的43%，主要农产品有大米、天然橡胶和热带水果等。泰国一度也是世界最大的大米、天然橡胶、榴莲、山竹和对虾出口国。

泰国土地肥沃，有一半以上的耕地都用于稻谷生产。泰国素有"世界米仓"称号，大米是泰国重要的出口农产品，以优良品质享誉全球，贸易量在世界大米贸易中占20%左右。泰国狭长的南部地区集中种植了全国八成以上的橡胶，使泰国成为世界重要的橡胶生产国与出口国。此外，泰国绵长的海岸线为渔业发展提供了基础，水产资源较为丰富。

泰国矿产资源分为三类，即燃料矿、金属矿和非金属矿。

(1) 燃料矿。20世纪80年代以来，泰国在泰国湾和内陆先后发现了天然气和石油。据相关能源机构估计，泰国天然气的最大储量为5 465亿立方米，石油（包括天然气冷凝液）的最大储量为1.64亿吨。在已发现的15个气田和油田中，天然气的总储量3 659.5亿立方米，石油（包括天然气冷凝液）总储量2 559万吨。泰国的煤炭主要是褐煤和烟煤，总储量15亿多吨，其中证实的储量8.6亿吨，可能储量6.8亿吨。煤炭资源大约80%分布在北部的清迈、南奔、达府、帕府和程逸一带。

(2) 金属矿。锡是泰国最重要的矿产，储量150万吨，居世界之首。泰国的锡矿主要分布在南部的春蓬、拉廊、攀牙、普吉、素叻他尼、洛坤、董里、宋卡、也拉和北大年等府。钨是仅次于锡的重要矿产品,主要分布在清莱、清迈、夜丰颂、帕、达、南邦、北碧及南部洛坤、巴蜀、普吉等锡矿产地,主要有白钨矿和锰铁钨矿,还有钨锰矿和钨铁矿,蕴藏在从北至南的西部山脉地带的火成岩及花岗岩中。锑矿分布在南奔、南邦、帕、达素叻他尼、春武里、董里、洛坤、占他武里和北碧等府,主要有辉锑矿和黄锑矿。方铅矿储量不多,主要分布于北碧、博他仑、南奔、帕、程逸、也拉等府。锌矿主要分布在达、北碧、黎三个府,有闪锌矿、菱锌矿、异极矿和红锌矿四种,达府锌矿储量370万吨。铜矿主要分布在柯叻、程逸、黎和孔敬四府,有黄铜矿、蓝铜矿、孔雀石、赤铜矿。锰矿种类很多,主要有软锰矿、硬锰矿、菱锰矿、蔷薇辉石,还有水锰矿、隐钾矿和褐锰矿,在南奔、那拉惕瓦、罗勇、黎、南邦等府均有分布。其他金属矿的分布地为:占他武里和巴真有钼、钨、钙矿和镍矿,程逸有铬铁矿,宋卡、素叻他尼、乌太他尼府有铀矿,巴蜀、拉廊、普吉等府有钛矿。

(3)非金属矿。泰国是世界萤石的重要产地,萤石储量约1 150万吨,主要分布在南奔、清迈、夜丰颂、北碧、碧弄里、叻武里、素叻他尼和甘烹碧府;重晶石储量3 553万吨,分布在洛坤、黎、清迈和素叻他尼府。石膏产地在披集、那空素旺、南邦、柯叻、程逸、素叻他尼等府。岩盐分布在东北部猜也蓬、柯叻、玛哈沙拉堪、乌汶和乌隆等府,储量29亿吨;碳酸钾则在上述产地的岩盐层之间,仅猜也蓬府的储量就有2.4亿吨。宝石有红宝石、蓝宝石、绿宝石、黄玉尖晶石、电气石、锆石、石英、翡翠等,以红宝石和蓝宝石最为著名,主要产地是占他武里、达叻、是刹菊、北碧和帕府,占他武里府的宝石产量约占全国产量的70%。

二、经济环境

(一)经济水平

泰国是一个新兴经济体,被认为是一个新兴工业化国家,它是亚洲发展速度较快的发展中国家,被称为"亚洲四小虎"之一。根据世界银行公布的2017年人均国民总收入数据,2017年泰国人均GDP为6 593.82美元,属于中等偏上收入国家。泰国是东南亚第二大经济体,仅次于印尼,但其2012年人均国内生产总值只有5 390美元,在东南亚居中游位置,排在新加坡、文莱和马来西亚之后。截至2013年3月29日,泰国国际储备总值1 712亿美元,金额是东南亚第二大,仅次于新加坡。泰国的对外贸易量也在东南亚排名第二,仅次于新加坡。工业和服务业是泰国经济的主要支柱,工业占国内生产总值的39.2%。农业占国内生产总值的8.4%,低于贸易业(13.4%)和物流科技及通信业(9.8%),建筑及采矿业占国内生产总值的4.3%,其他服务业包括金融、教育、酒店及餐厅等行业共占24.9%。电信和新型服务贸易业是泰国工业扩张和经济竞争力的焦点。

世界银行根据社会和发展指标,把泰国作为一个发展成功的重大案例。根据泰国经济和社会发展委员会的新定贫困线,生活在国家贫困线以下的人口比例从1988年的65.26%降至2011年的13.15%。2013年首季,泰国的失业率为0.7%,是世界上失业率第四低的国家,仅次于柬埔寨、摩纳哥和卡塔尔。2013年上半年,泰国主要通胀率为2.70%,而政策利率为2.50%。

泰国实行自由经济政策,属外向型经济,较依赖美、日、欧等外部市场。20世纪80年代,泰国的制造业尤其是电子工业发展迅速,经济持续高速增长。1996年泰国被列为中等收入国家,1997年亚洲金融危机后陷入衰退,1999年经济开始复苏。2003年7月,泰国提前两年还清金融危机期间国际货币基金组织提供的172亿美元贷款。

1963年起,泰国实施国家经济和社会发展5年计划。2017年开始第12个5年计划。

2017年主要经济数据如下：国内生产总值为4 210亿美元；国内生产总值增长率为3.9%；汇率（全年均价）为1美元≈31.6铢；通货膨胀率为0.66%；失业率为1.3%。

近5年来，泰国经济发展呈波动趋势。2020年因受全球"新冠"疫情影响，泰国经济大幅下滑（见图5－2），2021年经济开始缓慢复苏。根据泰国财政部预算局数据，2022—2023年财年泰国财政收入24 900亿泰铢（约合711亿美元），同比增加3.5%；公共支出31 850亿泰铢（约合910亿美元），同比增加2.74%；预算赤字为6 950亿泰铢（约合199亿美元）。2018—2023年泰国人均GDP自疫情以来也在不断恢复，呈向好趋势（见图5－3）。

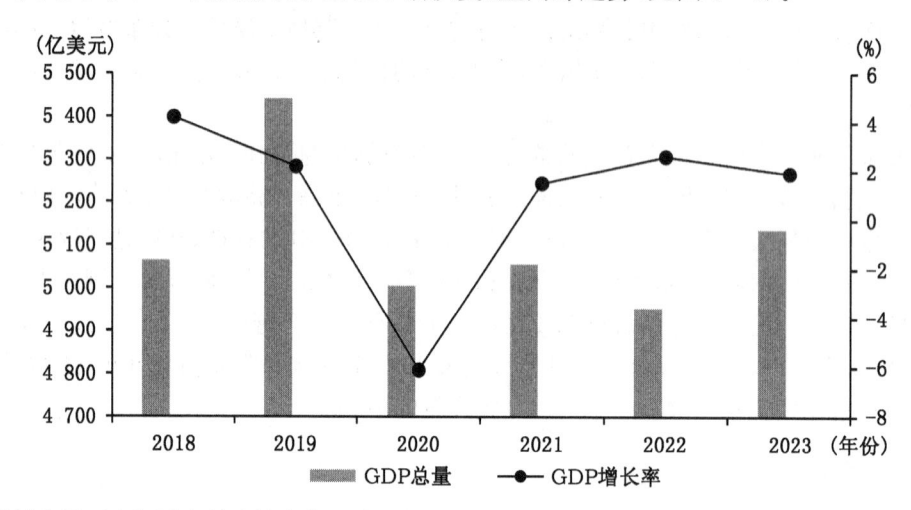

资料来源：泰国国家经济和社会发展委员会（NESDC）。

图5－2　2018—2023年泰国经济总量及经济增长情况

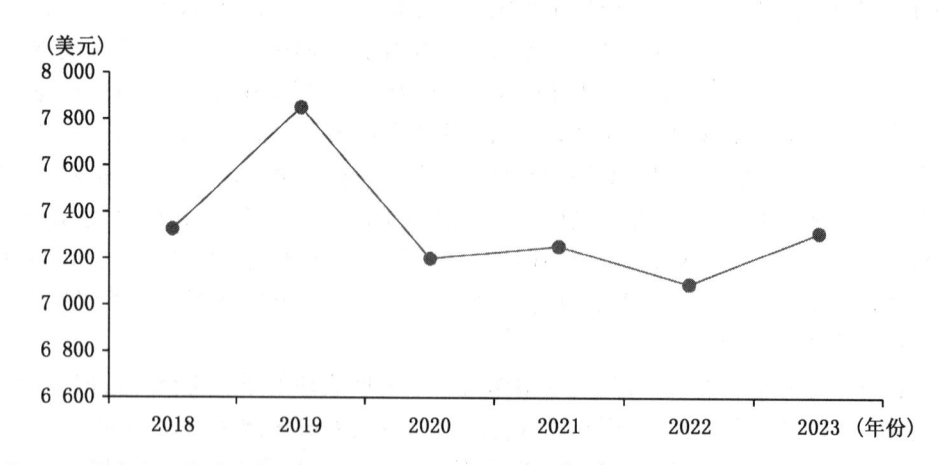

注：GDP增长率以泰铢计算，2022年汇率按1美元＝35.07泰铢计算。
资料来源：泰国国家经济和社会发展委员会（NESDC）。

图5－3　2018—2023年泰国人均GDP

（二）产业状况

泰国是世界新兴工业国家和世界新兴市场经济体之一。制造业、农业和旅游业是泰国经济的主要部门。同时，泰国是亚洲唯一的粮食净出口国，是世界五大农产品出口国之一。泰国电子工业等制造业发展迅速，产业结构变化明显。汽车业是泰国的支柱产业。泰国是东南亚汽车制造中心和东盟最大的汽车市场。泰国三大产业结构比重呈现"三二一"特征。其中,第三产业对 GDP 的贡献较为稳定,为经济发展的主要动力。第一产业对 GDP 的贡献较小。第二产业和第三产业对国民经济的贡献度较高(见图 5-4)。

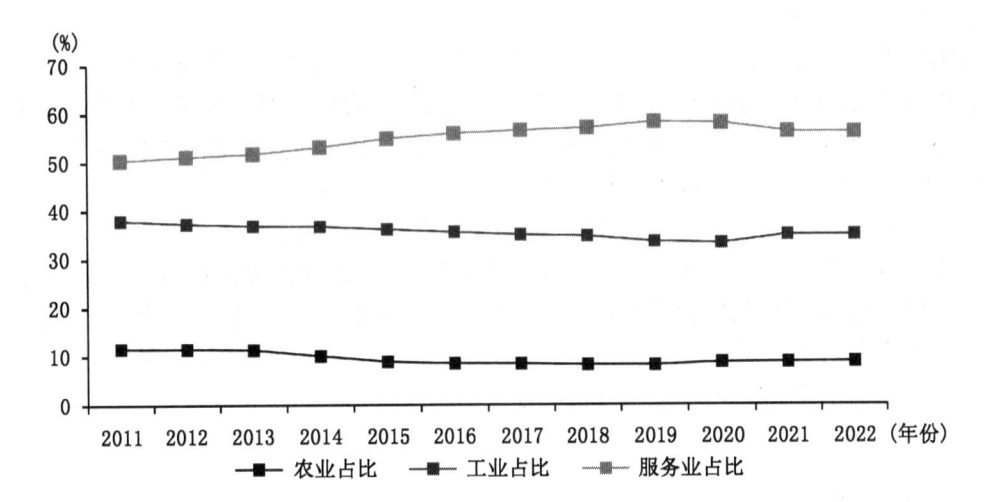

资料来源:世界银行。

图 5-4　2011—2022 年泰国三大产业占 GDP 比重

1. 农业

农业是泰国的传统产业,在国民经济中约占 GDP 的 8.8%。泰国全国耕地面积约 1 500 万公顷,占国土总面积的 31%。农产品是泰国重要出口商品之一,主要种植品种包括稻米、玉米、木薯、橡胶、甘蔗、绿豆、麻、烟草、咖啡豆、棉花、棕油、椰子等。泰国是世界上稻谷和天然橡胶的最大出口国。农产品是泰国外汇收入的主要来源之一。

2. 工业

泰国的工业属于出口导向型工业,约占 GDP 的 35.0%,重要门类有采矿、纺织、电子、塑料、食品加工、玩具、汽车装配、建材、石油化工、轮胎等。

泰国经济结构随着经济的高速发展出现了明显的变化。虽然农业在国民经济中仍然占有重要的地位,但制造业在其国民经济中的比重日益扩大。制造业已成为其主要出口产业之一。泰国工业化进程的一大特征是,充分利用其丰富的农产品资源发展食品加工及相关的制造业,主要工业门类有采矿、纺织、电子、塑料、食品加工、玩具、汽车装配、建材、石油化工等。自 20 世纪 80 年代以来,泰国出口产品由过去以农产品为主逐步转为以工业品为主。主要出口产品有自动数据处理机、集成电路板、汽车及零配件、成衣、鲜冻虾、宝石和珠宝、初级化纤、大米、收音机和电视机、橡胶;主要进口产品有电子和工业机械、集成电路、化学品、电脑配件、钢铁、珠宝、金属制品等。

3. 旅游业

泰国的第三产业主要包括批发零售业、修理业、旅馆及餐饮业、金融保险业、房地产业、教育业、社会保障业等。旅游业保持稳定发展势头,是泰国外汇收入重要来源之一。根据泰国旅游与体育部的统计数据,2023 年全年赴泰国旅游的外国游客累计达到 28 042 131 人次,创收达 1.2 万亿泰铢。泰国国家旅游局预计,2023 年将有 530 万~700 万人次的中国游客赴泰旅游。根据另一份统计数据,2023 年 1 月 1 日至 6 月 25 日期间,泰国累计迎来 12 464 812 名外国游客，与上年同期相比增长539%，外国游客为泰国旅游业创收5 142.37亿泰铢。

旅游业是泰国服务业的支柱产业。泰国旅游资源丰富，主要旅游地点有曼谷、普吉、芭堤雅、清迈、大城、甲米、华欣、苏梅等。

4. 数字经济产业

泰国政府一贯高度重视数字经济发展，将其作为国家战略之一，并制定了发展数字经济的短期和长期规划，加大投资发展数字基建、数字支付等，致力成为亚太地区的大数据中心和云服务中心。预计到2025年，泰国数字经济总值将高达530亿美元，年均增长率为25%。到2030年，数字经济有望占泰国GDP的30%。

数字化转型是泰国迈向高收入国家的重要战略步骤。为加速数字经济发展，促进经济繁荣和产业转型，泰国政府于2015年2月提出"数字泰国"理念及相关计划，随后又出台相关发展计划，是东盟最早聚焦数字化转型和数字经济发展的成员之一。其中，为期20年的发展计划分为4个阶段，从数字化基础设施建设起步，到发展数字经济和跨入数字社会，再到全面实现数字化，最终利用数字技术推动泰国成为发达国家。

课外阅读

2025年泰国数字经济的商品总值预计将达到500亿美元

据《曼谷邮报》报道，谷歌表示，对高价值用户、环境、社会和治理（ESG）主题、数字包容性和数据基础设施法规的关注将为泰国带来可持续发展的数字经济。根据东南亚电子商务协会（SEA）编写的《2023年电子经济东南亚》报告，数字金融服务（DFS）、健康、教育、食品和人工智能（AI）领域是吸引私人投资者投资初创企业的潜在增长机会。谷歌泰国国家总监表示："值得注意的是，东南亚数字经济的商品总价值（GMV）和收入均继续保持两位数增长势头，收入将在2023年突破1 000亿美元大关。"在电子商务的推动下，泰国的数字经济仍然是东南亚第二大数字经济，预计2025年GMV将达到500亿美元左右，高于2023年预计的360亿美元，同比增长16%。电子商务仍然是该国数字经济的主要驱动力。

资料来源：中华人民共和国驻孔敬总领事馆"经贸之窗"。

（三）金融情况

1. 货币与外汇管理

泰国货币单位为铢（Baht）。人民币与当地货币可以直接结算，中国银行率先在泰国市场实现人民币对泰铢的直接报价。在泰企业可以进行泰铢和人民币跨境结算，在泰工作的中国个人也可以将薪资以人民币直接汇回中国。

外汇管理政策：泰国为有限外汇管制国家，泰国财政部授权央行负责外汇的管理。相较于周边国家，其外汇管制较为宽松，除少数需要央行特别批准的业务以外，资本、贸易以及服务项下的外汇资金在向银行提供相应证明材料的情况下，均可自由出入。来泰投资的外资企业可以在当地商业银行申请开立外汇账户，用于日常结算。当地商业银行对于开立外汇账户无特别限制，审查标准与泰国本地企业一致。

表 5—1　　　　　　　　泰铢兑全球主要货币汇率（2023 年 3 月 31 日）

汇率参考价	人民币	美元
现钞买入价	4.865 4	33.838 6
现汇买入价	4.901 8	33.934 5
平均卖出价	5.049 7	34.263 1
外汇买卖中间价	4.975 8	34.095 0

资料来源：泰国银行（BOT）。

2. 银行

（1）盘谷银行（Bangkok Bank）：东南亚地区最大的国际性商业银行之一，创立于 1944 年，总行设立于泰国曼谷，在泰国拥有近 900 家分行，海外分行 31 家，分别设立于印度尼西亚、老挝、马来西亚、缅甸、菲律宾、新加坡、英国、美国、越南及中国大陆、香港和台湾，全球化程度较高。

（2）开泰银行（Kasikorn Bank，https://www.kasikornbank.com）：1945 年由泰国华商联合创立，原名为泰华农民银行，主要为农业服务，随后扩大服务范围至工、商业。泰华农民银行集团自 2012 年 4 月 3 日起改名为"开泰银行"。

（3）泰国汇商银行（Siam Commercial Bank，https://www.scb.co.th）：依据皇家宪章成立的第一家本土商业银行，创办于泰王拉玛五世时。

（4）泰京银行（KrungThai Bank，https://krungthai.com）：泰国国家控股的上市银行，创立于 1966 年。泰国财政部为其第一大股东。

以上四家商业银行是泰国四大行，为个人和公司提供全方位金融服务，旗下包括资产管理、证券及相关保险服务等。泰国主要外资银行提供与当地商业银行基本相同的金融服务。

在泰国的中资银行主要为中国银行（泰国）股份有限公司和中国工商银行（泰国）股份有限公司。

3. 证券市场

泰国证券交易所（SET）是泰国唯一的证券交易市场，于 1975 年 4 月正式开始运行，负责二级市场交易及处理公司上市申请，包括确保申请人的资格、提交准确信息和文件。泰国证券交易所也负责披露上市公司必要信息和监督上市公司全部交易活动，拥有广泛的权益和债务证券，上市证券包括普通股、优先股、债券、权证、衍生权证和单位信托。

泰国证券市场主要有两个板块：①SET 市场，为泰国证券交易所主板市场。截至 2023 年 7 月，SET 共有上市公司 618 家。②MAI 市场，为泰国证券交易所二板市场，也称中小企业板市场，为不符合主板上市条件的中小型或高成长公司进入资本市场获取较低成本资金而成立，与中国的创业板市场类似。截至 2023 年 7 月，MAI 共有上市公司 206 家。

4. 保险

泰国是东盟第二大保险市场，其保险市场格局较为稳定，竞争环境较为温和。2022 年，泰国总保费收入 8 853.2 亿泰铢，同比增长 0.99%，其中寿险保费 6 111.04 亿泰铢，非寿险保费 2 742.16 亿泰铢，前三大险种分别为商业车险、综合意外险和火险。泰国保险行业是该国金融体系的重要组成部分，由泰国保险委员会（Office of Insurance Commission，OIC）监管，分为寿险和非寿险两大类。

根据《中国—东盟研究》显示，泰国通过"30 铢医疗计划"给予其他社会医疗保障系统无法纳入的人群兜底包络式医疗服务，一举成为世界上为数不多的实现医疗保障全民覆盖的发展中国家之一。

泰国的保险市场由多家本地和国际保险公司组成。主要的本地保险公司包括泰国人寿保险公司(Thai Life Insurance)和泰国保障人寿保险公司(Muang Thai Life Assurance)，国际保险公司如安联(Allianz)和友邦(AIA)也在市场上占有重要份额。各个保险公司的险种均覆盖财产险、意外险、人寿险及医疗保险，详情可访问各保险公司官方网站。

5. 融资渠道

泰国当地企业融资的主要渠道有银行贷款、股票筹资、债券融资及海外融资。近些年，大部分来泰投资的中国企业融资主要渠道是通过银行贷款和股东注资。在融资方面，外资企业与当地企业原则上享受同等待遇，具体贷款条件由各商业银行根据其对贷款企业及项目的分析及风险控制情况而定，泰国央行对商业银行存贷款利率不作硬性限制。中国银行(泰国)、中国工商银行(泰国)等中资银行在泰中跨境结算和贸易融资、大中型中资工程服务和承包商及泰中联合体的保函及融资、东南亚跨境银行/俱乐部一体化融资、人民币清算及结算等产品和渠道方面，与本地银行和其他外资银行相比有着自身独特的竞争优势。

(四)外贸情况

1. 进出口情况

(1)货物贸易。据泰国商业部统计，2022年泰国货物进出口总额为5 387.74亿美元，其中出口2 711.74亿美元，进口2 676.00亿美元，贸易顺差35.73亿美元。

(2)服务贸易。泰国是东盟成员国中服务贸易比较发达的国家。截至2023年，泰国未发布其与服务贸易伙伴间数据，但从服务贸易项目进出口状况看，其伙伴主要是东盟、欧盟、美国、日本、中国、韩国等(见表5－2、表5－3、表5－4)。

表5－2　　　　　　　　　　2022年泰国主要贸易伙伴　　　　　　　　　单位：百万美元

排名	国家(地区)	贸易额	泰国出口	泰国进口
1	中国大陆	105 197	34 430	70 767
2	美国	65 278	47 535	17 743
3	日本	59 134	24 656	34 477
4	马来西亚	27 049	12 672	14 377
5	越南	21 197	13 258	7 939
6	阿联酋	20 474	3 444	17 030
7	印度尼西亚	19 958	10 340	9 618
8	新加坡	8 477	10 280	8 197
9	澳大利亚	18 316	11 187	7 128
10	印度	17 708	10 533	7 175
11	中国台湾	16 545	4 719	11 826
12	韩国	16 529	6 405	10 124
13	中国香港	12 818	10 084	2 734
14	菲律宾	11 250	7 441	3 809

续表

排名	国家(地区)	贸易额	泰国出口	泰国进口
15	德国	10 830	4 782	6 048
15国(地区)进出口合计		440 758	211 767	228 992
其余国家(地区)		147 697	75 658	72 038

资料来源：泰国商业部。

表5—3　　　　　　　　　　2022年泰国主要进口产品　　　　　　　　单位：百万美元

排名	商品类别	进口额
1	原油	35 999
2	化工品	20 995
3	机械及其部件	20 705
4	电器及部件	20 159
5	电路板	19 038
6	金银珠宝	15 560
7	钢铁及其制品	15 550
8	其他金属矿、废金属及制品	13 504
9	天然气	12 710
10	计算机及零部件	9 030

资料来源：泰国商业部。

表5—4　　　　　　　　　　2022年泰国主要出口产品　　　　　　　　单位：百万美元

排名	商品类别	出口额
1	汽车及零部件	28 465
2	计算机及零部件	20 699
3	珠宝首饰	15 112
4	橡胶产品	13 863
5	塑料颗粒	10 682
6	精炼油	10 129
7	化工品	9 585
8	电路板	9 308
9	机械及部件	8 755
10	空调及零部件	7 044

资料来源：泰国商业部。

2.投资情况

泰国主要投资来源地有日本、中国、美国、东盟、韩国、欧盟和印度等。据泰国投资促进委员会(BOI)数据统计,2022年泰国外资申请投资优惠项目1 070个,吸引外资6 646亿铢,其中,中国774亿铢,日本508亿铢,美国503亿铢,东盟496亿铢,韩国371亿铢,欧盟251亿铢,印度23亿铢。众多知名跨国公司均在泰国设有分支机构或东南亚总部,负责泰国及东南亚业务发展。据《世界投资报告》(2023)统计,2022年泰国吸收外资流量100.3亿美元,截至2022年底,泰国吸收外资存量3 061.6亿美元。

泰国的竞争优势有:经济社会总体较稳定,对华友好;消费市场有一定潜力;区位优势明显,位处东南亚地理中心;贸易自由化程度较高,引资政策较为持续稳定;国家外汇储备超2 000亿美元,资本市场较为开放,融资灵活度高;世界银行发布的《2020年全球营商环境指数排名》中,泰国在全部190个经济体中排名第21位;世界知识产权组织发布的《2023年度全球创新指数》显示,在132个国家和地区中,泰国综合指数排名第43位;泰国政府致力于向数字政府转型,实施泰国数字政府发展计划(2023—2027),推动发展与中小企业、国家福利、高等学校、农业数据、法律法规以及健康和医疗服务有关的政府电子服务。

3. 中泰经贸合作

(1)双边协定。双方签订了《促进和保护投资协定》(1985年)、《避免双重征税和防止偷漏税协定》(1986年)、《贸易经济和技术合作谅解备忘录》(1997年)、《双边货币互换协议》(2011年签订,2014年、2021年续签)等。2003年10月,两国在中国—东盟自贸区框架下实施蔬菜、水果零关税安排。2004年6月,泰国承认中国完全市场经济地位。2009年6月,两国签署《扩大和深化双边经贸合作的协议》。2012年4月,两国签署《经贸合作五年发展规划》。2014年12月,两国央行签署《关于在泰国建立人民币清算安排的合作谅解备忘录》。

(2)双边贸易。据中国海关统计,2022年,中泰双边货物贸易总额1 350亿美元,同比增长3%。其中,中国对泰国出口额785亿美元,同比增长13.4%;中国自泰国进口额565亿美元,同比下降8.6%。中国对泰国前五大出口产品品类为电机电气、机械设备、塑料及其制品、钢材和钢铁制品;前五大进口产品品类为电机电气、机械设备、水果、橡胶及制品、塑料及其制品。

(3)双向投资。中国对泰投资:据中国商务部统计,2022年中国对泰国直接投资12.7亿美元(见表5—5);截至2022年末,中国对泰国直接投资存量105.7亿美元。截至2022年底,在中国驻泰国大使馆经商处备案的中国对泰投资企业近700家,经营范围涉及制造、贸易、工程建设、银行、保险、运输、医药、媒体、旅游服务等领域。泰国对华投资:据中国商务部统计,2022年泰国对中国投资6 809万美元。截至2022年末,泰国企业累计对华直接投资46.6亿美元。

表5—5　　　　　　　　2018—2022年中国对泰国直接投资情况　　　　　　　单位:万美元

	2018年	2019年	2020年	2021年	2022年
年度流量	73 729	137 191	188 288	148 601	127 180
年末存量	594 670	718 585	882 555	991 721	1 056 778

资料来源:中国商务部、国家统计局和国家外汇管理局《2022年度中国对外直接投资统计公报》。

三、法律环境

(一)环保法律法规

泰国负责环境保护的政府部门是自然资源和环境部(MNRE),其主要职责是制定政策和规划,提出自然资源和环境管理的措施并协调实施,下设有水资源厅、地下水资源厅、海洋与沿海资源厅、矿产资源厅、皇家森林厅、国家公园野生动物和植被保护厅、自然资源和环境政策规划办公室、污染控制厅、环境质量促进厅等部门。

主要环保法律法规：泰国关于环保的基本法律是1992年颁布的《国家环境质量促进和保护法》（Enhancement and Conservation of the National Environmental Quality Act），该法案规定了商业运作时必须考虑的环保因素。其他环保法律法规主要有：1961年颁布的《国家公园法》、1964年颁布的《国家森林保护法》、1979年颁布的《城市规划法》、1978年颁布的《泰国工业区管理局法》、1979年颁布的《建筑控制法》、1992年颁布的《公共卫生法》、1992年颁布的《清洁和秩序管理法》、1992年颁布的《工厂法》、1992年颁布的《国家环境治疗促进和保护法案》、1992年颁布的《有害物质法》、2000年颁布的《土地挖掘和填埋法》、2000年颁布的《总理办公室关于保护和利用生物多样性的条例》、2004年颁布的《总理办公室关于防止和消除石油污染法规》、2008年颁布的《国家旅游政策法》等。

（二）劳动就业法规

泰国目前实施的《劳动保护法》（Labour Protection Act）于1998年制定。该法明确了雇主和雇员的权利及义务，建立了关于一般劳动、雇用女工和童工、工资报酬、解除雇佣关系和雇员救济基金等方面的最低标准。

（三）知识产权保护法律法规

泰国有关知识产权保护的法律主要涉及三部：《专利法》（1979年）、《商标法》（1991年）和《著作权法》（1994年）。三部法律分别针对专利、商标和著作权的定义、类型、申请、使用和保护等有关内容作出了明确规定。《专利法》（1979年）的核心内容是：一项专利的成立必须满足某些标准，不同的标准用于申请不同的保护。《商标法》（1991年）的核心内容是：商标，即为计划用于或已经用于某商品以区别不同商品的标识。一项商标须具有明显特征，且不得与另一个已注册商标相同或易混淆，才能注册。《著作权法》（1994年）的核心内容是：保护文学、艺术和表演作品的创作权，凡未经创作人许可而复制或发表其作品均视为违法行为。

知识产权侵权的相关处罚规定：根据泰国《专利法》（1979年）有关规定，未具备本法规定的权利者，不得在产品容器、产品包装上或在发明、外观设计的宣传上使用"泰国专利权""泰国实用新型专利权"字样，或其他意思相同的外国文字，或其他意思相同的词语。

（四）解决商务纠纷的途径和法规

在泰国出现商务纠纷时，一般通过协商解决、调解解决、仲裁解决和诉讼解决等形式。其中，仲裁解决是常用的国际商务纠纷解决手段。

根据《泰国仲裁法》，按照争议的性质，由普通法院或行政法院对将纠纷提交仲裁的书面协议的效力进行裁定。经协议各方同意，可以选择仲裁方式解决某些类型的纠纷。

如果一方当事人将争议事项提交法院诉讼，另一方当事人可以根据合同仲裁条款提出反对。在这种情况下，法院将拒绝受理此案，并责令当事人通过仲裁来解决争议。如果中国企业在泰国出现商务纠纷，中国企业可将纠纷案件向泰国商业部贸易发展促进厅或商业发展厅进行投诉，并获得解决方案；贸易纠纷如需仲裁解决，中国企业可联系泰国贸易院进行仲裁咨询。此外，使用诉讼解决要看合同是否约定了适用中国法律还是泰国法律。如无约定，由于起诉要在被告所在地进行，因此适用被告所在地法律；如约定纠纷采用仲裁方式，要适用仲裁机构所在地法律或仲裁规则。

（五）数字经济相关政策法规

1.《数字经济与社会发展法案》

2017年泰国颁布了《数字经济与社会发展法案》，并于同年成立了数字经济促进局，其主要职能是贯彻落实该法案,负责促进和支持数字创新产业发展,推动数字技术的普及。该法案规定了泰国有关数字经济发展的政策,成立国家数字经济和社会发展委员会,确定了该委员会的权力和职责以及成立数字经济与社会发展专项基金,以促进数字经济的发展。

2.《个人数据保护法案》和《网络安全法案》

2019年2月28日,泰国国家立法议会通过《个人数据保护法案》和《网络安全法案》。制定这些法案的目的是直接管理个人数据的收集、存储、使用或处理。这些法案有助于加强网络空间的法律保障,确保国家安全,并保护个人数据隐私。同时,《个人数据保护法》具有域外适用性,将对泰国境内、境外旨在收集和使用个人数据或监测泰国自然人行为的企业产生重大影响。该法是泰国制定的第一部用于管理和保护数据的法律,适用于在泰国境内为泰国提供产品或服务所产生问题的处理。

3.《计算机犯罪法》和《电子交易法》

《计算机犯罪法》解决计算机相关问题,如非法访问和干扰计算机系统及数据、非法披露安全措施和非法拦截计算机数据通信等。《电子交易法》适用于使用数据信息,包括信息的生成、发送、接收、存储或通过电子手段(如电子数据交换(EDI)、电子邮件、电报、电传或传真等)进行的所有民事和商业交易。

4.《数字平台经营法》

泰国数字经济与社会部下属的泰国电子交易发展署(ETDA,Electronic Transactions Development Agency)于2023年8月发布公告,要求在泰提供服务的数字平台运营商在规定时间内向泰国电子交易发展署申报备案。此次公告是对泰国《数字平台运营法》(2022年12月发布)的细化和补充,根据公告规定,大型数字平台须在2023年11月18日前完成申报;小型数字平台截止时间延长至2024年8月20日;在公告生效日期8月21日之后开始运营的,须在运营前完成申报。该规定涉及范围包括以网站、APP等形式提供数字服务的平台企业,服务类型涵盖电子商务、社交媒体、搜索引擎、地图、音像服务、云服务等能够连接终端用户的信息服务。相关平台申报备案时,须按要求提供服务类型、性质、渠道、收益、用户分类、投诉处理等信息,此后每年还须更新申报在泰国发生的交易额、用户数等。

泰国对外商投资数字经济相关行业的准入政策及优惠政策:

泰国投资委员会(BOI)通过一系列措施鼓励企业采用数字技术,促进企业加大对数字经济方面的投资。针对第八类发展科技与创新的相关产业,包括发展目标技术产业,如生物技术、纳米技术、先进材料技术和数字技术,给予11~13年的免征企业所得税(无上限)的税收优惠。

2022年3月,泰国政府对获准的数字资产交易放宽了税收政策,对加密货币及数字代币交易产生的收入免征7%的增值税。该激励措施旨在支持及鼓励泰国数字资产行业的发展,提高其在全球市场的竞争力。

四、社会文化环境

(一)民族宗教

泰国第一大民族为泰族,其他民族还有华族、马来族、高棉族、克伦族、苗族等。泰族人曾称"暹罗人",属汉藏语系壮傣语族民族,与中国的傣族、壮族族源相近,在泰国全国都有分布,占总人口的75%。

泰国主要信仰佛教、伊斯兰教、天主教和印度教。佛教是泰国宗教和文化的重要组成部分,对当地政治、经济、社会生活和文化艺术等领域有重大影响,在泰国享有崇高地位。

佛教是泰国的国教,90%的人信奉佛教。几百年来,无论是风俗习惯还是文学、艺术和建筑等各方面,几乎都与佛教有着密切关系。在泰国,凡是信佛教的男孩,到了一定年龄都要削发为僧,连王室和贵族也不例外。到泰国旅游,处处可见身披黄色袈裟的僧侣以及富丽堂皇的寺院。因此,泰国又有"黄袍佛国"的美名。佛教为泰国人塑造了道德标准,使之形成了崇尚忍让、安宁及爱好和平的精神风范。

(二)语言

泰语为国语,官方语言为泰语和英语。每个地区都有自己的方言,但以中部曼谷地区的方言为标准语。潮州话、海南话、广东话在泰籍华人中使用较为普遍。此外,还有马来语和高棉语。

(三)教育

泰国实行12年制义务教育。中小学教育为12年制,即小学6年、初中3年、高中3年。中等专科职业学校为3年制,大学一般为4年制,医科大学为5年制。著名高等院校有朱拉隆功大学、法政大学、农业大学、清迈大学、孔敬大学、宋卡纳卡琳大学、玛希敦大学、诗纳卡宁威洛大学、易三仓大学和曼谷大学等。此外,还有兰甘亨大学和素可泰大学等开放大学。

根据1977年修订后公布的教育发展规划的精神,泰国教育行政管理制度的总方针在于发展现代教育以适应现代社会的需要,教育民众珍惜立宪民主原则,遵守宪法、政令、宗教传统和泰王旨意。

全国教育行政管理机构有:

(1)全国教育委员会:主管教育规划、教育研究与教育评价。

(2)教育部:主管全国教育发展、国际教育活动、文化事务与宗教团体教育机构。1964年以前,教育部只主管师范教育机构而不管大学。1965年初,初等教育机构由内政部及府级教育行政部门直接管辖,教育部不再进行管理。

(3)高等教育办公室:负责全国各类型的高等教育事业的改革与发展。从中央与地方的行政权力划分看,实行地方分权制。教育行政部门调拨教育经费给各级各类教育机构与学校单位。大部分教育经费出自国家的预算开支。不论是公立学校还是私立学校均可得到政府的资助,但政府拨给公立学校的教育经费较多。

学前教育机构大多数由私人投资开办,政府只办少数示范性的学校。中学分为初中、高中两段。

学前教育阶段为3~6岁;义务教育阶段为7~13岁;中学教育阶段为14~19岁;大学教育阶段为20~23岁;研究生院阶段为24~26岁。

泰国教育行政区大体上分为泰北部教育地区、泰东北部教育地区、泰中部教育地区、泰南部教育地区。由于各区域的国民经济发展水平不同,各区域之间教育水平相差较大。中部地区人口占全国总人口的1/5,人口也比较集中,教育发达,适龄儿童入学率最高,它是泰国政治、经济和文化教育科学的中心。泰北区主要为山地,所以教育较落后。

(四)医疗

泰国拥有国际先进水平的医疗队伍和现代化的医疗器械,在国际上赢得了很多声誉。除公立医院外,泰国全国共有400多家私人医院,其中曼谷康民医院、曼谷国际医院等都是兼具高科技设施和高水平医护队伍的国际化私立综合医院。

（五）重要节日

泰国节日较多,除国际性节日如公历新年外,许多与宗教相关的节日及王室纪念日都是法定假日。泰国华人众多,民间也庆祝春节、中秋节等中国传统节日。

国庆日:12月5日(1927年,国王普密蓬·阿杜德诞辰)。

泰语国家日:泰国政府在1999年决定把每年7月29日定为泰语国家日。

母亲节:8月12日是泰国王后诗丽吉的生日,也是泰国的母亲节。

农耕节:泰国的重要节日,每年到农耕节时,泰国都要在曼谷大王宫旁边的王家田广场举行大典。农耕节大典始于13世纪的素可泰王朝。

鬼节:泰国的鬼节每年都于6月中旬在黎府举行,非常受当地人民的重视,主要是向上天祈求风调雨顺,希望来年稻米丰收。

（六）衣着服饰

泰服美观、高贵、优雅、得体,尽显暹罗男女之美。泰服总的来说比较朴素,充满异域风情。华美、色彩鲜艳、装饰繁复是泰服的特点。泰服以黄色为主,多佩戴镶有黄色金属类的饰品。在泰国,王室多用黄色,只有王室和贵族或是身份高贵的人才穿华丽的泰丝服装,一般平民只能穿粗麻材质的。

女子泰服:泰国传统服饰女筒裙(泰国女子下装)于曼谷王朝拉玛六世时期(1910—1925年)开始流行。筒裙同纱笼一样,布的两端宽边缝合成圆筒状,穿时先把身子套进布筒里,然后用右手把布拉向右侧,左手按住腰右侧的布,右手再把布拉回,折回左边,在左腰处相叠,随手塞进左腰处。穿时也可以用左手以同样动作向相反方向完成。

男子泰服:泰国男子的传统民族服装称作绊尾幔纱笼和帕农纱笼。帕农是一种用布缠裹腰和双腿的服装。绊尾幔是用一块长约3米的布包裹双腿,再把布的两端卷在一起,穿过两腿之间,塞到腰背处。由于纱笼下摆较宽,穿着舒适凉爽,因此它是泰国平民中流传最长久的泰国传统服饰之一。

（七）饮食习惯

泰国美食国际闻名。无论是口味辛辣的还是较为清淡的,和谐是每道菜所遵循的指导原则。泰式烹调受几百年东西方影响作有机的结合,形成了独特的泰国饮食。泰国美食的特点要根据厨师、就餐人、场合和烹饪地点情况而定,以满足所有人的胃口。泰国烹饪最初反映了水上生活方式的特点。水生动物、植物和草药是其主要的配料。

因为有佛教背景,所以泰国人避免使用大块动物的肉,烹饪时大块的肉会被切碎,再拌上草药和香料。泰国传统的烹饪方法是蒸煮、烘焙或烧烤。由于受到中国影响,引入了煎、炒和炸的方法。自17世纪以来,泰国烹饪方法受到葡萄牙、荷兰、法国和日本的影响。在17世纪后期,葡萄牙传教士在南美洲习惯了红辣椒的味道,于是在泰国菜中引入了红辣椒。

由于特殊的气候条件,造成了泰国人民对酸味和辣味的依赖。泰式料理的招牌菜有冬阴功(酸辣海鲜汤)、椰汁嫩鸡汤、咖喱鱼饼、绿咖喱鸡肉、炭烧蟹、炭烧虾、猪颈肉、咖喱蟹、芒果香饭等。

泰国菜注重调味,以酸、辣为重,常以辣椒、罗勒、蒜头、香菜、姜黄、胡椒、柠檬草、椰子与其他热带国家的植物及香料提味,辛香甘鲜,口味浓重,别具一格。以各种风味蘸料伴以泰国美食,更演化出多重滋味。

（八）社交与禁忌

泰国是一个礼仪之邦,被誉为"微笑国度"。泰国人性情温和、注重礼仪、尊重长辈。人们见面时通常将双手合十于胸前,互致问候,合十后也可不再握手。见僧侣一般均以合十回礼。女性不得与僧侣握手或递送物品。泰国人视头部为最神圣的部位,忌讳别人触摸。长辈在座时,晚辈或下级必须绕道或弯腰穿行。到寺庙烧香拜佛或参观时,须衣冠整洁,脱鞋。

1. 商务礼仪

泰国的礼仪融合了佛教、伊斯兰教和中国儒家的礼仪形式,泰国人与客人见面时,通常施合十礼而不握手,外交场合例外。与泰国人建立良好的人际关系,让他们获得心理上的满足,商务活动将会在十分融洽的气氛中进行。

2. 谈判风格

泰国的风俗习惯、传统惯例以及商业行为等很多方面都受到中国和印度的影响。泰国人较注重等级关系,在这个国家,年长的人或政府官员具有较高的社会地位,尤其是男性。因此,如果对方谈判人员中有男性政府官员或年长者,应注意给予相应的尊重。在与泰国商人进行谈判的时候,一定要避免谈判时间过长,如果谈判时间太长,适当进行小活动可以使谈判顺利完成。由于多数泰国人信奉佛教,所以在他们看来,脚是最不洁的。因此,谈判人员在就座的时候切忌露出脚底或是鞋底,用脚或者鞋去指、碰到物体被认为是大不敬的行为。在泰国,保持良好的私人关系可以促进商务活动的顺利进行。

3. 沟通方式

访问政府办公厅宜穿西装。商界见面着衬衫、打领带。拜访大公司或政府机构须预约,准时赴约是一种礼貌。宜持用英文、泰文、中文对照的名片,当地两天即可印妥。泰国人非常重视人的头部,而轻视两脚,认为头是灵魂所在,是神圣不可侵犯的,切记勿触摸别人的头。如长辈在座,晚辈必须坐在地下,或者蹲跪,以免高于长辈的头部,坐着的人也忌他人拿着东西从自己头上过。泰国人特别尊崇佛祖和国王,佛祖和国王在泰国人心目中是至高无上的,切不可当着泰国人对佛祖和国王说轻率的话。

思政小课堂

泰国驻华大使:东南亚地区所有国家都将受益于"一带一路"互联互通项目

2024年,共建"一带一路"倡议已走过第一个蓬勃十年,正积极拥抱新的金色十年。2024年3月,中国与泰国互免持普通护照人员签证协定正式生效,这一举措促进了两国旅游业繁荣发展,增进了两国人文交流与文明互鉴。泰国驻华大使韩灿才(H. E. Chatchai Viriyavejakul)评价称,这一协定反映出两国之间、两国人民之间的密切关系。他还对即将于2024年7月通车的中老泰铁路表示期待,并认为共建"一带一路"在"硬件"和"软件"上的互联互通将让东南亚地区所有国家从中受益。

资料来源:国际在线"新时代,我看中国"。

【课后思考题】

1. 在以上关于泰国国家概况的描述外,你对泰国有何更多了解?
2. 中老泰铁路是促进中国在东南亚发展的重大举措,面对泰国老挝跨境铁路将于2024年7月试行这一举措,你认为对泰国会产生什么样的影响?
3. 你认为中泰永久免签政策对两国分别有什么意义?

第六章

文莱(Brunei)

一、基本情况

文莱全称"文莱达鲁萨兰国"(马来语：Negara Brunei Darussalam)，又称为文莱伊斯兰教君主国；Negara 意为"国家"，而 Darussalam 意为"和平之邦"。文莱位于亚洲东南部，加里曼丹岛西北部，国土面积 5 765 平方公里，人口 45.36 万(2023 年)，共有 33 个岛屿。文莱建国历程较长，14 世纪中叶伊斯兰教传入，就建立苏丹国，但其独立时间较短，于 1984 年真正独立，距今仅有 40 年，并于同年 1 月 7 日加入东盟。文莱经济状况颇佳，2014 年人均 GDP 位列亚洲第 5 位，是亚洲除海湾地区外的第 2 位(新加坡之后)，其石油和天然气的生产和出口约占国内生产总值的 67%；社会福利制度完善，更以不需要缴税而闻名。2023 年，文莱国内生产总值 151.28 亿美元，同比增长 1.4%，人均 GDP 33 699 美元。

小知识

文莱国旗与国徽

国旗

文莱国旗呈横长方形，长宽比为 2∶1，由黄、白、黑、红四色组成。黄色的旗地上横斜着黑、白宽条，中央绘有红色的国徽。1906 年，当文莱还是英国的保护国时，就制作了文莱第一面国旗——呈长方形的黄色旗帜。旗帜上的黄色代表苏丹至高无上。后来为了纪念两位有功的亲王，文莱决定在国旗上加黑、白两条斜条。1959 年文莱实现自治时制定了第一部宪法，宪法规定把文莱的国徽图案绘制在国旗中央。1984 年 1 月 1 日，文莱宣布完全独立，国旗沿用至今。

国徽

文莱国徽中心图案为一轮上弯的新月，象征文莱是信奉伊斯兰教的国家。在新月中心，一根棕榈树干伸展枝叶，与月牙尖连接起来象征和平。双翼上端一顶华盖和一面燕尾旗则代表苏丹至高无上的权威。新月中央的金色马来文字写着"永远在真主指引下"，表示文莱人对真主的虔敬。两侧有两只支撑着的手臂，既表示占文莱人口多数的马来人向真主的祈求，又表示文莱臣民对苏丹的拥戴。国徽底部一条红色饰带上书写着"和平之城——文莱"。

（一）建国历程

文莱古称浡泥，是东南亚最古老的国家之一。在公元5世纪中国的史籍中已有其记载，最初称为"婆黎"，唐代后改称"浡泥"。其统治范围大致为加里曼丹岛西北部，曾多次遣使来华，并与中国有贸易往来。文莱长期受中国文化影响，13世纪后伊斯兰化。明朝永乐年间（1408年），浡泥王麻那惹加那曾经亲自率使臣来中国拜见明成祖，不幸病故，葬于南京，留有浡泥国王墓。其后，麻那惹加那之子继位，并于1414年与满喇加苏丹女儿结婚，建立伊斯兰教苏丹国。文莱在第五世苏丹博尔基亚（1473—1521年）的治理下达到盛世。16世纪初，文莱国力处于最强盛时期，国土包括菲律宾南部以及砂拉越和沙巴，迫使周边一些小国每年向其朝贡。

16世纪中期起，葡萄牙、西班牙、荷兰、英国等国家相继入侵文莱。1888年文莱沦为英国保护国，1941年被日本占领，1946年日本战败后英国又恢复对文莱的控制。1971年，文莱政府与英国进行谈判，重新签约，获得了除外交和国防事务外的自治。1984年1月1日，英国交出外交和国防权，文莱实现了完全的独立。

1984年1月7日，文莱正式加入东南亚国家联盟，9月加入联合国，成为其第159个会员国。独立以后，苏丹政府大力推行"马来化、伊斯兰化和君主制"政策，巩固王室统治，重点扶持马来族等土著人的经济，在进行现代化建设的同时严格维护伊斯兰教义。在外交方面，文莱奉行不结盟和同各国友好的政策，以东盟为基石，主张地区稳定、繁荣与团结。如今的文莱政治稳定，经济持续发展，人民生活富裕。

（二）人口状况

近11年来，文莱人口规模总体呈递增态势，而增长率呈逐步下降趋势。2013年，文莱总人口41.17万，增长率为1.25%。2023年，文莱总人口45.36万，增长率为1.02%，在2013年基础上仅增长了4.19万人，年平均增长率为1%。据文莱经济规划统计局最新数据，2023年文莱总人口45.36万。其中，马来人29.84万，占65.7%；华人4.64万，占10.23%；其他土著人和外籍人口10.88万，占24%。文莱城市化发展迅速，城镇人口逐渐增多，目前城镇人口数占总人口的80%以上；男性人口占总人口的52.8%，女性人口占总人口的47.2%，男女比率为112∶100(女性＝100)(见图6-1)。

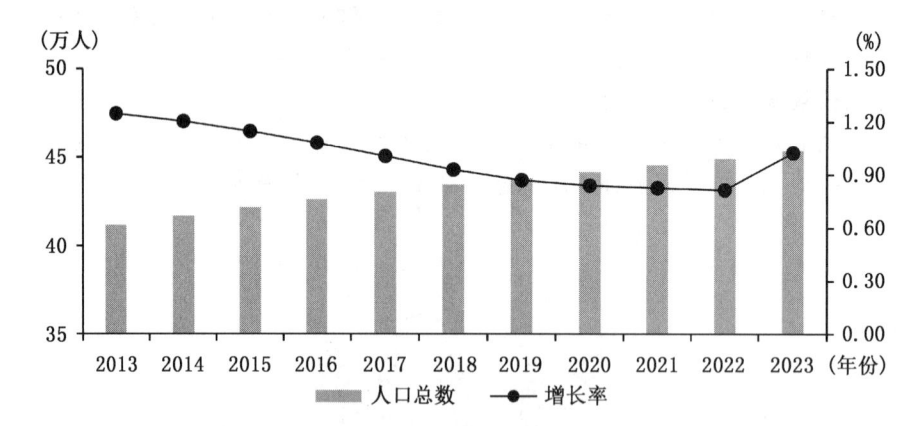

数据来源：世界银行数据库、文莱经济规划统计局。

图6-1 文莱人口规模及增长情况

(三)地理环境

文莱位于加里曼丹岛西北部，北濒南中国海，面积5 765平方公里，海岸线长162公里，共有33个岛屿。东南西三面与马来西亚的砂拉越州接壤，两国陆地边界线长381公里，被砂拉越州的林梦分隔为不相连的东西两部分。东半部由广阔的沿海平原向内地延伸为崎岖的山地，西部多沼泽地。文莱最高山峰是巴贡山，海拔1 841米。文莱国土虽小却有许多河流，四大河流为文莱河、都东河、马来奕河和淡布隆河，其中文莱河、淡布隆河交汇入文莱湾，最终汇入南中国海。这些河流形成了文莱大部分的肥沃土地、冲积平原和沼泽地。

文莱属低纬度热带雨林气候，全年高温多雨，一年分为两季：旱季和雨季。每年11月至次年2月是雨季，12月雨量最大；每年3月至10月是旱季。近年来，两季区分不是很明显。年降雨量为2 500~3 500毫米。最高气温为33℃，最低为24℃，平均气温28℃，平均湿度为82%。近年来，文莱干湿季的变化逐渐模糊，大有干季不干、湿季不湿之势。

小知识

斯里巴加湾市

斯里巴加湾市(Bandar Seri Begawan)是文莱的首都，位于婆罗洲北部、文莱湾西南角滨海平原、文莱河畔。斯里巴加湾系第28世苏丹的封号，意为"光荣神圣"。该市位于摩拉区，面积约100平方公里，人口约14万人，主要是马来人和华人。至今这里仍是世界上最大的水上村庄，所以斯里巴加湾市有"东方威尼斯"的美称。

随着文莱石油经济的飞速发展，斯里巴加湾市现已建设成为一个现代化城市，有豪华宫殿、体育馆、博物馆和巨大清真寺等。1973年建成国际机场，航线连通东南亚各国首都和香港等地。

奥玛尔·阿里·赛福鼎清真寺，位于Yayasan购物中心附近，寺庙建成于1958年，它是文莱首都斯里巴加湾市的象征，是东南亚最美丽的清真寺之一。它以当时文莱苏丹奥玛尔·阿里·赛福鼎的名字命名，以纪念他建国17年来的功绩。整个建筑巍峨高大、庄严肃穆，其巨大圆形金顶和镂空乳白色尖塔,雄伟豪迈,可供千人礼拜,是当之无愧的伊斯兰文化中心。

努洛伊曼皇宫是世界最大的皇宫,是文莱苏丹的住所。据说在努洛伊曼皇宫里,有1 700多个房间,是举行国宴的地方。如果想参观皇宫要在文莱的国庆日(2月23日)或在斋戒月结束后的开斋节前往,此时开放3天。

(四)资源禀赋

文莱国土面积较小,自然资源相对较贫乏,但石油和天然气资源却极其丰富。已探明原油储量为14亿桶,天然气储量为3 900亿立方米。文莱的石油储量亚洲第三、天然气储量全世界第四,原油和天然气是文莱的主要经济支柱。目前在东南亚,文莱的石油开采量仅次于印度尼西亚。文莱也是第一个在南海与中国合作开发石油资源的东盟国家。2022年,文莱石油日产量9.2万桶,同比下降13.8%;液化天然气日产量7 000桶,同比下降13.8%;天然气年产量106亿立方米,同比下降8.2%。除石油以外,文莱其他矿产资源较少。文莱其他自然资源还有森林、木材、热带作物及少量海产。

文莱的森林资源丰富,森林覆盖率达72%,每年可吸收约19.9吨的碳排放量。有14个森林保护区,面积为2 355.19平方公里,占国土面积的41%,86%的森林保护区为原始森林。文莱国家森林公园占地面积为48 875公顷,位于淡布伦区巴都阿波附近的森林保护区内,整个森林保护区面积有500平方公里之大。保护区内有菩提树等世界名贵树种,还有多种珍稀动物,总计有180多种树木、36种蛙类、180多种蝴蝶、200多种鸟类及在一棵树上同时栖息的400多种不同类型的甲虫。文莱盛产橡胶、椰子和胡椒等热带作物,内河和领海盛产鱼虾等水产品。

文莱有162公里的海岸线,200海里渔业区内有丰富的渔业资源,水域没有污染,且无台风袭击,适宜养殖鱼虾。全国共有50个鱼虾养殖场,但文莱渔业并不发达。因为受到领海纠纷、捕捞技术限制,其渔业产值占国内生产总值不足1%。文莱目前国内50%的渔产品消费依赖进口。

二、经济环境

(一)经济水平

文莱是东南亚主要产油国和世界主要液化天然气生产国,经济高度依赖油气产业。石油和天然气的生产和出口是国民经济的支柱,约占国内生产总值的50%和出口总收入的90%。近年来,文莱政府侧重油气产品深度开发和港口扩建等基础设施建设,积极吸引外资,促进经济向多元化方向发展。经过多年努力,文莱非油气产业占GDP的比重逐渐上升,特别是建筑业发展较快,成为仅次于油气工业的重要产业。服装业也有较大发展,已成为文莱继油气产业之后的第二大出口收入来源。文莱经济发展中存在的主要问题是国内市场狭小、基础设施薄弱以及技术和人才短缺等。

从1953年开始,文莱制订了第一个国家发展计划,独立以后政府积极推行经济多元化,力图改变对石油天然气工业过分依赖的单一经济结构。1994年起,文莱启动多元化发展战略,积极鼓励经济多元化,主线是调整单一经济结构,降低油气产业比重,实现"进口替代"。1997年发生的亚洲金融危机对文莱经济造成冲击,文莱货币贬值,一些主要的国有公司亏损严重,经济衰退。为振兴经济,文莱政府设立国家经济发展理事会,对政府所属企业和公用事业实行私有化,加强基础设施建设,增加石油产量和出口,整顿金融秩序,加大吸引外资力度,削减政府开支。2003年起,文莱转向实施"双叉战略":一是利用深水港优势,建设本地区最大的货物集散港口,并以港口建设带动基础设施建设;二是建设工业园区,发展制造业、金融业和其他服务行业。为推动经济多元发展,文莱政府于2007年发布并推动文莱中长期发展规划"2035宏愿",以增强经济发展的可持续性。围绕实现"2035宏愿",近年陆续制定并发布了《国家发展规划》(RKN11,2018—2023)、《数字经济总体规划2025》《应对气候变化十大策略》《国家经济发展蓝图》等配套规划,确定了油气下游产业、食品、旅游、信息通信技术、服务五大重点发展领域,加大对农、林、渔业以及基础设施建设投入,积极吸引外资,推动经济向多元化方向发展。

文莱重视发展数字经济,致力于建设智慧国家。文莱政府于2020年6月推出《数字经济总体规划2025》,其愿景是通过数字化转型,在2025年将文莱建成一个智慧国家,优先在物流和运输、能源、商业服务、旅游、金融服务、健康、农业食品、教育和清真产业九个领域实施数字化转型。

从近11年的数据可以看出,文莱经济不太稳定,GDP总量和人均GDP均呈波动状态。2013—2016年,文莱由于油气产量下降,加上国际原油价格下滑更使文莱经济雪上加霜,GDP和人均GDP均呈大幅下降趋势。2016年,文莱GDP总量为114亿美元,人均GDP为26 762美元,GDP增长率为-2.48%,GDP总量和人均GDP数值是11年来的最低值。2017年开始,文莱经济状况有所好转,GDP增长率由负转正。2019年,文莱GDP增长3.87%,为11年来最高。受"新冠"疫情和油气减产的影响,2021—2022年文莱GDP连续两年负增长。2023年,文莱经济扭转负增长态势,GDP为151.28亿美元,剔除价格因素后,全年实际GDP同比增长1.4%;但人均GDP为33 699美元,同比下降10.0%(见图6—2、图6—3)。

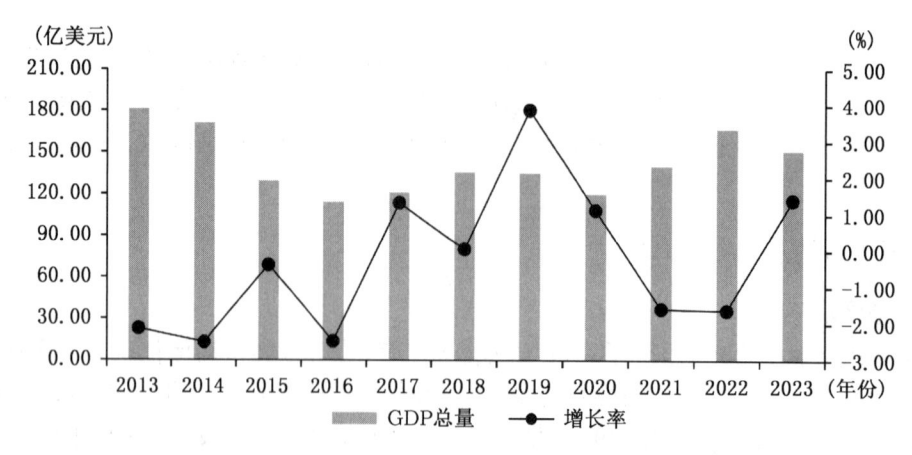

数据来源:世界银行数据库。

图6—2　2013—2023年文莱GDP总量及增长情况

数据来源：世界银行数据库。

图 6-3　2013—2023 年文莱人均 GDP

（二）产业状况

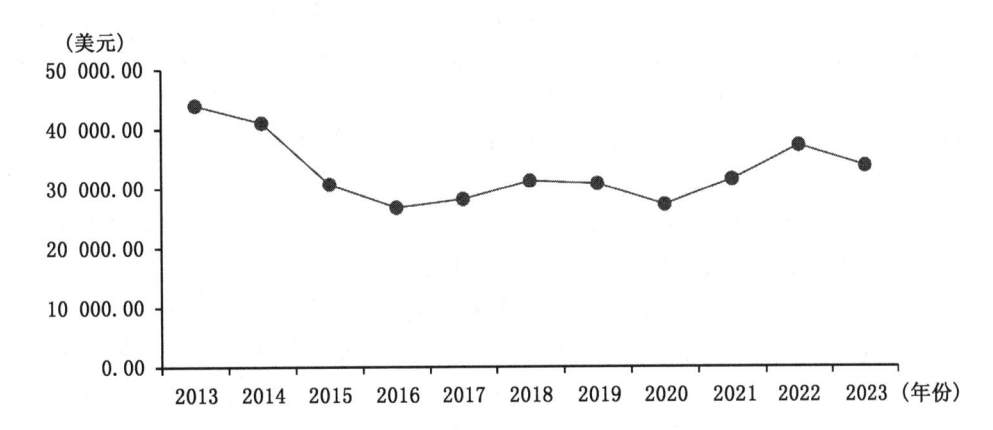

文莱拥有丰富的油气资源，是东南亚主要产油国和世界主要液化天然气生产国。石油和天然气的生产和出口是国民经济的支柱，工业在国民经济中占主导地位，2022 年在其 GDP 中占比为 48%，农业在 GDP 中仅占 1% 左右。近年来，随着文莱政府经济多元化改革的深入，服务业产值提高，占 GDP 比重呈上升趋势。从总体上看，文莱产业结构呈二、三、一特征，第二产业对国民经济贡献较大，第三产业逐渐成为经济发展的主要动力（见图 6-4）。

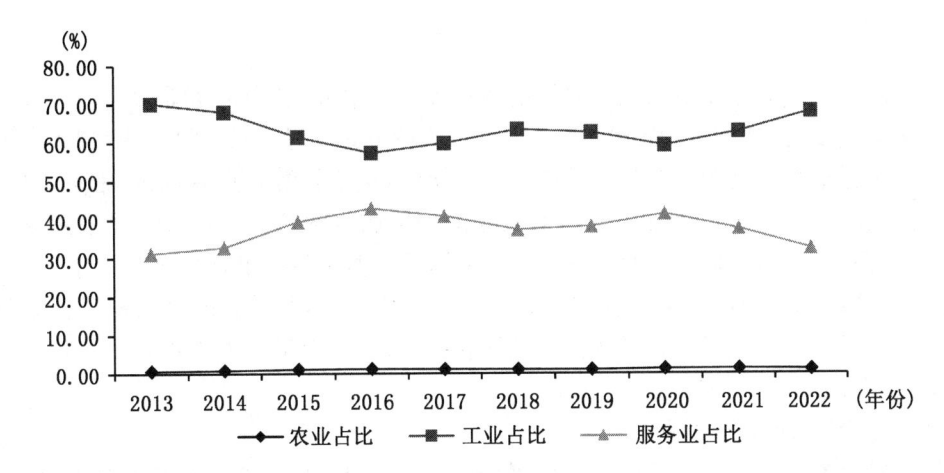

数据来源：世界银行数据库。

图 6-4　2013—2022 年菲律宾三大产业占 GDP 比重

1. 农林渔业

文莱农业基础薄弱。随着油气和公共服务业的发展，很多人放弃农业，传统农业受到冲击，现仅种植少量水稻、橡胶、胡椒和椰子、木瓜等热带水果，约 90% 的食品依靠进口，农业在国民生产总值中仅占 1% 左右。政府大力扶持国内以养鸡为主的家禽饲养业，鸡肉与鸡蛋已实现完全自给自足，牛肉 85%、蔬菜 66.5%、水果 41.9%、稻米 9.11% 可自给自足。在苏丹的亲自督促下，近年来文莱政府致力于发展水稻种植。2017—2019 年，文莱水稻年均产量约为 2 363 吨，大米产量稳定在 1 500 吨左右。2019 年，文莱引入高产杂交水稻品种，本地稻谷产量大幅增长,从2019年的2 308吨增加到2021年的4 115吨,增长78%;大米自给率也从2019年的4.8%提高到2021年的9.11%。文莱初级资源与旅游部计划到2025年将大米年产量提高到3 900~5 200吨,自足率达到11%~15%。2022—2023财年,文莱初级资源与旅游部预算为9 613万文元,较上一财年提升40.1%,其中1 230万文元将用于水稻种植。

文莱森林覆盖率非常高,为72.11%,其中14个森林保护区总面积达2 355.19平方公里,占国土面积的41%。森林保护区分为五类:保护林、主要保护区、次要保护区、再生林区和森林生产区。文莱限制森林砍伐和原木出口,实行以保护为主旨的森林管理政策。

文莱政府推行经济多元化发展战略,渔业被列为重点发展领域。政府发展渔业目的之一即减少国家对进口渔产品的依赖,进而降低外汇的流失。发展政策包括港口设施现代化、设立新渔业设施、提升港口内外设施、提供奖励和培训等。据渔业局公布的资料,文莱计划至2023年将渔业年均产值提升至4亿文元左右。其中捕捞业1.12亿文元、养殖业2亿文元、加工业0.61亿文元、海洋生态旅游业0.27亿文元。

2. 工业

文莱工业基础薄弱,经济结构单一,主要以石油和天然气开采与生产为主,占GDP的比重高达66%。建筑业是新兴的第二大产业,其他还有食品加工、家具制造、陶瓷、水泥、纺织等。从总量上看,文莱第二产业产值在波动中增加,但占GDP的比重却有所下降。2022年,文莱工业总产值为113.31亿美元,占GDP比重的67.9%。据文莱首相府经济规划与发展局最新数据,2023年,文莱三大产业比重为1.2∶60.7∶38.1。工业增加值占比60.7%,其中,油气开采业占比39.2%,油气制造业占比16.9%,其他制造业占比1.3%,电气水供应业占比0.9%,建筑业占比2.3%。

3. 服务业

近10年来,文莱服务业增加值总体呈增加趋势。2022年,文莱服务业总产值为54.25亿美元,占GDP比重为32.52%,同比下降5.1%。旅游业是文莱近年大力发展的优先领域之一。文莱政府采取多项鼓励措施吸引游客赴文莱旅游,主要旅游景点有水村、王室陈列馆、清真寺、淡布隆国家森林公园等。2022年,赴文莱的国际旅客约66.4万人次,马来西亚、中国、菲律宾、印度尼西亚、新加坡为文莱前五大游客来源国。据文莱首相府经济规划与发展局最新数据,2023年,文莱服务业占GDP比重为38.1%。其中,批零贸易业占比5.6%,住宿餐饮业占比1.3%,运输仓储业占比1.6%,信息通讯业占比1.7%,金融业占比6.2%,房地产业占比3.0%,其他服务业占比18.6%。

4. 数字经济、绿色经济产业

文莱重视发展数字经济,致力于建设智慧国家。文莱政府于2020年6月推出《数字经济总体规划2025》,其愿景是通过数字化转型,在2025年将文莱建成一个智慧国家。按照数字经济五年发展规划愿景,2025年文莱将建成一个有活力且具备可持续性的经济发展体系,GDP增长将主要来源于数字行业以及因数字化转型而带动的其他经济部门的发展;数字通信技术在主要行业的广泛应用,将使文莱人使用宽带和社会公共服务的比重增加、对数字化认知大幅提高;构建起数字化的生态系统,文莱将跻身国际电信联盟40强。

文莱高度重视绿色发展,是东盟成员国中最早交存《巴黎协定》批准书的国家之一。2020年7月,文莱政府发布了打造低碳生活、应对气候变化的十大策略,计划到2035年将电动车销量提升至占汽车总销量的60%,到2035年将以光伏发电为主的可再生能源发电量占比提升到30%;在2021年11月第26届联合国气候变化大会上签署了支持《全球煤炭向清洁能源转型的声明》，承诺扩大清洁发电设备部署，停止新发燃煤发电许可证，禁止新建燃煤发电项目。

课外阅读

文莱公布《数字经济总体规划 2025》

文莱数字经济委员会 2020 年 6 月 4 日公布《数字经济总体规划 2025》。《规划》的目标是发展充满活力和可持续的经济，建立数字化、面向未来的社会和数字生态系统；将从工业数字化、政府行政数字化、促进数码产业发展以及人力和人才开发四个方面推进目标的实现。数字经济委员会将在以下九个有经济发展潜力的领域开展重点项目实施：物流和运输、能源、商业服务、旅游、金融服务、健康、农产品、教育以及清真产业。

资料来源：中华人民共和国驻文莱达鲁萨兰国大使馆经济商务处。

（三）金融情况

1. 货币与外汇管理

文莱货币为文莱元。文莱货币由文莱金管局（2021 年更名为中央银行）根据文莱和新加坡货币互换协议发行，采取钉住汇率制，与新加坡货币按 1∶1 兑换。

2022 年，文元与美元汇率在 1∶1.342 至 1∶1.449 之间波动，波动幅度为 7.99%。2023 年 6 月，1 美元约合 1.36 文元，1 欧元约合 1.42 文元，1 人民币约合 0.19 文元。人民币与文莱元可直接兑换。

表 6—1　　　　　　　　　　近三年文元汇率变动情况

年份	1 美元：文元	1 欧元：文元	1 人民币：文元
2020	1.321 03	1.624 14	0.203 1
2021	1.356 04	1.540 27	0.213 49
2022	1.38	1.45	0.205

数据来源：中国商务部《文莱投资指南》。

尽管文莱监督外汇的交易及流动，但无外汇限制。银行允许非居民开户和贷款。外资企业在当地开立外汇账户须提供公司注册文件及护照复印件等材料。文莱对股息不征收预提税。为防止洗钱等相关犯罪活动，2018 年 5 月 1 日文莱政府根据《2012 犯罪资产追回法令》发布新的管理措施：任何人向境外汇出或接收超过等值于 5 000 文元的现钞或无记名可转让票据的，需要向文莱金融管理局金融情报处及时进行申报，违反者将面临不超过 5 万文元的罚款，或不超过 3 年的刑期。

2. 银行

2000 年，文莱成立国际金融中心，为文莱成为区域金融服务中心的构想打下了基础。一些国际知名银行纷纷在中心注册，发展离岸金融业务。加拿大皇家银行成为在中心注册的第一家离岸银行，花旗银行、汇丰银行等也相继在该中心注册。文莱当地主要商业银行有文莱达鲁萨兰伊斯兰银行（BIBD）和佰都利银行（BAIDURI）；外资银行有渣打银行（Standard & Chartered Bank）、新加坡大华银行（Overseas Union Bank LTD）、马来亚银行（Maybank）等。

2013年,花旗银行退出文莱市场;2016年,中国银行香港有限公司获批在文莱设立分支机构。

3. 证券

文莱暂无证券市场,但正在积极研究筹备,有望在未来几年组建证券交易所。在2020年的立法会上,文莱首相府部长兼财政与经济主管部长刘光明表示,文莱政府正在起草上市及交易的相关政策,接下来几年将投入4.14亿文元用于建设证券交易市场所需的基础设施、技术开发和社会经济研究等。

4. 保险

文莱保险公司有传统型保险公司(例如友邦)和伊斯兰保险公司。文莱伊斯兰保险公司根据《伊斯兰保险令(2008)》成立,包括母公司Syarikat Takaful Brunei Darussalam(STBD)及其子公司——两家领先的伊斯兰保险运营商,即Takaful Brunei Am(TBA)和Takaful Brunei Keluarga(TBK),它们具有20多年的"伊斯兰保险"经验(20世纪80年代以来,伊斯兰国家发展出的一套符合伊斯兰教义但又有别于西方保险业的伊斯兰保险体系,即Takaful),并因其创新产品和服务而被公认为市场领导者。此外,成立于1969年的国家保险公司是一家综合性保险公司,也是其保险市场的佼佼者之一。

5. 融资渠道

在融资条件方面,新注册外资企业须提供母公司信用情况证明材料。具体融资条件需要与银行协商确定。

根据文莱中央银行的统计数据,2022年文莱银行一年期银行存款平均利率为0.35%左右,一年期贷款平均利率为5.5%左右。

(四)外贸情况

1. 进出口情况

文莱主要出口原油、石油产品和液化天然气,外贸收入受国际市场原油价格影响较大。据文莱官方统计,2022年文莱货物进出口贸易总额323亿文元,较上年大幅提升36.7%。其中,出口额193.6亿文元,进口额129.4亿文元。2022年,文莱主要贸易伙伴依次为马来西亚(占比24.28%)、澳大利亚(占比13.8%)、中国(占比12.2%)、日本(占比10.4%)、新加坡(占比10.%)。文莱主要出口市场依次为澳大利亚(占比19.8%)、日本(占比17.0%)、中国(占比14.5%)、新加坡(占比13.4%)和马来西亚(占比11.6%);主要进口市场依次为马来西亚(占比24.0%)、阿联酋(占比11.9%)、中国(占比8.6%)、卡塔尔(占比5.9%)和澳大利亚(占比4.9%)。文莱大宗出口产品为原油和天然气。前五大原油出口市场分别为澳大利亚、新加坡、印度、泰国、日本;液化天然气主要出口市场为日本、马来西亚、中国、韩国、泰国(见表6-2、表6-3、表6-4)。

表6-2　　　　　　　　　　2022年文莱主要贸易伙伴

贸易伙伴	双边贸易额(亿美元)	占比(%)
马来西亚	39.5	24.28
澳大利亚	33.0	13.8
中国	29.1	12.2
日本	24.8	10.4
新加坡	23.9	10.0

数据来源:中国商务部《文莱投资指南》。

表6-3　　　　　　　　　　　2022年文莱主要出口市场

贸易伙伴	双边贸易额（亿美元）	占比（%）
澳大利亚	28.3	19.8
日本	23.4	17.0
中国	20.8	14.5
新加坡	19.3	13.4
马来西亚	16.6	11.6

数据来源：中国商务部《文莱投资指南》。

表6-4　　　　　　　　　　　2022年文莱主要进口市场

贸易伙伴	双边贸易额（亿美元）	占比（%）
马来西亚	23.0	24.0
阿联酋	11.4	11.9
中国	8.3	8.6
卡塔尔	5.7	5.9
澳大利亚	4.7	4.9

数据来源：中国商务部《文莱投资指南》。

2022年，原油和液化天然气占出口比重由2021年的42.9%降至39.3%。出口产品中，矿物燃料出口额154.2亿文元，同比增长39.7%，占出口总额的79.8%；化学品出口额34.3亿文元，同比增长31.4%，占出口总额的17.8%；机械运输设备出口额1.98亿文元，同比下降31.3%，占出口总额的1%。进口产品中，矿物燃料进口额87.8亿文元，同比增长50.5%，占进口总额的68.1%；机械和运输设备进口额14亿文元，同比下降1.9%，占进口总额的10.8%；食品进口额7.93亿文元，同比增长8.2%，占进口总额的6.2%。

2. 投资情况

文莱经济规划与统计局数据显示，2022年外商直接投资（FDI）存量68.52亿美元，主要集中在制造业、采矿业和金融保险业，同比下降8.7%，前三大外资来源地分别是中国香港、英国和荷兰。2022年FDI流出量累计3.02亿美元，主要流出产业为制造业和采矿业，同比下降246%。

在文莱投资的国际跨国公司包括浙江恒逸集团、壳牌公司、法国道达尔、日本三菱煤气、日本尹藤忠商社等。近年来，中国对文莱直接投资不断增加，主要投资企业有浙江恒逸集团、广西北部湾国际港务集团、中国银行（香港）有限公司、北京同仁堂、葫芦岛七星集团、广西海世通、医渡云（北京）技术有限公司等。

3. 中文经贸合作

1991年9月，中国与文莱建立外交关系，双边关系发展顺利，各领域友好交流与合作逐步展开。1999年，两国签署联合公报，进一步发展在相互信任和相互支持基础上的睦邻友好合作关系。2013年，两国建立战略合作关系。中国与文莱建交初期，两国经贸合作进展缓慢。进入21世纪后，由于我国开始从文莱大量进口原油，中文双边贸易额大幅上升。2001年首次突破1亿美元，达1.65亿美元，同比增长122.4%。2018年，应文莱达鲁萨兰国苏丹和国家元首苏丹·哈吉·哈桑纳尔·博尔基亚·穆伊扎丁·瓦达乌拉的邀请,中华人民共和国主席习近平于2018年11月18日至20日对文莱进行了国事访问,并于19日在斯里巴加湾发表了《中华人民共和国和文莱达鲁萨兰国联合声明》,将两国关系提升为战略合作伙伴关系。

中文双边贸易开展顺畅,2008年4月、2011年4月、2013年3月、2016年4月、2021年9月,两国分别举行经贸磋商。两国签有《鼓励和相互保护投资协定》(2000年)、《避免双重征税和防止偷漏税的协定》(2004年)、《促进贸易、投资和经济合作谅解备忘录》(2004年)、《旅游合作谅解备忘录》(2006年)、《农业合作谅解备忘录》(2009年)、《关于能源领域合作谅解备忘录》(2011年)、《中国商务部与文莱工业及初级资源部关于农业领域经贸合作的谅解备忘录》(2012年)、《"一带一路"建设谅解备忘录》(2017年)、《加强基础设施领域合作谅解备忘录》(2017年)、《共建"一带一路"合作规划》(2018)等。

据中国海关统计,近年来中文贸易规模不断扩大,但从2020年起中国对文莱贸易一直为逆差状态。2023年,中文双边贸易额28.1亿美元,同比下降8.0%。其中,中国对文莱出口8.6亿美元,同比增长6.9%;自文莱进口19.5亿美元,同比下降13.3%,贸易逆差10.9亿美元。中方从文方进口的商品主要是原油,向文方出口的商品主要为纺织品、建材和塑料制品等(见表6—5)。

表6—5　　　　　2015—2023年中国与文莱双边贸易数额　　　　　单位:亿美元

年份	进出口 金额	进出口 同比变化	中国出口 金额	中国出口 同比变化	中国进口 金额	中国进口 同比变化	贸易差额
2015	15.10	−22.20%	14.09	19.30%	0.97	−48.78%	13.12
2016	7.20	−52.40%	5.10	−63.70%	2.10	105.50%	3.00
2017	10.00	36.50%	6.50	26.80%	3.50	58.80%	3.00
2018	18.40	86.00%	15.90	149.80%	2.50	−29.50%	13.40
2019	11.00	−40.20%	6.50	−59.20%	4.50	81.70%	2.00
2020	19.10	72.50%	4.70	−28.30%	14.40	217.10%	−9.70
2021	28.50	46.60%	6.30	35.20%	22.20	50.10%	−15.90
2022	30.80	7.50%	8.30	30.40%	22.50	1.00%	−14.20
2023	28.10	−8.00%	8.60	6.90%	19.50	−13.30%	−10.90

数据来源:中国商务部亚洲司。

投资方面,据中国商务部统计,2022年,中国对文莱直接投资416万美元;截至2022年末,中国对文莱直接投资存量1.04亿美元。2022年,中国吸收文莱直接投资257万美元,截至2022年末,中国吸收文莱直接投资存量28.3亿美元。2022年,中国企业在文莱新签承包工程合同14份,新签承包工程合同额5 627万美元,完成营业额6 829万美元;累计派出各类劳务人员86人,年末在文莱劳务人员202人。

目前,在文莱中资企业近50家,涵盖能源化工、港口物流、金融、水产养殖、通信服务、信息技术、医药等领域。经贸合作已成为双边关系的"压舱石"和"稳定器"。中文共建"一带一路"重点项目恒逸文莱石化、"广西—文莱经济走廊"框架下摩拉港等重点项目为文莱经济多元化发展作出了重要贡献;中资企业在文莱打造的诸多靓丽"中国名片"——东南亚最长跨海大桥(苏丹奥马尔·赛福鼎大桥)、大摩拉岛大桥、都东高速公路等,大幅提升了文莱互联互通水平。

三、法律环境

(一)贸易法规

财政与经济部是文莱对外贸易归口管理部门,牵头参与对外贸易谈判、商签自由贸易区协定、负责对外贸易促进等工作。

文莱与贸易相关的主要法律包括海关法、消费法以及一系列涉及食品安全和清真要求的法规。2001年和2006年分别颁布证券法和银行法,2010年出台全球首个清真药品、保健品生产认证标准,2015年颁布《竞争法》,2016年颁布《破产法》和《公司法修正案》等。文莱实行自由贸易政策。根据文莱2006年海关令(第31条)规定,除对少数商品进行管控外,其余商品均放开经营。

禁止进口以下物品:鸦片、吗啡,《煽动法令》(第24章)或《不受欢迎的出版物法令》(第25章)规定的任何禁止的物品,"Double bangers"爆竹,台湾原产疫苗,包装上没有健康警告的香烟,"注射器"式铅笔,在泰国饲养或从泰国出口的猪,用于孵化目的的鸡蛋和新鲜鸡蛋(在鸡蛋外壳上清楚地用不可擦除的墨水或印章标明"进口"字样的除外),由纤维组成的薄纸织物和其他物品织物上有在任何国家或地区已发行或流通的任何纸币、钞票或硬币的印记的。

限制进口物品:任何活的植物或种植材料(砂拉越和婆罗洲北部的除外),活牛和鸟类(砂拉越和婆罗洲北部的除外),Pin table、水果机、老虎机或任何类似性质的桌子和机器,波斯胶,毒药和有害药物,水稻及其制品,分离的脱脂或添加配料的牛奶,糖、盐和加工木材,二手(包括翻新)汽车、摩托车、卡车,综合巴士(包括小型巴士)、拖拉机和拖车,含酒精饮品,任何带有放射性的物质,牛肉、家禽(包括动物的尸体或其任何部分),肉(包括冷冻、冷藏和新鲜的),骨头、皮、蹄、角、内脏或动物的任何其他部分,除非在宗教事务部长书面批准的屠宰场屠宰。

出口管理方面,文莱禁止出口:虾类垃圾和椰肉蛋糕,石头或砾石。限制出口:鱼藤物种,油棕、稻米、稻谷及其制品,木材、藤条、香烟、酒类、糖,精品汽油、普通汽油、柴油、煤油和在文莱制造或发现的具有古董价值的历史性物品。

文莱总体关税税率较低。2010年1月,中国—东盟自贸区正式建成,文莱作为东盟六个老成员国之一,2012年1月1日完成所有正常产品的降税(到零),2015年完成所有高度敏感产品的降税(到50%),2018年完成所有一般敏感产品的降税(到5%)。2022年1月1日,《区域全面经济伙伴关系协定》(RCEP)正式生效,文莱、柬埔寨、老挝、新加坡、泰国、越南6个东盟成员国和中国、日本、新西兰、澳大利亚4个非东盟成员国正式开始实施协定。在RCEP框架下,降税产品范围和降税幅度进一步扩大。

(二)外国投资法规

文莱投资管理部门为财经部下设的"利用外资及下游产业投资指导委员会"(FDI and Downstream Industry Investment Steering Committee)及其常设办事机构"外资行动与支持中心"(FDI Action and Support Center,FAST),负责外资项目审批及协调落实工作;新设法定机构"达鲁萨兰企业"(Darussalam Enterprise,DARe),负责提供外资项目用地及落地后的管理服务工作;文莱经济发展局(Brunei Economic Development Board,BEDB)职能简化,仅负责对外招商引资。

文莱未专门针对外资进行立法,《投资促进法》同样适用于外资企业。文莱对大部分行业没有明确外资股份占比限制,对外国自然人投资也无特殊限制,仅要求公司董事至少1人为本地人。外资在文莱投资可成立私人有限公司、公众公司或办事处,但文莱本地小型工程一般仅向本地私人有限公司开放。

根据《投资促进法》，在以下产业投资享受税收优惠：

(1) 先锋产业。申请先锋产业资格需满足以下条件：符合公众利益；该产业在文莱未达到饱和程度；具有良好的发展前景，产品应具有该产业的领先性。获得先锋产业资格证书的企业可享受以下优惠：免公司所得税；免交进口机器、设备、零部件、配件及建筑构件的进口税；免交原材料进口税；可以结转亏损和津贴。

(2) 先锋服务公司。即符合公众利益，并从事涉及实验、顾问和研发的工程技术服务，计算机信息服务和其他相关服务，工业设计的开发和生产，休闲和娱乐服务，出版、教育、医疗服务，有关农业技术的服务，有关提供仓储设备的服务，组织展览和会议的服务，金融服务，商业顾问、管理和职业服务，风险资本基金业务，物流运作和管理，运作管理私人博物馆，部长指定的其他服务和业务活动的公司。先锋服务公司可享受免所得税以及可结转亏损和补贴等待遇。免税期8年，可延长，但不超过11年。

(3) 出口型生产企业。从事农业、林业或渔业的企业，若产品出口不低于其销售总额的20%，且年出口额不低于2万文元，则可被认定为出口型生产企业并颁发证书。出口型生产企业申请续期每次不超过5年，最长不超过20年。

(4) 服务出口。企业出口建筑、分销、设计及工程服务，顾问、管理监督、咨询服务，机械设备装配以及原材料、零部件和设备采购，数据处理、编程、计算机软件开发、电信及其他信息通信技术服务，会计、法律、医疗、建筑等专业服务，教育、培训，文莱工业与初级资源部认可的其他服务的，自服务提供日起最长可获得11年的免除所得税及抵扣补贴与亏损的待遇。

(5) 国际贸易。从事国际贸易的企业，只要符合下列条件之一，自开始进出口业务之日起可获得8年的免税期：从事合格制成品或文莱本地产品国际贸易的年出口额超过或有望超过300万文元；从事合格商品转口贸易的年出口额超过或有望超过500万文元。

(三) 税收制度与法规

文莱的税种很少，主要税种为公司所得税。无个人所得税，也无增值税、资本得利税或遗产税。在投资者创业和发展阶段，文莱提供比其他国家更为优惠的条件。

企业需对以下收入纳税：各项经济活动中获取的利润；从未在文莱纳税的公司中获得的分红；利息和补贴；版税、奖金和其他财产收入。独资和合伙经营商行无须缴纳所得税，在文莱注册的公司有义务对其从文莱或境外所获得的收入缴纳所得税。非本地注册公司只需对其在文莱获得的收入纳税。

公司所得税税率自2007年连年小幅下调，目前降至18.5%。旅游、酒店、餐馆、咖啡店、水运和空运等行业的公司所得税因疫情原因在2020年度减半征收。

外国税收免除的相关规定：文莱与多个国家签署了避免双重征税协定，可根据协定规定申请免除税收。例如：文莱和英国签署了避免双重税务协定，所得税可以按比例免除，课税扣除只针对本地公司；英联邦国家提供内部互免优惠，但优惠额不能超过文莱税率的一半，此优惠提供给本地及非本地注册公司；2004年9月，中国与文莱签署了《避免双重征税和防止偷漏税协定》。

(四) 劳动就业法规

在文莱，劳工受到法律的保护。雇主支付雇员薪金的时间不得晚于当月10日，如延期支付被检举，雇主会受到不高于1 500文元的罚款；如无法支付薪金给雇员，雇主将面临不超过6个月的监禁；如雇主在未获得许可的情况下雇用外来劳工，会受到1万文元或入狱6个月至3

年的惩罚。

现有的劳动法针对终止雇佣、医疗、产假及工伤补偿等提供了充分的法律依据。政府目前实行工人准备基金以保护所有的工人。

外国人到文莱就业需要得到2~3年有效的工作准证。2016年9月28日起,文莱内政部宣布施行简化的外籍员工准证制度。简化后的申请流程所需时间将从原来的41个工作日缩短至9个工作日,在劳工局申请的程序步骤由12个减少至7个。新制度从2016年10月1日首先实施于准备雇用外籍员工的新注册公司。对申请增加外籍员工的现有公司,新程序于2017年1月生效。2017年4月起,外籍员工的准证更新采用新制度。同时为协助新程序的实行,文莱人力培训机构、就业局和移民局等相关政府部门都会在劳工局柜台派驻工作人员,提供一站式便利服务。

目前,外国人在文莱的普通劳工、家政、司机、厨师、餐厅服务生、工程师等岗位就业较多,医生、律师等专业性较强行业须取得当地就业执照,银行业外籍工作人员不得超过员工总数的一半。

(五)知识产权保护法律法规

文莱在专利、版权、商标和工业品外观设计等方面按照国际标准为知识产权所有者提供保护。目前,知识产权方面适用的法律有:《版权(修订)令2013》《工业品外观设计(修订)令2017》《专利(修订)令2020》《植物品种保护(修订)令2016》《商标法(修正案)2020》。文莱关于商标的法律《1999年紧急(商标)条规》于2000年6月1日生效。

文莱是世界贸易组织(WTO)成员,已加入世界知识产权组织(WIPO),2017年1月6日加入《商标国际注册马德里协定》,成为第98个成员国。为适应《全面与进步跨太平洋伙伴关系协定》在知识产权保护方面的要求,文莱正在努力加入保护知识产权的有关国际条约。

文莱法律规定,违反知识产权保护规章的行为,受法律制裁。具体可向文莱总检察署咨询。

(六)解决商务纠纷的途径与法规

与投资相关的法律包括《合同法》《土地法》以及《投资促进法》。各项法规可通过文莱总检察署网站(www.agc.gov.bn)查询下载。

在文莱投资合作发生纠纷,一般通过协商解决;若协商不成,可向当地法院提起诉讼。

(七)数字经济相关政策和法规

2020年,文莱交通部推出《数字经济总体规划2025》(下称规划),其愿景是通过数字化转型,在2025年将文莱建成一个智慧国家。文莱将优先在物流和运输、能源、商业服务、旅游、金融服务、健康、农业食品、教育和清真产业九个领域实施数字化转型。

2021年5月,文莱交通部信息与通信技术产业管理局(AITI)起草了两个关于网络安全的法律框架,以加强数字化空间治理,这两个法令分别为个人数据保护令(已出台)和网络安全令(起草中)。

四、社会文化环境

文莱的文化主要起源于位于马来西亚群岛的古马来西亚王国,这反映在国家的语言、建筑、典礼仪式和日常生活的习俗上。虽然各种外国文化对文莱丰富的历史存在着一定影响,但是无法磨灭古马来西亚王国给现代文莱带来的深厚印记。如果马来西亚传统是文莱文化的根基,那么伊斯兰教就是它的灵魂。文莱的马来西亚伊斯兰君主制是它所特有的制度,它结合了马来西亚文化和伊斯兰教义,以及君臣之间相互尊重的礼仪。文莱确实是一个虔诚的穆斯林国家,它的国家理念是世界上最具包容性的——允许臣民信奉其他宗教。

(一)民族宗教

1. 民族

文莱是一个以马来人为主体的国家,有七大土著:文莱马来人(Brunei Malay)、都东人(Tutong)、克达岩人(Kedayan)、马来奕人(Balait)、比沙雅人(Bisaya)、姆鲁人(Murut)和杜顺人(Dusun)。2022年,文莱马来人32.7万,占总人口的73.5%;其次是华人,也称华族,约占总人口的10%。此外,还有其他土著民和其他外籍民族,其他土著民包括伊班族(Iban)、达雅克族(Dayak)和格拉比族(Kelabit)。现在外籍民族人数已经超过土著民。

华人是文莱的第二大民族,占总人口的9.5%,在文莱经济建设中发挥了重要作用。多数华人从事建筑、修理、餐饮和销售业,部分华人有较好的经济基础和产业。目前,有4位华人获得丕显(Pehin)封号,该封号是文莱平民能够获得的最高荣誉,在文莱有极高的社会地位和公众认可度。农历新年即春节,也被文莱政府定为重要节日,是公共假日。

2. 宗教

在文莱,居于支配地位并被多数人信仰的是伊斯兰教,故伊斯兰教被尊为国教,但也有部分居民信仰佛教、印度教、基督教、妈祖教和万物有灵的原始宗教。早在15世纪初,伊斯兰教开始传入文莱,为居住在当地的马来人所接受并在此基础上建立起政教合一的文莱苏丹王国。1959年,文莱正式把伊斯兰教定为国教,伊斯兰教教规成了文莱马来人的生活准则。目前,伊斯兰教徒约占全国总人口的67%,佛教徒占10%,基督教徒占9%,其他信仰还有道教等。

(二)语言

文莱的官方文字为马来文和爪夷文,官方语言为马来语,属马来-波利尼西亚语系。文莱原用加威文(用阿拉伯文书写的马来文),现许多场合如个人签名、公共建筑物上等仍在使用。19世纪英国人进入之后,书写采用拉丁字母,英语也开始广泛通用。文莱华人除使用英语和马来语外,还讲闽南语、广东话,绝大多数华人能讲普通话(当地人称为华语)。文莱主要报纸用英文、马来文和中文出版。

(三)教育

由于长期沦为帝国主义殖民地,文莱的现代教育事业发展迟缓。文莱的现代教育始于20世纪初,1912年第一所马来语学校建立,标志着文莱正规教育的出现。1918年,英国殖民政府、教会和石油公司先后在文莱设立学校,华人也建立了中文学校。1954年,文莱教育部制订了一项为期五年的教育发展计划,着力发展中小学教育,筹划创办新式学校,培训和聘用教师。1956年,文莱创办了一所专门培养国内中小学师资的师范专科学校。1970年,国家教育委员会成立,并于1972年确定了文莱的教育方针和政策。1985年,文莱全国教育系统开始实行双语教学。2008年提出实施"文莱2035年愿景":人民受到良好的教育并具备较高的技能、生活品质位列世界前十,经济富于活力且能可持续发展,人均收入步入世界最高国家之列。

文莱学校分为政府学校和非政府学校。政府学校除宗教学校、阿拉伯文学校、农业培训中心、艺术与手工艺培训中心等专门学校外,均由教育部管理,包括幼儿园、小学、中学、高等学校、成人教育和职业技术学校。非政府学校由民间团体管理,受教育部监督。

文莱政府重视教育,向公民5岁以上的子女提供免费教育直至大学。无公民权的文莱常住居民的子女上政府学校也只需要象征性付费。对于成绩优良的大学生,政府还会资助其留学费用,甚至还会额外发零用钱,但上英文和华文私立学校资金需自筹。2022年,文莱10周岁及以上人口识字率为96.5%,其中男性识字率97%,女性96%。截至2022年,文莱拥有255所各类学校,10.4万名在校学生和1.1万名教师。全国共有18个公共图书馆,分布在四个区。文莱文化青年体育部计划在2024年建成国家图书馆。

(四)医疗

文莱政府向其公民提供免费医疗服务,包括到国外免费就医。对永久居民和政府部门里的外籍雇员及其家属也仅收取象征性费用。文莱医疗体系分为四级:卫生诊所、卫生中心、医疗中心和医院。此外,还有流动医疗队和"飞行医院"为边远地区居民服务。2022年,文莱拥有7所医院(4所政府医院,3所私人医院)、9个医疗中心、15个卫生中心和17个诊所,1 908张床位;有1 080名医生、118名牙医、2 463名护士、94名药剂师、424名助产士。专业医护人员、护理人员短缺是文莱医疗机构面临的主要问题,有些需要特别医治的病人还需送到周边国家及医疗技术发达国家治疗。据文莱卫生部统计,2021—2022财年,政府医疗支出为3.87亿文元,占全年国家预算的9.1%,占GDP的2.1%,人均医疗健康支出868.6文元。

据文莱卫生部统计,2022年文莱平均预期寿命76.4岁。

(五)重要节日

文莱是一个各民族和睦相处的国家,无论是哪个民族的传统节日都会有其他民族的人共同庆祝,节日气氛十分浓郁。文莱的主要节日有:

新年:公历1月1日。

国庆节:公历2月23日,也是现任苏丹父亲的生日。斯里巴加湾市区举行国庆综艺晚会以庆祝独立,彩排更是几周前已经开始了。

华人春节:依照中国农历,大年初一全国放假一天。所有华人都身着中式服装,举着气球,穿梭在满街红色的标语和广告牌之间。同时,各商家也迎来销售高峰,街上还不时有舞狮的和耍龙灯的,精彩纷呈。

回历新年:公历4月6日。

文莱皇家武装部队庆祝日:公历5月31日,斯里巴加湾市中心和其他一些地区举行军事展览和一些军容展示活动。

穆罕默德先知诞辰日:回历6月15日,举行圣纪的日子,清真寺院的门楼上飘扬着绿旗,巨大的香炉内点燃着卫生香。数十名满拉,高声齐诵《古兰经》的相关内容。

苏丹陛下华诞:公历7月15日,现任文莱苏丹哈吉·哈桑纳尔·博尔基亚的生日,满城的焰火使这个节日热闹而有趣。

斋戒月:每年回历9月是穆斯林的斋戒月,为期30天。在此期间,所有穆斯林在日出之后不吃饭、不喝水,有的甚至连口水也不容许吞进肚子里去,直到日落之后可自由吃喝。

开斋节:每年回历10月初,根据观察新月而定,届时斋戒月结束,苏丹皇宫也将对游客开放。

此外还有全国性的节日升天节、圣诞节等。每周五、日为政府部门公休日。

(六)衣着服饰

虽然文莱生活水平较高,但在传统文化和宗教影响之下,很多文莱人仍然保持着朴素的生活方式,衣着传统民族服饰。文莱马来族的男子,在日常生活中习惯上身穿"巴汝",下身围上"纱笼";在正式的交际场合,一般穿以蜡染的花布做成的长袖衬衣。文莱马来族的女子,生活中一般穿无领长袖连衣长裙,围上头巾;在正式场合中,则衣着西装或套裙。在服饰色彩方面,文莱马来族妇女偏好红色、橙色和其他一些鲜艳的颜色,此外对绿色也十分喜爱。

(七)饮食习惯

文莱人在饮食上,对西餐和中餐都能适应,但对比起来,他们更偏爱中餐。对辣味菜肴更感兴趣,尤其是干炸类的菜品,更是他们的佳肴。文莱的马来族人有食用佬叶的习惯,常与蜂蜜和食用石灰一起嚼着吃,并用以招待宾朋好友。

文莱人在饮食嗜好上有如下特点:讲究菜肴香、酥、脆,注重量小质高;一般口味以不太咸为佳,喜欢辣味;主食以米饭为主,副食喜欢牛肉、羊肉、鸡肉、鸡内脏、蛋类等;蔬菜爱吃黄瓜、西红柿、菜花、茄子、土豆等;爱吃椰子、菠萝、巴梨、杨桃、苹果、葡萄、荔枝和香蕉水果。文莱禁止饮酒,也禁止公开出售酒类,但可以饮果酒和葡萄酒。在饮料方面,他们喜饮咖啡、可可和红茶。文莱比较有名的小吃有沙爹、整只的烤鸡、烤鱼、steamboats 等。

文莱当地的食物与邻近的马来西亚十分相似,但味道比较强烈,斯里巴加湾市有许多价格公道的中国菜馆与印度菜馆。

(八)社交与禁忌

由于独特的历史、社会和文化原因,文莱宗教色彩和马来民族传统均较浓厚,形成了和谐、委婉、谦恭的马来文化。其基本特征为:重视社会、族群、人际关系的和谐,不采取过激行动;关注弱势群体;重视礼节和传统,循规蹈矩,礼节繁多。

1. 待客礼仪

文莱人与客人相见时,一般都以握手为礼。文莱人握手时,通常把手收回到胸前轻触一下,以示真诚。文莱的年轻人见到老人后,要把双手朝胸前作抱状,身体朝前弯下如鞠躬。文莱的马来人很注重待人接物的礼节,待人态度谦逊,说话极为和气。家里来了人,不论认识与否,还是第一次见面的只要对方向自己请安问好,都要笑脸相迎并给予热情的款待。客人来到自己家里做客的时候,不能问对方想吃点什么,有吃的尽管拿出来,对方不吃不要勉强,吃了也不会主动问对方喜欢不喜欢。客人告辞时,还要向客人表示感谢,并邀下次再来。

2. 称呼礼仪

马来人的名字通常由两部分组成:前半部分是自己的名字,后半部分是其父名,中间用 bin(意为"之子")或 binti(意为"之女")断开。文莱人喜欢别人称呼其尊称,一般男性名字前面尊称阿旺(Awang),朝圣过的男子通常在名字前加阿旺·哈吉(Awang Haji)。女性一般在名字前加尊称达扬(Dayang),朝圣过的通常称达扬·哈贾(Dayang Hajjah)。

苏丹和苏丹后称陛下(当面称 Your Majesty,不当面称 His Majesty 或 Her Majesty),苏丹妃、亲王、亲王妃、王子、王子妃、公主称殿下(当面称 Your Royal Highness,不当面称 His Royal Highness 或 Her Royal Highness)。其他皇室成员及与皇室有亲戚关系的人的名字前加本基兰(Pengiran)。非皇室成员的达官显要和有功人士被苏丹赐丕显(Pehin)或拿督(Dato)等封号,他们的夫人被称为拿汀(Datin)。当面称呼时,可简单称本基兰、丕显、拿督、拿汀、阿旺、哈吉、哈贾等。

3. 风俗禁忌

参观清真寺或到马来人家做客时,进门前要脱鞋以示尊重和清洁,不要从正在做祷告的教徒面前走过,非穆斯林不能踩清真寺内祷告用的地毯。不少马来人不愿与异性握手,一般不宜主动与异性马来人握手。不要用手去摸马来人的头部或后背,此举被认为将给其带来灾祸。左手被认为是不洁的,在接送物品时要用右手。在指人或物时,不能用食指,而要把四指并拢轻握成拳,大拇指紧贴在食指上;招呼人或出租车时也不能用食指,要挥动整个手掌。在正式场合,不要跷二郎腿或两脚交叉。不要随意打听隐私,如个人情感、工资收入问题等。赠送给马来人的礼物和纪念品,不应有人物或动物图案。在公共场合,不应边走边吃东西,这被认为是不礼貌的;斋月期间,穆斯林从日出后到日落前不吃食物,非穆斯林不宜在他们面前吃任何食物。

思政小课堂

"一带一路"在行动｜施工"不落地"！中国在文莱实现"零着陆"建桥

淡布隆跨海大桥被文莱苏丹誉为"文莱最卓越的国家现代化象征"。这座由中国建造、创新采用"不落地"施工方法的大桥,不仅托起了文莱新的发展希望,更成为新时代中国与文莱的友好见证。

视频资料

资料来源:新华网。

【课后思考题】
1. 文莱的经济和产业结构有何特点?
2. 文莱政府的"多元化发展战略"有何成效?
3. 中国与文莱未来经贸合作前景如何?

第七章

越南（Vietnam）

一、基本情况

越南，全称为越南社会主义共和国（Socialist Republic of Vietnam），简称越南，是亚洲的一个社会主义国家。越南位于东南亚的中南半岛东部，国土狭长，三面环海，略呈 S 形，北与中国广西、云南接壤，西与老挝、柬埔寨交界，与菲律宾、文莱、印度尼西亚、新加坡、马来西亚等国隔海相望。越南面积约 33 万平方公里，人口 1.03 亿（2023 年），是以京族为主体的多民族国家。越南矿产资源丰富，港口优势突出。2023 年，越南国内生产总值（GDP）4 300 亿美元，增长率 5.05%，人均 GDP 4 284 美元。

小知识

越南国旗与国徽

国旗

越南国旗旗地为红色，旗中心为一枚五角金星。红色象征革命和胜利，五角金星象征越南共产党对国家的领导，五星的五个角分别代表工人、农民、士兵、知识分子和青年。自 1955 年 11 月 30 日开始采用。即通常说的金星红旗。长宽比为 3∶2。

国徽

越南社会主义共和国国徽为圆形、红底。国徽的正上方是一个五角金星，红底下面是半个齿轮。五角金星代表越南共产党，四周是稻穗和金色齿轮，代表农民阶层及工人阶层。金色齿轮下方有越南文"共和社会主义越南"。1976 年越南统一，在原越南民主共和国国徽基础上将黄色五角星和麦穗等形体和颜色进行部分修改,原越南文"越南民主共和"被修改为"共和社会主义越南"(CỘNG HÒA XÃ HỘI CHỦ NGHĨA VIỆT NAM)。

(一)建国历程

根据越南的神话传说,越南最早的王朝是鸿庞氏。鸿庞氏首位君主禄续,是神农氏的后代,获封为"泾阳王",治理南方,号"赤鬼国"。泾阳王娶洞庭君龙王之女,生下貉龙君。越南人称貉龙君为"百越之祖",而其长子则称为"雄王"(又作骆王、雒王),继承王位,建立"文郎国",历18代,共2 000多年。因此,越南人自称是"雄王子孙"或"仙龙后代"。

公元前214年,秦始皇统一六国之后派大军越过岭南占领今日的广西、广东、福建,征服当地的百越诸部族(越南北部),并在这一带移民、设郡。公元前111年,汉武帝灭南越国,并在越南北部和中部设立了交趾、九真、日南三郡。在之后长达1 000多年的时间里,今越南中北部一直是中国各朝代的直属领土。968年,越南(当时叫安南)利用中国四分五裂的局面正式脱离中国独立建国。之后越南历经多个封建王朝并不断向南扩张,但历朝历代均为中国的藩属国。

19世纪中叶以后,法国开始侵略蚕食越南,越南逐渐沦为法国殖民地。1945年八月革命以后,胡志明宣布成立越南民主共和国。同年9月,法国再次入侵越南,越南人民又进行了历时9年的抗法战争。1954年7月,有关结束越南、老挝、柬埔寨战争的印度支那问题的《日内瓦协议》得以签署,越南北方获得解放,南方仍由法国(后由美国扶植的南越政权)统治。1961年起,越南开始进行抗美救国战争,1973年1月27日《巴黎协定》签订,美国承认越南民主共和国在国际上的法律地位,退出越南战争,从越南撤军。1975年5月越南南方全部解放,1976年7月越南南北统一,改名越南社会主义共和国。1986年越南开始施行革新开放,2001年越共九大确定建立社会主义市场经济体制,经济实现较快发展。

(二)人口状况

十一年来,越南人口规模总体呈稳定递增态势,从2013年的9 027万人增至2023年的1.03亿人,增长了14.1%。根据越南统计总局公布的数据,越南人口在2023年达到1.03亿人,成为全球第十六个、东南亚第三个人口破亿的国家。越南的人口密度约为每平方公里322人,是一个人口十分稠密的国家。人口密度最大的是红河平原,每平方公里1 091人;人口密度最小的是西原地区,每平方公里111人;人口密度最大的城市是胡志明市,每平方公里4 375

人;人口密度最小的省份是莱州省,每平方公里仅53人。

越南的人口增长率比较稳定,维持在1.05%左右。2023年,越南女性生育率为1.96,人口死亡率约为0.58%,人口自然增长率约为1.04%,新出生人口中男女性别比为112∶100(女性=100)。从人口年龄结构来看,越南人口较为年轻化,平均年龄32岁,15岁以下的人口约占总人口的25%,而65岁以上的老年人仅约占总人口的5.5%,近70%的人口处于劳动年龄,"人口红利"比较突出。充足而低廉的劳动力,成为越南发展的基本盘(见图7—1、图7—2)。

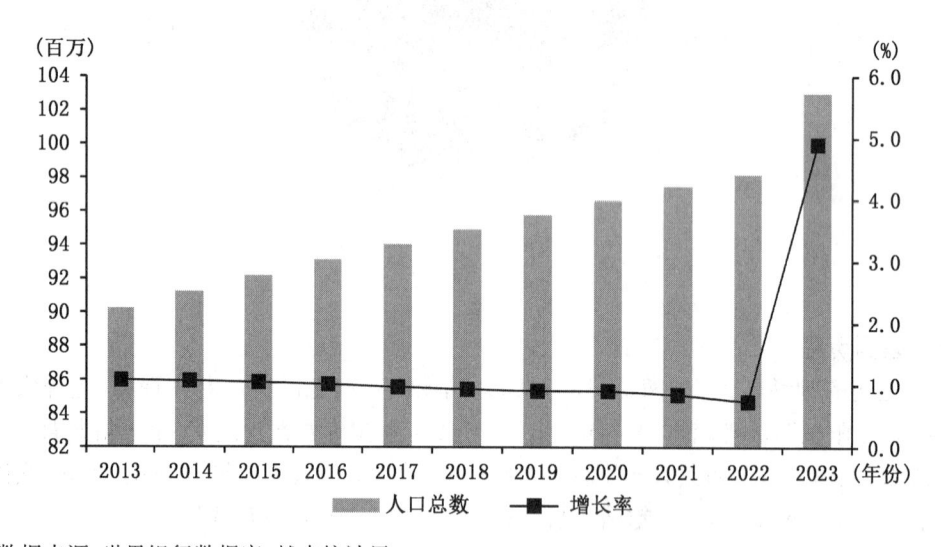

数据来源:世界银行数据库、越南统计局。

图7—1　2013—2023年越南人口规模及增长情况

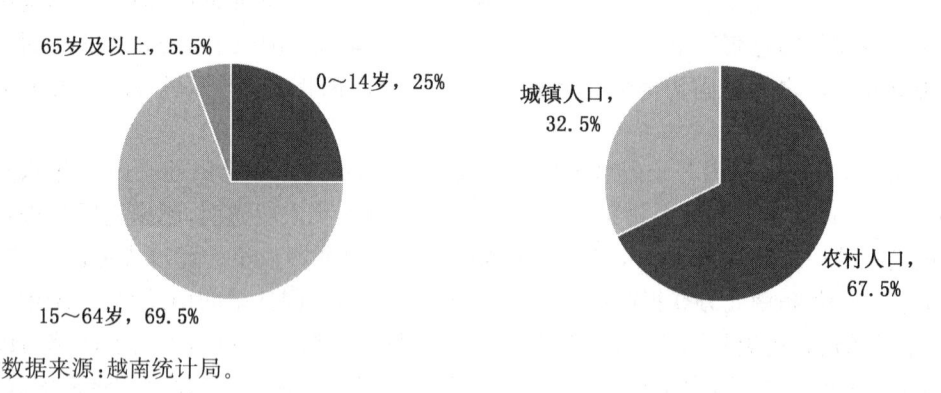

数据来源:越南统计局。

图7—2　越南人口年龄及地区分布

(三)地理环境

越南位于中南半岛东部,地理坐标为北纬8°10′—23°24′、东经102°09′—109°30′,北与中国广西、云南接壤,边界线长1 347公里;西与老挝、柬埔寨交界;东面和南面临海,海岸线长3 260多公里。越南陆地面积32.9万平方公里,地形狭长,略呈S形,南北最长处约1 640公里,东西最宽处约600公里,东西最窄处为50公里。地势西高东低,境内3/4面积为山地和高原。越南地域上划分为8个大区,即红河平原、东北、西北、中部北区、中部南沿海地区、西原、南部东区、九龙江平原。北部和西北部为高山和高原。黄连山主峰番西邦峰海拔3 142米,为越南最高峰；西部为长山山脉，长1 100多公里，纵贯南北，西坡较缓，在嘉莱—昆嵩、多乐等省形成西原高原。东部沿海为平原，地势低平，河网密布，海拔3米左右。红河三角洲和湄公河三角洲两大平原，是其主要农作物产区。

越南地处北回归线以南，高温多雨，属热带季风气候。年平均气温24℃左右，年平均降雨量为1 500~2 000毫米。北方分春、夏、秋、冬四季；南方雨旱两季分明，大部分地区5至10月为雨季，11月至次年4月为旱季。

越南拥有纵横交错的无数河流，其中10千米以上的河流共2 400条，总长度4.1万千米，河流流向为西北—东南的两个主要方向。越南最大的河流为湄公河和红河，红河发源于中国云南，在越南境内长约500千米；湄公河发源于中国青藏高原，经缅甸、泰国、老挝、柬埔寨流入越南南部，在越南境内长约230千米；两河形成了广阔及肥沃的两大平原。越南河流每年提供3 100亿立方米水。河流系统的水流每年分成汛期和枯期，汛期占整年水量的70%~80%，并经常导致水灾。

（四）资源禀赋

越南是一个物产丰富的国家，越南人常以"金山银海"来形容他们国家的富饶。其主要的自然资源有：

1. 矿产资源

越南矿产资源丰富，种类多样，分为能源类、金属类和非金属类等50多种矿产资源。能源矿藏主要有煤、石油和天然气；金属矿藏主要有铁、铬、铝、铜、镍、铅、钛矿等；非金属矿藏主要有磷灰石、硫化矿、高岭土等。越南已探明煤炭储量约38亿吨，其中优质无烟煤约34亿吨，主要分布在广宁省境内；其余为褐煤和泥煤，主要分布在红河三角洲地区和湄公河三角洲地区。越南原油储量约44亿桶，居世界第28位，天然气储量1万亿立方米。越南原油开采规模排名世界第36位，石油出口在东南亚排名第4位。2022年越南原油产量934.27万吨，同比下降1.2%；天然气产量77.97亿立方米，同比增长8.3%。其中石油、煤炭、磷化工已经形成一定生产规模，是越南外贸出口的主要产品。

2. 农林资源

越南的土壤、气候和环境非常适宜农、林、渔业的发展，素有"东南亚鱼米之乡"的美誉。水稻、玉米、高粱、马铃薯、木薯是其主要的粮食作物。越南已经连续多年保持世界第三大稻米出口国的地位（仅次于印度和泰国）。2022年，越南出口大米约722.2万吨，出口额35.18亿美元。此外，越南还盛产咖啡、橡胶、椰子、槟榔、腰果、茶叶等经济作物，一年四季水果不断，药材和香料出产也丰富。越南是世界最大的胡椒、腰果出口国，同时也是世界第二大咖啡出口国、东南亚农产品出口大国。越南森林面积约1 047万公顷，有1 000多个林木品种，其中红木、铁木、梨花木、玉桂等珍贵木材有20多种。越南还有近50万公顷的沿海水上森林。

3. 海洋及水能资源

越南3 260多千米的海岸线和众多的海岛为其提供了丰富海洋渔业资源。沿海有1 200多种鱼、70多种虾，盛产红鱼、鲐鱼、鳖鱼等多种鱼类。中部沿海、南部东区沿海和暹罗湾等海域，每年海鱼产量均达数十万吨。2022年，越南水产总量902.6万吨，同比增长2.7%。越南大小河流2 860条，总长4万多千米，总流量约8 500亿立方米/秒，潜在水力发电量为750亿~1 000亿千瓦时，是世界上水能资源最为丰富的14个国家之一，但目前越南水力发电量只达到水能资源的10%左右。

小知识

越南世界遗产

据越南文化遗产局统计,越南有40 200余处遗址,包括国家级遗址3 100处。顺化皇城、会安古镇、美山圣地、升龙皇城、胡朝城堡等建筑遗迹被列入世界文化遗产名录。

越南旅游资源区为东北部山地风光旅游区、西北部多元民族文化旅游区、中部历史文化旅游区、东南部水域景观旅游区、西南部原生态旅游区、湄公河三角洲生态旅游区。

截至2021年,越南共有8处世界遗产,其中5处是文化遗产、2处是自然遗产、1处是双重遗产。

视频资料

表7—1　　　　　　　　　　　越南世界资产名录

名　称	类　型	所在地
下龙湾	自然遗产	广宁省
丰芽—格邦国家公园	自然遗产	河静省
顺化古建筑群	文化遗产	承天顺化省
会安古城	文化遗产	广南省
美山圣地	文化遗产	广南省
河内升龙皇城	文化遗产	河内市
胡朝时期的城堡	文化遗产	清化省
长安名胜群	自然遗产、文化遗产	宁平省

二、经济环境

(一)经济水平

越南是一个社会主义发展中国家,1986年开始实行革新开放。1996年越共八大提出要大力推进国家工业化、现代化。2001年越共九大确定建立社会主义定向的市场经济体制。实行

第七章 越南(Vietnam)

革新开放的二十多年来,越南经济保持较快增长速度,1990—2006 年国内生产总值年均增长7.7%,经济总量不断扩大,三大产业结构趋向协调,对外开放水平不断提高。2006 年,越南正式加入 WTO,并成功举办 APEC 领导人非正式会议,此后,越南给予外资企业国民待遇,大力清理国内法规,与国际接轨。2011 年越共十一大通过了《2011—2020 年经济社会发展战略》,提出 2016—2020 年经济年均增速达到 6.5%~7%,至 2020 年人均 GDP 增至 3 200~3 500 美元。2021 年 1 月,越南共产党第十三次全国代表大会胜利召开,会上制定面向"两个一百年"奋斗目标分三步走战略,即到 2025 年全国统一 50 周年时基本发展成为中等偏低收入国家;到 2030 年即越南共产党建党 100 周年时成为中等偏上收入国家;到 2045 年即越南建国 100 周年时成为高收入发达国家。

从近十一年来的数据可以看出,越南经济总体稳定,GDP 总量呈逐步增长态势,GDP 总量从 2013 年的 2 137 亿美元增至 2023 年的 4 300 亿美元,年平均增长率 6%,但增长率不稳定。2020 年和 2021 年,受"新冠"疫情影响,越南经济增速降至 2.9%和 2.6%,是近 11 年间的最低值,但仍是全球少数保持正增长的国家之一。2022 年,越南 GDP 同比增长 8.02%,为全球经济增长最快的国家之一。根据越南统计总局公布的数据,2023 年越南国内生产总值 4 300 亿美元,人均国内生产总值 4 284 美元。2023 年,受全球经济复苏减缓、主要经济体需求萎缩等影响,越南出口订单大幅减少,拖累经济增长,增长率降至 5.05%(见图 7-3、图 7-4)。

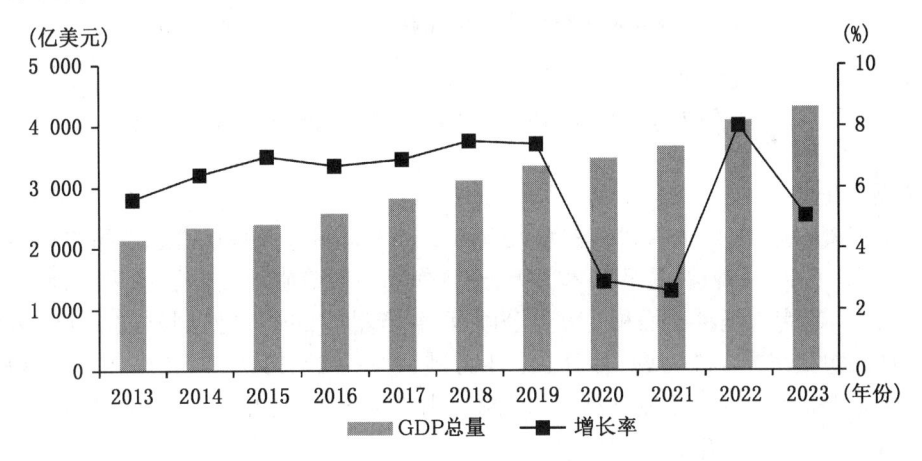

数据来源:世界银行数据库、越南统计局。

图 7-3 2013—2023 年越南 GDP 总量及增长情况

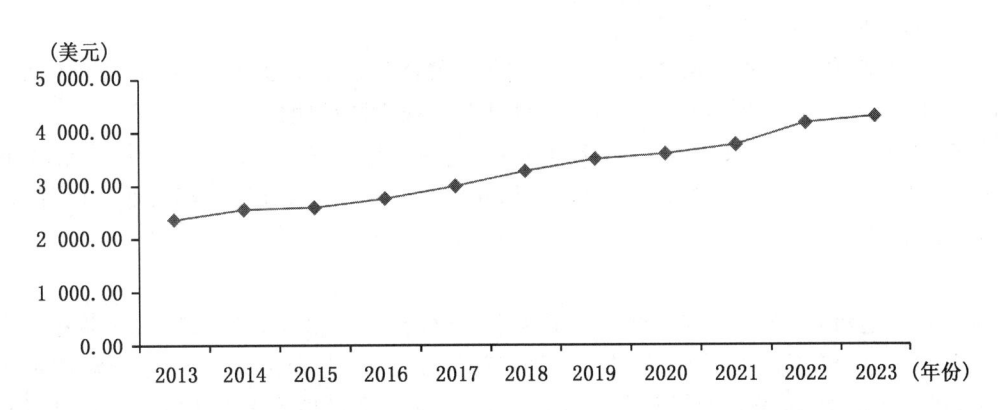

数据来源:世界银行数据库。

图 7-4 2013—2023 年越南人均 GDP

(二)产业状况

越南革新开放以来,经济保持较快增长,三大产业结构趋向协调,结构比重呈现三、二、一特征。其中,第一产业对 GDP 的拉动作用缓慢下降,第二产业对 GDP 的贡献稳定在 32% 左右,第三产业比重不断上升,逐渐成为经济发展的主要动力。2023 年,越南农、林、渔业增长 3.83%,工业和建筑业增长 3.74%,服务业增长 6.82%,对 GDP 增长贡献度分别为 8.84%、28.87% 和 62.29%,占 GDP 比重分别为 11.96%、37.12% 和 42.54%(见图 7-5)。

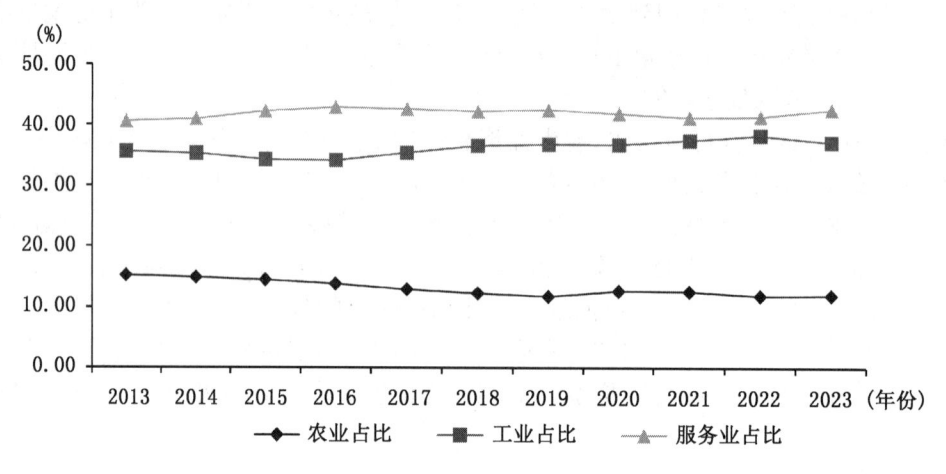

数据来源:世界银行数据库。

图 7-5 2013—2023 年越南三大产业占 GDP 比重

1. 农林渔业

越南是传统农业国,农业人口约占总人口的 67.5%。耕地及林地占总面积的 60%。粮食作物包括大米、玉米、马铃薯、番薯和木薯等,经济作物主要有咖啡、橡胶、腰果、茶叶、花生、蚕丝等。2022 年,越南水稻种植面积 710 万公顷,稻谷产量 4 266 万吨,同比增产 119 万吨。其他主要农产品包括玉米 441 万吨、甘薯 96.91 万吨、甘蔗 129.15 万吨、花生 40.96 万吨、大豆 5.22 万吨、各种蔬菜 1 868 万吨。2022 年,越南出口大米约 722.2 万吨,出口额 35.18 亿美元;蔬果出口额 33.38 亿美元。

越南渔业资源丰富,沿海有 1 200 多种鱼、70 多种虾,盛产红鱼、鲐鱼、鳘鱼等多种鱼类。中部沿海、南部东区沿海和暹罗湾等海域,每年海鱼产量均达数十万吨。2022 年,越南水产总量 902.6 万吨,同比增长 2.7%。

2023 年农业附加值比上年增长 3.88%,对越南经济增加值贡献 0.34 个百分点;林业附加值增长 3.74%,但占比较低,仅贡献 0.02 个百分点;渔业附加值增长 3.71%,贡献 0.1 个百分点。越南农业与农村发展部表示,2024 年上半年,越南农林渔畜产品出口 292 亿美元,同比增长 19%,进口 209.2 亿美元,顺差 82.8 亿美元,同比增长 62.4%,预计全年农业出口可达 550 亿~560 亿美元。

2. 工业

制造业是越南的支柱性产业,近几年来越南工业呈快速增长态势。2022 年,越南工业产值同比增长 7.69%。其中,加工制造业产值增长 8.10%,电力生产和输送行业产值增长 7.05%,供水和污水、垃圾处理行业产值增长 7.45%,采矿业产值增长 5.19%。主要工业产品有电子产品、计算机、手机、机械设备、汽车、摩托车、纺织服装、石油天然产品、橡胶产品、塑料制品等。越南工业集中分布在河内、胡志明市、海防、下龙等城市,重工业主要集中在北方,那里拥有较丰富的有色金属矿藏、煤矿和水力资源。2023年工业附加值较上年仅增长3.02%,是2011—2023年期间增幅最低的一年,对越南经济附加值增速贡献1个百分点。

越南的手机、计算机及零部件是主导出口商品之一。2022年,越南的手机及零部件出口额579.9亿美元,电子、计算机及零部件出口额555.4亿美元,合计占出口总额的31%。三星、LG、微软、富士康等大型企业均在越南投资设厂。越南汽车产业发展也很迅速。据越南工贸部统计,截至2022年底,全国共有汽车生产、装配企业40余家,汽车配套工业企业259家,设计总装配产能为75.5万辆/年,其中外资企业占比35%,本土企业占比65%。

3. 服务业

近年来,越南服务业保持较快增长,已成为越南经济的第一大产业。2023年服务业比上年增长6.82%,比2020—2022年的增幅高出2.01%和1.75%。部分服务业对经济总附加值增速贡献较大,其中批发和零售业比上年增长8.82%,贡献0.86个百分点;交通运输、仓储业增长9.18%,贡献0.55个百分点;金融、银行和保险增长6.24%,贡献0.37个百分点;住宿和餐饮服务增长12.24%,贡献0.31个百分点。

越南旅游资源丰富,下龙湾等多处风景名胜被联合国教科文组织列为世界自然和文化遗产。近年来,越南旅游业增长迅速,经济效益显著。根据越南旅游局发布的数据,2022年全年接待旅客数量超过4 000万人次,同比增长近10倍,旅游收入达到273亿美元,同比增长31%。其中,中国游客数量最多,占总游客数的35%左右。据越南旅游局预计,到2025年,越南的旅游收入将达到620亿美元,同比增长10%以上。

4. 数字经济、绿色经济产业

近年来,越南电子商务市场呈现出高速发展的态势,年均增长率达到了20%~25%。越南工贸部数据显示,2022年越南电子商务市场规模已经达到了164亿美元,占全国社会消费品和服务零售总额的7.5%,网购人数达5 700万~6 000万人,约占互联网用户总数的74.8%,平均年消费水平为260~285美元。越南通信传媒部报告显示,2022年越南数字经济对GDP的贡献率约为14.26%,分部门看,对数字经济贡献最大的产业分别为信息技术服务(贡献率30%)、电子商务(14.3%)和硬件制造(12.8%)。当年新注册数字技术企业数量达7万家,同比增长9.6%。

近些年来,越南政府重视发展绿色经济和数字经济,颁布一系列发展战略、政策措施和行动计划,鼓励企业加快绿色转型,支持可再生能源和新能源开发利用,积极开展绿色低碳增长国际合作,推进数字平台开发和基础设施建设,正在执行《到2025年面向2030年的国家数字化转型计划》《2021年至2030年面向2050年绿色增长国家战略》。2022年,越南数字经济规模约1 480亿美元,同比增长10%,其中通过数字方式进行的商品交易额约230亿美元,同比增长28%。谷歌、淡马锡和贝恩咨询联合发布的《2023东南亚数字经济报告》称,越南互联网经济规模到2025年将达到570亿美元,届时将反超印度尼西亚,成为东南亚第一。此外,胡志明市力推"数字化转型计划",力争到2025年,数字经济要占该市国内生产总值的25%,至2030年提升到40%。

课外阅读

越南数字经济快速增长

越南"首都安宁网"5月22日报道：谷歌公司日前调查显示，2022、2023年越南数字经济增速分别达28%和19%，连续两年居东南亚各国首位。汇丰银行近日发布的《东盟数字经济评估》报告称，目前越南数字经济以电子商务、在线旅游和在线媒体为主。2023年，越南数字经济对GDP的贡献率达16.5%，超过1 500家越南数字技术企业在海外市场营收总额达75亿美元，较2022年增长4%。预计到2026年，越南智能手机用户将达6 730万，占互联网用户的96.9%，成为国内外企业和数字产业的首选市场。马来西亚The Star网站援引谷歌、淡马锡和贝恩公司联合发布的《2023东南亚数字经济报告》称，越南也是数字支付增长最快的国家，预计2023年至2025年复合年增长率为13%。《海峡时报》称，越南吸引力的关键在于49.5%的劳动力是15~39岁的年轻人，具有适应性强、好学和渴望成功的热情。

报道称，越南统计总局统计数据显示，2023年越南数字经济增加值占GDP比重为12.33%。越南国家数字化转型委员会提出2024年越南数字经济的增长目标是20%~25%，总收入达400亿美元。

信用卡公司维萨不久前发布的《2023年消费者支付态度研究报告》显示，2023年越南数字支付交易额约240亿美元，在东南亚排名第四。越南工贸部旗下的《工贸》杂志预计，从2022年到2025年，越南数字支付年复合增长率为22.8%，2025年交易额将达280亿美元。

据维萨统计，目前越南数字支付方式主要包括电子钱包和二维码支付。据越南国家银行统计，截至2023年底，越南正常使用的电子钱包数量为3 623万个，占已激活电子钱包总数的63.23%，电子钱包的资金总额约为2.96万亿越南盾（1元人民币约合3 507越南盾）。大华银行的一项调查显示，每5名越南消费者中有4人每周至少使用一次电子钱包进行支付。其中，MoMo、ZaloPay和VNPay是使用频率较高的电子钱包。

为加快数字支付发展，越南出台多项举措。越南在2022年发布了《2025数字经济和数字社会国家发展战略及2030愿景》，将发展信息技术、培育数字经济企业与产品作为重点目标，推动构建各行业各领域统一的数字化平台，并为全国70%的劳动人口开展数字技能基础培训。2024年2月，越南信息传媒部公布《2030信息通信基础设施规划及2050愿景》，力争到2030年实现全国宽带网络基础设施升级，确保所有用户上网速度在每秒1GB以上。此外，越南还出台法律法规，加强对数字支付领域的监管，确保国家支付系统稳定和安全。

越南政府还积极鼓励金融科技企业创新，不断完善数字技术设施。据越南《银行时报》报道，目前越南开展数字支付业务的金融科技类企业从2015年的39家增至近200家，与银行共建数字支付系统的供应商超过40家，数字支付应用场景覆盖民生多个领域。2024年，越南相关部门正加快5G牌照发放。根据规划，到2030年越南5G网络将覆盖99%的人口。此外，在越南政府的支持下，各商业银行也加大了对数字基础设施的投资。

资料来源：《越南数字经济增速连续两年居东南亚各国首位》，驻越南社会主义共和国大使馆经济商务处，2024年5月28日；《越南加快发展数字支付》，《人民网》2024年6月12日。

(三)金融情况

1. 货币与外汇管理

越南货币为越南盾,实行外汇管制,不可自由兑换。人民币与越南盾不可直接兑换。2016年年初,越南引入新的汇率管理机制,以越南央行每日公布"中心汇率"取代长期实行的固定汇率机制,商业银行在中心汇率基准上下浮动3%确定各自的汇率牌价。越南央行灵活调整中心汇率,每日中心汇率基于货币篮子的8种货币和宏观经济条件确定。越南央行采取包括货币政策(利率和信贷)、汇率政策(调整中心汇率和浮动区间)、央行入市买卖外汇(调控外汇市场供求或扩充外汇储备)、外汇管理政策(如鼓励出口和资本项下资金流入以及限制国内使用美元等)、窗口指导与官方承诺(如要求国企结汇增加外汇供给或宣布当年最大贬值容忍度)等多项政策措施稳定汇率。2018—2022年,越南盾兑美元比价年均贬值1%~2%,2022年总体贬值幅度约3.53%。越南盾被认为是亚洲相对稳定的货币之一。2023年6月30日,越南盾兑美元、欧元汇率分别为23 585VND/USD和25 598VND/EUR(见图7—6)。

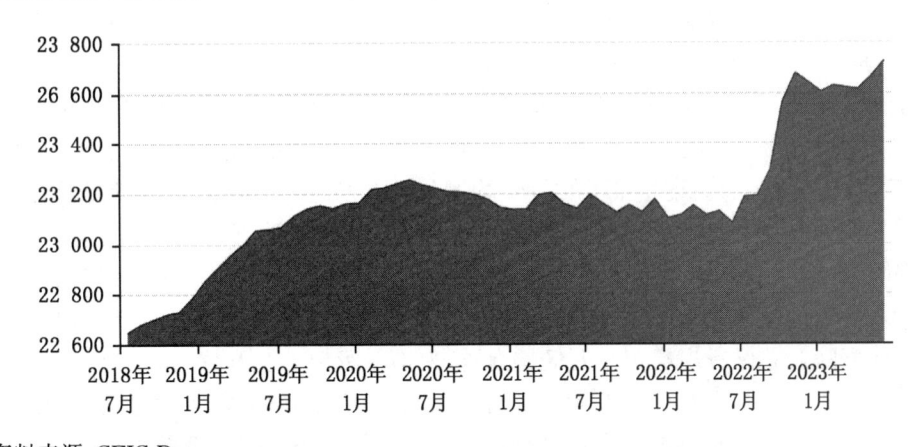

资料来源:CEIC Data。

图7—6 2018—2023年美元兑越南盾汇率变动趋势(月度)

近年来,随着中越经贸合作日益密切,在越南使用人民币结算的需求与日俱增。2018年8月,越南央行决定自2018年10月12日起,可在越中边境地区使用人民币结算,相关货物或服务结算可采用越南盾或人民币进行支付,支付方式可为现金或者银行转账。越南境内人民币和越南盾互换结算只在谅山、广宁、河江、莱州、老街、高平和奠边等与中国接壤的7省内适用。

外汇管理方面,外国投资者可根据越南外汇管理规定,在越南金融机构开设越南盾或外汇账户。居民组织如需在国外银行开设账户,须经越南国家银行批准。外国投资者可向从事外汇经营的金融机构购买外汇,以满足项目往来交易、资金交易及其他交易的需求。如外汇金融机构不能满足投资者的需要,政府将根据项目情况,解决其外汇平衡问题。此外,越南还存在金融机构以外的"自由市场",提供小额外币兑换服务。越南海关规定,出入境时如携带5 000美元或其他等值外币、1 500万越南盾以上现金、300克以上黄金等必须申报,否则超出部分将按越南海关有关规定进行处罚。中国国内团组访越,如团费交由专人携带,出入境时超出标准部分应申报,或者分散保管,以免被罚。

2. 银行

1997年,越南通过《国家银行法》,正式明确将中央银行和商业银行的职责分离,同时开始对国有银行进行股份制改造,银行业的革新由此展开。至2022年,根据越南央行的数据统计,越南共有2家政策性银行(社会政策银行、越南发展银行)、4家国有银行(越南投资发展银行、越南外贸股份商业银行、越南工商银行、越南农业农村发展银行)、31家股份制商业银行、9家外资银行、16家财务公司、10家融资租赁公司以及4家小微金融机构。

近年来,中资的国有银行已在越南有所布局,中国工商银行在河内已设立分行;中国银行、中国建设银行、中国交通银行在胡志明市设立了分行;中国农业银行在河内设立了代表处;国家开发银行在河内设立了工作组。

3. 证券股票

越南证券市场自20世纪90年代初期开始发展,共有两个证券交易所、三个市场:包括胡志明市证券交易所(HOSE)、河内证券交易所(HNX)及越南非上市公众公司股票交易所(UPCoM,二等市场)。胡志明市证券交易所是越南最大的证券交易所,股票和债券是其主要交易产品。越南股票市场总市值共计5 474万亿越南盾,胡志明市证券交易所规模最大,有上市公司402家,市值为4 246万亿越南盾,占总市值的77%;河内证券交易所主板上市公司332家,市值为259万亿越南盾,占总市值的5%;河内证券交易所UPCoM板块挂牌公司数量为865家,市值为969万亿越南盾,占总市值的18%。

根据越南证券市场到2030年面向2045年发展战略,到2025年,越南股票市场总市值将达GDP的85%,到2030年达GDP的110%;到2025年,债券市场总市值将达GDP的47%,到2030年达GDP的58%;衍生证券预计年均增长20%～30%,到2025年投资者人数占全国人口的5%,到2030年占全国人口的8%。

4. 保险

越南保险业发展程度较低,保险密度和深度均低于世界平均水平。根据越南财政部数据,2021年越南寿险业总保费规模159万亿越南盾,人均保费161.6万越南盾(约69美元/人,世界平均寿险密度为360美元/人);财险业总保费规模59万亿越南盾,人均保费60.0万越南盾(约26美元/人,世界平均财险密度为449美元/人),保险业发展程度低于平均水平。

5. 融资渠道

融资方面,外资企业与当地企业享有同等待遇。只要投资者合法经营,所从事的投资活动不属于越南央行明确禁止融资的领域,在符合各金融机构内部合规和内控要求的条件下,都可以申请融资。外国投资者的融资渠道包括银行融资、发债、发行股票等。

金融机构根据客户的贷款需求和还款能力及自身的资金能力决定贷款额度。金融机构对单一客户的融资金额不得超过金融机构注册资本金的15%,对集团关联企业的融资金额不得超过金融机构注册资本金的25%。如对单一客户的贷款总余额超过金融机构自有资金的15%或客户有多种融资的需求,则各金融机构按越南国家银行的规定发放银团贷款。

(四)外贸情况

越南积极参与双(多)边和区域贸易合作。越南是东南亚国家联盟(ASEAN)和亚太经济合作组织(APEC)成员,是亚欧会议(ASEM)的创始成员。2007年加入了世界贸易组织(WTO),标志着越南全面融入全球经济。近年来,越南成功举办2017年APEC领导人非正式会议;2020年,越南担任东盟轮值主席国,推动区域全面经济伙伴关系协定(RCEP)成功签署,并团结成员国携手应对疫情。迄今为止,越南已签署16项自由贸易协定,包括《全面与进步跨太平洋伙伴关系协定》(CPTPP)、RCEP、越欧自贸协定、越英自贸协定等。此外,越南正在与欧洲自由贸易联盟(EFTA,包括瑞士、挪威、冰岛和列支敦士登)及以色列就签署自贸协定进行谈判。在经贸协定的框架下,越南辐射东南亚甚至全球市场,融入全球产业链、价值链。

1. 进出口情况

近年来,越南对外贸易保持高速增长,对拉动经济发展起到了重要作用。越南工贸部统计数据称,2023年,越南商品进出口达6 830亿美元,其中,出口3 555亿美元,进口3 275亿美元,贸易顺差280亿美元,是有记录以来最大贸易顺差,也是连续八年实现贸易顺差。出口额超10亿美元的产品有35类,占比93.6%;超100亿美元的产品有7类,占比66%。

越南主要贸易对象为中国、美国、欧盟、东盟、日本、韩国。据越南海关统计数据显示,2023年越南的进出口市场主要集中在亚洲、美洲和欧洲,贸易总额分别为4 453.2亿美元、1 376.7亿美元和736.0亿美元。越南贸易额超过230亿美元的4个出口市场是美国(969.9亿美元)、中国(607.1亿美元)、韩国(234.5亿美元)和日本(232.9亿美元)。进口方面,向越南出口货物贸易额超过180亿美元的4个伙伴分别是中国(1 106.3亿美元)、韩国(524.7亿美元)、日本(216.3亿美元),及中国台湾(184.2亿美元)。

主要出口商品类别为:计算机、电器产品及其零配件,出口额573.4亿美元,同比增长3.2%;电话、移动电话及其零件,出口额523.8亿美元,同比下降9.7%;机器设备、工具和仪器,出口额431.3亿美元,同比下降5.7%;纺织品和服装,出口额333.3亿美元,同比下降11.4%。

主要进口商品类别为:计算机、电器产品及其零配件,进口额879.7亿美元,同比增长7.4%;机器设备、工具和仪器,进口额415.8亿美元,同比下降7.9%;纺织、皮革、鞋类材料及助剂组,进口额240.5亿美元,同比下降14.0%;钢铁,进口额104.3亿美元,同比下降12.5%。

2. 投资情况

外资的进入对越南引进先进生产技术和管理经验、推动经济增长、解决就业起到了重要作用。在国际贸易和国际投资下滑的背景下,外国直接投资(FDI)成为越南经济发展的亮点。据越南计划与投资部外国投资局统计数据,截至2023年12月20日,越南吸引外国直接投资超366亿美元,同比增长32.1%。其中,新签注册项目3 188个,同比增长56.6%;新签项目投资额近202亿美元,同比增长62.2%。此外,2023年追加投资项目1 262个,同比增长14%;追加投资额超78.8亿美元,同比下降22.1%。在对越投资的111个国家和地区中,新加坡以68亿美元、占越南吸引外资总额的18.6%、同比增长5.4%的成绩位居第一;日本第二(投资资金65.7亿美元,占比17.9%,增长37.3%),中国香港、中国大陆、韩国和中国台湾分列三至六位。2023年,外商投资覆盖越南21个国民经济产业中的18个,其中加工制造业以235亿美元领先,占全国外资注册资金额的64.2%,同比增长39.9%;房地产业第二,吸引外资46.7亿美元,占全国外资注册资金额的12.7%,同比增长4.8%;发电和输配电及金融业分列第三和第四。外资主要流入拥有引进外资优势的省市,如胡志明、海防、广宁、北江、太平、河内、北宁、义安、平阳和同奈等省市,上述10省市新签投资项目和外资总额分别占全国的78.6%和74.4%。

3. 中越经贸合作

中国与越南于1950年1月18日建交。中越两国和两国人民之间的传统友谊源远流长。在长期的革命斗争中,中国政府和人民全力支持越抗法、抗美斗争,向越提供了巨大的军事、经济援助;越南视中国为坚强后盾,两国在政治、军事、经济等领域进行了广泛的合作。70年代后期,中越关系恶化。1991年11月,越共中央总书记杜梅、部长会议主席武文杰应邀率团访华,双方宣布结束过去、开辟未来,两党两国关系实现正常化。此后,两党两国关系全面恢复并深入发展,两国领导人保持频繁互访和接触,双方在各领域的友好交往与互利合作不断加强。1999年初,两党总书记确定了新世纪两国"长期稳定、面向未来、睦邻友好、全面合作"关系框架。2008年5月30日至6月2日,时任国家主席胡锦涛与来访的越共中央总书记农德孟举行了会谈,双方发表了《联合声明》,确定建立全面战略合作伙伴关系。2017年5月11日至15日,应国家主席习近平邀请,越南国家主席陈大光对中国进行国事访问并出席"一带一路"国际合作高峰论坛。同年11月10日至13日,应越方邀请,中国国家主席习近平对越南进行国事访问并出席亚太经合组织第二十五次领导人非正式会议。2021年9月,两国签署《关于成立中越贸易畅通工作组的谅解备忘录》。目前,两国政府有关部门正在制定关于"一带一路"倡议与"两廊一圈"规划发展战略对接的实施方案。

中越两国互为重要贸易伙伴,两国产业链供应链深度融合,双边贸易保持较快增长。目前,中国是越南第一大贸易伙伴、第一大进口市场和第二大出口市场;越南是中国在东盟的第一大贸易伙伴和全球的第六大贸易伙伴。2022年中越双边货物贸易额达2 349.2亿美元,按美元计同比增长2.1%,按人民币计同比增长5.6%,约占中国与东盟贸易总额的四分之一。双边贸易额、中国对越南出口额和贸易差额均创历史新高。2023年,中越双边货物贸易额2 297.9亿美元,同比下降0.5%。其中,中国对越南出口额1 376.1亿美元,同比下降3.7%;自越南进口额921.8亿美元,同比增长4.8%(见表7—2)。

表7—2　　　　　2015—2023年中国与越南双边贸易数额　　　　　单位:亿美元

年份	进出口 金额	进出口 同比变化	中国出口 金额	中国出口 同比变化	中国进口 金额	中国进口 同比变化	贸易差额
2015	959.70	14.70%	661.24	3.80%	298.42	49.90%	362.82
2016	982.26	2.50%	611.00	−7.40%	371.26	24.50%	239.74
2017	1 213.20	23.50%	709.90	16.20%	503.30	35.40%	206.60
2018	1 478.60	21.20%	839.00	17.20%	639.60	27.00%	199.40
2019	1 620.00	9.60%	978.70	16.70%	641.30	0.30%	337.40
2020	1 922.80	18.70%	1 138.10	16.30%	784.70	22.40%	353.40
2021	2 302.00	19.70%	1 379.30	21.20%	922.70	17.60%	456.60
2022	2 349.20	2.10%	1 469.60	6.80%	879.60	−4.70%	590.00
2023	2 297.90	−0.50%	1 376.10	−3.70%	921.80	4.80%	454.30

数据来源:中国商务部亚洲司。

中国对越南主要出口商品包括:机械设备及配套用具;计算机、电子产品及其零件;电话及其零件;纺织服装和鞋制品原辅料;钢铁制品;塑料及其制品。中国自越南主要进口商品包括:电话及其零件;计算机和电子零部件;纱线;果蔬;机械设备及配套用具;橡胶及其制品;矿物燃料、矿物油及其产品等。

投资方面,根据中国商务部统计,2022年中国对越南投资流量为17.0亿美元;截至2022年底,中国对越南投资存量为116.6亿美元。中国对越南投资主要集中在加工制造业、房地产和电力生产等领域。2022年,中国企业在越南新签承包工程合同302份,新签合同额63.85亿美元,完成营业额28.97亿美元,累计派出各类劳务人员1 312人,年末在越南劳务人员4 079人。另据越南计划投资部统计,2022年中国对越南直接投资流量为25.18亿美元。截至2022年底,中国累计对越南投资3 567个项目,协议金额233.5亿美元,分别占越南吸收外资项目总数和协议总额的9.8%和5.3%,在139个对越南投资的国家和地区中排名第6位。

三、法律环境

(一)贸易法规

越南主管贸易的部门是工贸部,设有36个司局和研究院,负责全国工业生产(包括机械、冶金、电力、能源、油气、矿产及食品、日用消费品等行业生产)、国内贸易、对外贸易、WTO事务、自由贸易区谈判等。各省和直辖市设有工贸厅,主管辖区内的工业和贸易工作。此外,工贸部在各驻外使领馆和多边经贸组织派驻代表。与贸易相关的法律法规主要有2005年制定的《贸易法》和2017年制定的《外贸管理法》。

根据加入WTO的承诺,越南逐步取消进口配额限制,基本按照市场原则管理。禁止进口的商品主要包括:武器、弹药、除工业用以外的易燃易爆物、毒品、有毒化学品、军事技术设备、麻醉剂、部分儿童玩具、规定禁止发行和散布的文化品、各类爆竹(交通运输部批准用于安全航海用途的除外)、烟草制品、二手消费品(纺织品、鞋类、衣物、电子产品、制冷设备、家用电器、医疗设备、室内装饰)、二手通信设备、右舵驾驶机动车、二手物资、低于30马力的二手内燃机、含有石棉的产品和材料、各类专用密码及各种密码软件等。

关于出口,越南主要采取出口禁令、出口关税、数量限制等措施进行管理。禁止出口的商品主要包括:武器、弹药、爆炸物和军事装备器材,毒品,有毒化学品,古玩,伐自国内天然林的圆木、锯材,来源为国内天然林的木材、木炭,野生动物和珍稀动物,用于保护国家秘密的专用密码和密码软件等。关于原产地规则,商品的本地增加值需超过30%方可认定原产地为越南,使用"made in Vietnam"标识。

(二)外国投资法规

越南主管投资的中央政府部门是计划投资部,设有31个司局和研究院,主要负责对全国"计划和投资"的管理,为制定全国经济社会发展规划和经济管理政策提供综合参考,负责管理国内外投资,管理工业区和出口加工区建设,牵头管理对ODA(官方发展援助,是发达国家为促进发展中国家的经济发展水平和福利水平的提高,向发展中国家或多边机构提供的援助)的使用,负责管理部分项目的招投标、各个经济区及企业的成立和发展,负责管理集体经济和合作社及统计归口职责等。各省、直辖市政府主管投资的部门是计划投资厅。

越南对投资项目实行负面清单制度。2021年1月1日生效的新版《投资法》明确规定了25个禁止外商投资的行业、59个有市场准入限制条件的行业。根据越南新版《投资法》,不允许外商投资的行业有:经营商业领域内由国家垄断经营的商品和服务;各种形式的新闻及信息采集活动;水产捕捞或开发;安全调查服务;司法行政服务,包括司法鉴定服务、诉讼文书送达服务、财产拍卖服务、公证服务、资产清理服务;投资建设陵园、墓地设施,以便转让与设施关联的土地使用权;爆破服务;生产经营武器、爆破材料及辅助工具;进口、拆解二手海船等25个。允许外商附条件投资的行业有:生产和分销包括影像制品在内的文化产品;制作、分销、播放电视节目及歌舞、舞台、电影作品;提供广播电视服务;保险;银行;证券交易以及与保险、银行、证券交易相关的其他服务;邮政通信服务;广告服务;印刷服务,出版物发行服务;测量和地图绘制服务;高空拍摄服务;教育服务;自然资源、矿产、石油、天然气勘探、开发和加工;水电、海上风电和核能;使用铁路、航空、公路、水路、海运、管道等方式运输货物和运送旅客等59个。外国投资者可登记注册经营一个或多个行业,根据法律规定成立企业,自主决定已登记注册的投资经营活动。

(三)税收制度与法规

越南的税收立法权和征税权集中在中央,税收法律须经国会批准才能生效执行。越南于1990年8月对国家税收制度政策进行改革,将国营收入、工商业税、农业税三个体系合一,建立了统一的国家税务部门。经过30多年的调整改革,越南税收制度随着经济社会的发展逐步优化,建立起了相对完善的税收体系。现行税收法律法规主要包括:越南国会2019年6月13日颁布并于2020年7月1日起实施的《税务管理法》、越南政府2020年10月19日颁布并自2020年12月5日起实施的《关于税务管理法部分条款实施细则的议定》、越南国会2020年7月15日补充修改的《企业所得税法》、越南政府2020年10月19日颁布的《关于税务、发票违法行为行政处罚规定的议定》,以及《增值税法》《特别销售税法》《进口出口税法》和相关规定等。越南的税务管理部门由税务局和海关两部分组成。税务局负责国内税收的征收,海关负责关税的征收。

越南为WTO成员,内外资企业都采用统一税收标准,对于不同领域的项目实施不同的税率和减免期限。现行税制中的主要税种有:企业所得税、增值税、进出口税、特别销售税、个人所得税、资源税、农业土地使用税、非农业用地使用税、环境保护税、财产税、印花税、门牌税等。

当前,越南企业所得税税率一般为20%。企业在石油、天然气及贵重稀有资源的寻找、勘探、开发所得适用32%~50%的所得税率。符合相关条件的外资企业可享有10%~17%的所得税优惠,并享受"四免九减半"(即企业自盈利起4年免征企业所得税,其后9年减半征收)或"六免十三减半"的优惠政策。对于投资规模大、科技含量高的项目,经政府总理批准最高可享受30年的所得税减半征收优惠政策。根据越南《增值税法》及其相关规定,当前越南的增值税率有三档:0、5%和10%,出口加工企业出口产品免征增值税。根据越南《特别销售税法》及其相关规定,越南对部分产品、进口商品和服务征收特别销售税。例如,对烟叶制品征收75%的特别销售税,酒类根据度数征收35%或65%(啤酒为65%)的销售税;9座以下汽车根据排量征收35%~150%的特别销售税;新能源混合动力汽车税幅为同类排量汽车的70%等。

(四)劳动就业法规

越南于2019年修改《劳动法》并于2021年1月1日起实施。越南新《劳动法》的适用对象包括:劳动者、学徒、实习生以及无劳动关系的劳动者;用人单位;在越南务工的外国人;与劳动关系直接相关的其他机构、组织和个人。为了更好地保护劳动者的权益,越南新《劳动法》将适用范围扩大到"无劳动关系的劳动者",即在非雇佣关系基础上工作的劳工。

根据越南最新《劳动法》,在越南工作的外籍人员须满足以下条件:年满18岁以上且具有完全民事行为能力;具有专业技术水平和工作经验,身体状况符合卫生部相关规定;非正在执行刑罚或未消除犯罪记录或依照越南法律或外国法律规定正在被追究刑事责任的人;有越南职能部门颁发的劳动许可证(无须办理劳动证的情况除外)。

(五)知识产权保护法律法规

目前,越南知识产权立法主要是2005年11月颁布的《知识产权法》(已于2019年6月14日补充、修订)、同年颁布的《贸易法》和2015年颁布的《民法典》中关于知识产权的条款。另外,越南《竞争法》《民事诉讼法》和《刑事诉讼法》等多部法律也涉及知识产权保护的内容。越南是多项知识产权国际条约和公约的成员,目前正在完善其国内知识产权保护体系。越南积极参加自贸协定谈判,2019年生效的CPTPP以及2020年生效的《越南—欧盟自由贸易协定》都对知识产权保护做出了高水平承诺。越南目前正在修改国内有关知识产权立法,为履行协定承诺完善法律体系。关于专利保护,越南共有3种专利保护类型,即发明专利、实用专利和外观设计专利。2017年生效的越南《民法典》(修订版)明确规定知识产权为民事权利,受民法保护,职工或其他人员对在其生产经营活动以及创造活动中获取的知识财产享有所有权,受法律保护。

对于知识产权侵权行为,权利人可选择司法救济或行政救济。权利人可以提起民事诉讼保护知识产权,要求终止侵权行为、公开道歉或更正、赔偿损失、销毁侵权产品或要求仅在非商业用途目的下使用。为防止损害扩大,权利人可向法庭申请诉前禁令,并要求赔偿相应损失等。权利人可向知识产权局提出申告,确认侵权行为。越南海关、市场监管机构等有权管理侵权商品,采取搜索、查封场地、暂时拘留相关人员、临时扣押产品、暂停产品生产销售等措施,制止侵权行为。知识产权侵权行为将面临警告、罚款、吊销营业执照、没收侵权产品及制造侵权产品的设备等行政处罚。

(六)解决商务纠纷的途径与法规

如果在越南当地投资合作发生纠纷,解决途径如下:委托当地律师诉诸当地司法部门,之后如果出现判决或执行不公,则向上级主管部门及相关政府监察部门投诉;直接依据合同规定采取国际仲裁方式解决,同时报告驻外经商机构予以配合。

越南解决争议的法律法规相对健全,包括民事诉讼法、行政诉讼法和仲裁法等。越南现行的合同法律制度以《民法典》关于合同的内容为基础。订立合同的形式和合同种类与中国相似。订立合同的形式分为口头、书面及其他形式。合同种类分为单务合同、双务合同、主合同、从合同、为第三人利益合同、附条件合同等。在通用合同类型上,又分为买卖合同、财产互易合同、赠与合同、财产借贷合同、租赁合同、财产借用合同、服务合同、运送合同、加工合同、财产保管合同、保险合同、委托合同、悬赏与有奖竞赛、土地使用权转移、技术转让合同15种基本合同。当事人签署合同时,须考虑选择适用的法律,包括中国法律、越南法律、国际条约和国际惯例等。在合同中须明确纠纷处理办法,一般选择第三国仲裁机构进行仲裁。

越南认可国际仲裁或外国法院裁决。对于外资控股公司发生的投资争议,可选择以下方式之一解决:越南法院、越南仲裁、外国仲裁、国际仲裁或争议双方成立的仲裁庭等。与越南管理部门间的纠纷可选择越南仲裁或法院,除非与该管理部门另有约定或越南所参加的国际公约另有规定。目前,中国企业与越方的投资合作纠纷,大多通过以下仲裁机构解决:新加坡国际仲裁中心、美国仲裁协会、国际商会(ICC)仲裁院、中国国际经济贸易仲裁委员会和香港国际仲裁中心。1993年4月28日批准成立越南国际仲裁中心(Vietnam International Arbitration Centre,VIAC),总部设在河内,是最受欢迎的仲裁机构。

(七)数字经济相关政策和法规

越南政府重视信息技术和数字经济发展,早在2006年6月29日就颁布了《信息技术法》,对信息技术领域制定了总体法律框架。越共中央政治局2014年7月1日颁布了《关于促进信息技术应用和发展以满足可持续发展和国际一体化要求的决议》(第36号决议)。2015年10月14日政府颁布《关于电子政务的决议》(第36a号决议)。越南政府总理2017年5月4日签发《关于加强第四次工业革命能力建设的指令》(第16号指令)。

2020年6月3日,越南政府总理颁布第749号决定,批准《到2025年面向2030年国家数字转型计划》。该计划提出,到2030年建成稳定繁荣的数字化国家,对政府管理方式、企业生产经营、生活方式和就业进行根本性革新,建设安全、人文和广泛的数字化环境,使越南跻身电子政务发展水平(EGDI)五十强,跻身全球网络安全指数(GCI)三十强。

四、社会文化环境

越南是一个多民族国家，各民族有自己的语言、文化和习俗，越南政府实行各民族平等、团结和相互帮助的政策。越南文化是亚太地区最古老的文化之一。与其他同样位于中南半岛的国家不同的是，越南由于在历史上受到中国文化很大的影响，其文化特征与东亚民族非常接近，是东亚文化圈的一部分。

（一）民族宗教

越南是一个多民族的国家，官方正式认定公布的民族共有54个。其中，主体民族"京"（Kinh）族占总人口数的近86.2%，岱依族、傣族、芒族、高棉族、华族和侬族人口均超过50万，是越南比较大的少数民族。京族人是狭义上的越南人，其母语就是越南语。

越南是个多宗教、多信仰的国家。越南现今的主要宗教有佛教、天主教、基督教、和好教、高台教等。其中信仰佛教的人居多，其次是天主教。东汉末年，大乘佛教从中国传入越南，越南人称之为"北宗"。10世纪后，大乘佛教被尊为国教。小乘佛教从泰国和柬埔寨传入，称为"南宗"。佛教信徒人数近1 100万人，天主教信徒约620万人，高台教信徒超过440万人，140万人信仰基督新教，130万人信仰和好教，穆斯林7.5万人。传统儒家思想和东方价值观在越南社会意识形态中占据主导地位。

（二）语言

越南的官方语言为越南语。历史上，越南语最初并无文字而只有口头语言，因此当时越南人多使用完全由汉字组成的文言文（越：Hán Văn/漢文）来书写文章，但口头的交流仍使用与书面的文言文差异很大的越南语。越南古代典籍《大越史记全书》《钦定越史通鉴纲目》《大南实录》及家喻户晓的《南国山河》《平吴大诰》等作品均用汉文写成。13世纪时，越南人发明了本民族文字的喃字（越：Chū Nôm/ Sông Huong）。19世纪末，越南沦为法国殖民地，由于近、现代长期的殖民统治和日益广泛的对外接触交流，法语、英语和俄语都影响了越南各语言，特别是越南语词汇和语法结构。近年来，英语作为一种外语在越南越来越受欢迎，也是很多越南学校的必修课程之一。汉语和日语也逐渐为越南人所重视。越南官方网站一般使用越南语和英语两种语言。

越南京族人的姓名与汉人的姓名基本一样，子女承用父姓。京族人的姓名一般为三个字，"姓"在前，"名"在后，中间是"垫字"。中间的垫字，男子多用"文"，女子多用"氏"。少数男子姓名用两个字，部分女子的姓名用四个字。京族人数多的姓，有阮、范、黎、陈、吴等。阮姓为京族第一大姓，据记载，13世纪陈氏篡权，推翻李朝立陈朝，因担心李氏亲族反抗，强迫所有姓李的人一律改姓阮。19世纪初，阮氏统一了全国，建立了阮朝，历代皇帝常以姓氏作为赏赐，百姓中姓阮的也就越来越多。

（三）教育

目前越南已形成包括学前教育、初等教育、中等教育、高等教育、师范教育、职业教育及成人教育在内的教育体系。其中，学前教育年龄为6岁以下，基础教育分为小学5级学制、初中4级学制、高中3级学制，高等教育分为大学专科或本科4至6级学制、硕士2年学制、博士4年学制。越南的学历文凭系统分为小学毕业证、初中毕业证（中专毕业证）、高中毕业证、大学毕业证、硕士和博士毕业证。学位系统包括秀才（高中毕业）、举人（学士）、硕士、进士（博士）四个等级，本科、硕士、博士生通过由国家学位委员会确认的学位授予单位组织的论文答辩后，获得由其颁发的学位证书。

2000年,越南宣布完成扫盲和普及小学义务教育。2001年开始普及9年义务教育。近年来,部分国家政府和国际组织向越南提供援助,支持越南发展教育事业,特别是发展农村和少数民族地区教育。2022学年,越南有389.5万学龄前儿童、1 792.1万中小学生(其中921.2万小学生、592.7万初中生、278.2万高中生)、190.6万大专院校学生。全国有12 527所小学、8 744所初中、2 380所高中、402所大学、472所专科学校。著名高校有河内国家大学、胡志明市国家大学、顺化大学、岘港大学等。

表7—3　　　　　　　　　　　越南各阶段学费标准　　　　　　　　单位:千越盾/人/月

区域	2022—2023学年			
	幼儿园	小学	初中	高中
城市	300～540	300～540	300～650	300～650
农村	100～220	100～220	100～270	200～330
少数民族和山区	50～110	50～110	50～170	100～220

资料来源:中国商务部《越南投资指南》。

(四)医疗

越南于1947年开始实施社会保障制度,并于1961年、1981年、1985年和1995年陆续进行修改和补充。社会保障制度规定劳动者享有病假、产假和工伤假,可享受退休金、伤残补贴和遗属津贴等。政府为全体国民承担部分检查和治疗费用。自2010年2月1日起,越南6岁以下儿童强制加入医疗保险。据统计,2021年越南全国医疗卫生保险参保人数为9 110万人,覆盖率达91.56%,比上年增长0.55%;社会保险参保人数为1 750万人,比上年增长5.7%,占适龄劳动人口的38.08%;失业保险参保人数为1 430万人,比上年增长0.63%,占适龄劳动人口的31.18%。2022年,越南公布的人口平均寿命为73.5岁。2021年,越南平均每万人拥有医生8人、医院床位27张。

在越南常见的疾病有登革热、伤寒、副伤寒、小儿麻痹、手足口病、甲肝及寄生虫感染、艾滋病等疾病。据越南官方统计数据,至2022年底,"新冠"感染病例1 150万例,死亡43 200例,死亡率达0.38%。

(五)重要节日

越南也使用阳历与阴历,除了国家法定的节日如元旦、国际劳动节、国庆节等外,越南也过清明节、端午节、中元节、中秋节、重阳节、春节等。越南政府规定的法定节假日全年共9天:元旦1天、春节4天、雄王始祖忌日1天、南方解放日1天、国际劳动节1天和国庆节1天。

春节:阴历1月初一至初四,与中国人一样是一年之中最盛大的节日。越南有一句民谣"肥肉姜葱红对联,幡旗爆竹大粽粑。"意思是,春节到了,要为过节准备丰盛的肉菜,煮好粽粑,门口贴上大红对联,高高的幡旗随风飘扬,爆竹鸣响。从这句民谣中,可见越南人对春节的重视程度。按照越南的传统习俗,从腊月二十三日的"送灶王节"开始,就算进入春节了。届时,各家女主人都要赶制新衣,连日准备年货,还要清扫房屋。除夕晚上,全家吃团圆饭,燃放鞭炮。在新年与旧年交接之时,越南人也有守岁的习惯。

雄王节:阴历三月初十,雄王在越南人的心目中就是"国祖",为纪念他,每年都会举办隆重庄严的祭祀仪式。2007年开始,越南政府把雄王节定为法定节假日,全民间不劳作不耕种,纷纷自觉地聚在一起虔诚地跪拜雄王。节日里,家家户户都会做两种食物(圆形的称作Banhgiay,方形称作 Banhchung——粽子),以祭拜祖先,表示孝顺之心以及饮水思源的传统。

南方解放日:阳历 4 月 30 日,是为了纪念越共在越南战争中获得胜利,解放南越和西贡的日子,称为"解放日"。每年胡志明市都会举行活动庆祝这个重要日子。军队、教徒、学生、退伍老兵会举着胡志明的照片在街上游行。有时还会在这一天举办各种商贸旅游活动,来促进经济和文化的交流和发展。

端午节:阴历五月初五,端午节是从中国传过去的,但许多人都不知道"屈原"。他们会在当天喝雄黄酒、吃粽子,还会给孩子戴上五色丝线。这五色丝线要在夏季的第一场大雨或是第一次洗澡时,扔到河里,以此求得平安健康。

中秋节:阴历八月十五,与中国不同,越南的中秋节是以孩子和花灯为主。大人们在这一天会为孩子准备各种零食和礼物,与孩子们一同过节,而孩子们则爱提着灯笼四处嬉闹,但都少不了边赏月边吃月饼。近年来,越来越多的年轻人在这天结伴出游,因此中秋也逐渐成为年轻人的节日。

越南国庆节:阳历 9 月 2 日是越南的国庆日。1945 年 9 月 2 日,越南的革命先驱胡志明主席宣读了《独立宣言》,宣布越南民主共和国成立。之后的每年 9 月 2 日,越南政府会在首都河内举行集会、阅兵和游行,类似中国国庆,而在胡志明市,则会有放焰火的表演。

此外,越南还是有很多非常具有本民族特色的节日,如京族的哈节、拉志族的七月节、京族的盘古节等。

(六)衣着服饰

在越南古代,服饰被视为最重要的社会地位的标记之一,并制定有严格的服装规定。平民在日常生活中往往只能穿着样式简单的衣服,并在衣服的颜色上有严格的规定。在越南史上某段时期,庶民只能穿着黑色、褐色或白色的衣服(特殊节日庆典的场合除外)。这样的规定往往依统治者的偏好而产生变化。那里的人常戴一种圆形的帽子。服饰有越南国服"长衫"(奥黛)和各种民族服饰。越南女子习惯在正式场合穿着国服"长衫"。长衫是越南女性独有的传统服饰,通常以丝绸类质料轻盈软薄的布料裁剪而成,款式类似中国旗袍,但衣裤自腰以下开高衩,配上同花式或白色布料的宽松长裤(见图7—7)。

与许多民族一样,越南人在婚、丧、喜庆等重要节日中,也有特别的服装,例如,在传统结婚典礼时,新郎和新娘都必须穿着正式的传统礼服。新郎身穿绢质黑色或深蓝色长袍,头戴同色布帽,新娘穿白绢质黄色国服,外披白纱长衫,头戴黄色布帽。由于部分越南人信奉天主教,所以结婚时也穿着西式白纱举行婚礼,如今越来越多的年轻人偏好西式礼服,因此出租西式礼服的商店随处可见。丧礼时,家属需穿素色的传统服装,头上绑白布条,而参与祭祀的男性须穿黑色服装,女性则穿素色服装。

图7—7 越南传统服饰"长衫"

(七)饮食习惯

越南人的饮食较清淡,以清水煮、煎炸、烧烤为主。他们吃饭用筷子,喜吃生冷酸辣食物。食粮以大米为主,爱吃粳米和糯米,也吃杂粮,擅用大米、糯米来制作各种可口的食品。肉类有猪、牛肉和鱼,尤其喜欢用鲜鱼加工成"鱼露"。"鱼露"是京族日常生活中不可缺少的调料。日常副食品主要有鱼、鱼露、酱、腌菜和各种蔬菜。蔬菜以空心菜为主,也种白菜、黄瓜、南瓜等。家常饭食是大米饭、清水煮空心菜,浇上鱼露和小螃蟹汤,祭日、节日摆酒席时则有糯米饭、烤肉、白切鸡和酒。越南的饮料以咖啡为主,而风味小吃,主要是果脯类为主。农村的京族、傣族等民族和城镇的部分居民有嚼槟榔果的嗜好。

越南食谱使用许多蔬菜、草药和香料,包括柠檬草、青柠和马蜂柑叶。由于佛教信仰,越南也有一些素食菜肴。越南料理中最常见的肉类是猪肉、牛肉、鸡肉、虾、扇贝和各种海鲜,鸭肉和羊肉较少在越南菜中出现。越南饮食也受到一些来自中国菜和法国菜的影响。

(八)社交与禁忌

越南历史悠久,民族众多,人们之间相处比较密切,传统儒家思想和东方价值观在越南社会意识形态中占主导地位。与其他东方人一样,越南人注重传统的家庭观念,长幼有序,重孝道。

1. 待客礼仪

越南人见面时,通常行握手礼,苗、瑶族行抱拳作揖礼,高棉族多行合十礼。京族人不喜欢别人用手拍背或用手指着人呼喊。越南人待客热情,每逢家里来客,总拿出最好的酒和食物来待客。客人吃得越多,主人就越高兴。客人辞行时,主人还会拿出当地特产赠予客人。传统上,越南人有席地而坐的习俗。人们认为贴近土地有很多好处,可以除去人身上的一些疾病。

与越南人进行商务往来时,可以送对方一些具有纪念意义的礼品,但礼品价值不宜过大,否则会遭到对方拒绝,并有行贿之嫌。受西方文化影响,越南商人讲究礼物的包装,礼物大小适中,便于对方携带。赠送礼物要考虑到对方的年龄、星座、属相、爱好等,才能达到最佳的交际效果。受礼者不会当面拆开,同样,若是接到越南人的礼物,也不能立刻拆开或直接评价,否则被视为不礼貌。

2. 称呼礼仪

越南人很讲究礼节,见了面要打招呼问好,或点头致意。商人更讲究礼节,见面一定要打招呼。越南人不习惯"姓+职位"的称呼方法,而偏爱亲属称谓,习惯使用"亲属称谓+姓名最后一个字"的称呼方法。在工作场合也常使用亲属称谓。越南人对长辈称大爹、大妈或伯伯、叔叔,对平辈称兄、姐,对儿童称小弟、小妹,对群众称乡亲们、父老们、同胞们(只在本国人之间用)。在国家机关、工作单位和越军部队里,一般称同志,但在最熟悉的人之间,也有称兄道弟,而不称同志的。

3. 风俗禁忌

越南推崇符号文化,有各种忌讳:过年的时候或者一个月的月初,不能说猴一类的词,认为这样会带来不幸;在这个时间段内也不能发脾气、说脏话,也是同样,怕给自己带来不好的运气。在吃饭的时候,越南的小孩子如果还在上学是不能吃锅巴的,他们认为这样会让孩子变笨,而且越南人不让小孩吃鸡爪,觉得吃了后,孩子写字会写不好、手发抖。写文章的时候,是不能听到悲惨的声音的,也不能说这里的小孩子胖,这些行为都是不礼貌、不尊重人的表现。学生在考试期间,如果吃了虾,就会被认为肯定考不好。在寺庙里面不允许吃狗肉。白色的礼品一定要避免,因为会被视为不吉利。

思政小课堂

"一带一路"新画卷·越南

自1991年中越关系正常化以来,在友好互利的原则下,两国各领域合作不断增长,2004年中国已经成为越南最大的贸易伙伴。2013年,习近平总书记提出"一带一路"倡议。"一带一路"倡议提出以来,中越两国的经济合作取得了明显进展,不仅"一带一路"倡议与越南"两廊一圈"构想达成战略对接,"澜湄合作机制"下的中越合作也卓有成效。2022年,中越两国发表《关于进一步加强和深化中越全面战略合作伙伴关系的联合声明》再次强调指出,积极推进两国发展战略对接,加快推动商签两国政府间推进共建"一带一路"倡议和"两廊一圈"框架对接合作规划,开展产能合作,开展基础设施建设与互联互通合作,尽快完成老街—河内—海防标准轨铁路规划评审。深化中越合作,最值得重视的是加强两国发展战略对接,尤其是推动越南"两廊一圈"框架和中国"一带一路"倡议的有效对接,"紧密握手"。

资料来源:CCTV央视网。

【课后思考题】

1. 越南的基本国情和资源特点是什么?
2. 在越南旅游、经商、从事公务活动应注意哪些礼仪和禁忌?
3. 中国与越南双边贸易情况如何?未来中国企业在越南投资、贸易的前景如何?

第八章

老挝（Laos）

一、基本情况

老挝人民民主共和国（The Lao People's Democratic Republic），简称"老挝"，是中南半岛北部唯一的内陆国家，也是东盟、国际货币基金组织、世界贸易组织等国际组织成员之一。老挝首都为万象，北邻中国，南接柬埔寨，东临越南，西北达缅甸，西南毗连泰国。老挝矿产资源丰富，金、银、铜、铁、钾、盐等矿藏储量可观。老挝水力资源丰富，有"东南亚蓄电池"的称号，湄公河流经老挝境内长度为1877公里，全国有20余条流程200公里以上的河流。土地资源丰厚，日照时间长，雨水充足，农业开发条件较好。在老挝党"十一大"方针政策的引导下，老挝政治保持稳定，经济快速发展，2023年GDP增长率达到3.7%。

小知识

老挝国旗与国徽

国旗

老挝国旗是以红色、蓝色及白色为主色。国旗旗面中间的长方形为蓝色，占旗面一半，上下为红色的长方形，各占旗面1/4。蓝色展开一片富饶美丽的国土，表示人民热爱和平安宁的生活。红色象征革命，表明不惜以鲜血为代价捍卫国家尊严。蓝色部分中间为白色圆轮，轮的直径为蓝色部分宽度的4/5。长宽比为3∶2。白色圆形象征老挝人民在党的领导下团结一致以及国家光明的未来。白色圆形也代表满月，置于蓝条之上，象征皎洁明月高悬于湄公河的上空。此旗原为老挝爱国战线旗帜。

国徽

老挝国徽呈圆形,由两束稻穗环饰,圆面上是具有象征意义的图案:大塔是著名古迹,它是老挝的象征;齿轮、拦河坝、森林、田野等分别象征工业、水力、林业;稻穗象征农业。两侧的饰带上写着"和平、独立、民主、统一、繁荣昌盛",底部的饰带上写着"老挝人民民主共和国"。

(一)建国历程

公元 1353 年,老龙族王子法昂在今天的琅勃拉邦建立了"澜沧王国",意为"百万大象之国"。它是老挝历史上第一个统治整个老挝地区的中央集权国家,澜沧王国也是老挝历史上的鼎盛时期。1893 年澜沧王国沦为法国保护国,1940 年 9 月被日本占领,1945 年 10 月 12 日宣布独立,1946 年法国再次入侵。1954 年 7 月苏联、美国、英国、法国、中国五国外交会议上,与会各国签署了关于恢复印度支那和平的日内瓦协议,法国从老挝撤军,不久美国取而代之。1962 年签订关于老挝问题的日内瓦协议,老挝成立以富马亲王为首相、苏发努冯亲王为副首相的联合政府。1964 年,美国支持亲美势力破坏联合政府,进攻解放区。1973 年 2 月,老挝各方签署了关于在老挝恢复和平与民族和睦的协定。1974 年 4 月成立以富马为首相的新联合政府和以苏发努冯为主席的政治联合委员会。1975 年 12 月 2 日宣布废除君主制,成立老挝人民民主共和国。1986 年 11 月,老挝人民革命党"四大"根据老挝国情和国际形势,提出推行革新政策,以此为标志,老挝进入革新时期。40 多年以来,在老挝人民革命党的带领下,老挝经济和社会发展取得了巨大进步。

1975 年老挝人民民主共和国成立,实行社会主义制度。老挝人民革命党是老挝唯一政党。1991 年,老挝党"五大"确定"有原则的全面革新路线",提出坚持党的领导和社会主义方向等六项基本原则,实行对外开放政策。2001 年,老挝党"七大"制定了"至 2010 年基本消除贫困,至 2020 年摆脱不发达状态"的奋斗目标。2016 年 1 月 18 日至 22 日,老挝人民革命党第十次全国代表大会通过了社会发展"八五"规划、十年战略和十五年远景规划。2021 年 1 月 13 日至 15 日在万象召开的十一大通过了社会经济发展第九个五年计划。

(二)人口状况

2023 年,老挝人口总数为 763.3 万人,人口增长率为 1.4%,男女比例均衡。2023 年,老挝男性人口数量为 384.7 万人,占总人口比重为 50.4%;女性人口数量为 378.6 万人,占总人口比重为 49.6%。从年龄构成来看,2023 年老挝 0~14 岁人口占比 30%,15~64 岁人口占比 65%,65 岁及以上人口占比 5%,由于较高的出生率和较低的死亡率,老挝人口结构相对年轻,拥有较高的劳动人口比例(见图 8—1、图 8—2)。

老挝的人口分布不均衡,主要集中在沿湄公河流域和首都万象周边地区。万象是老挝人

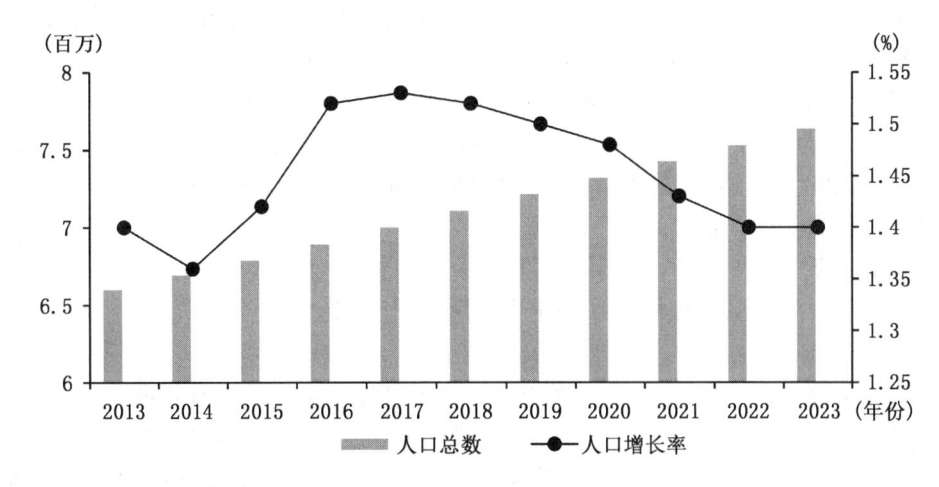

数据来源：世界银行数据库。

图8-1 老挝人口规模及增长情况

数据来源：世界银行数据库。

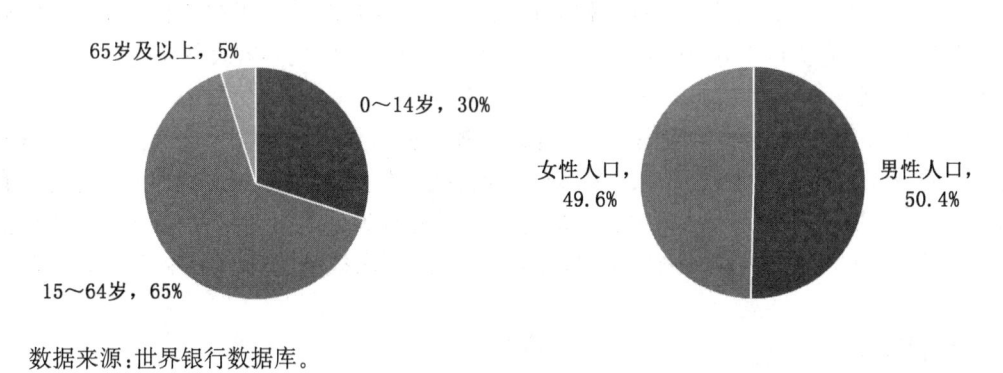

图8-2 2023年老挝人口结构

口最密集的城市，吸引了大量的农村人口前来寻找就业和教育机会。其他主要城市如琅勃拉邦、巴色和占巴塞也是人口相对密集的地区。相比之下，山区和偏远地区的人口密度较低，这些地区一般交通不便、基础设施薄弱。

(三)地理环境

老挝是位于中南半岛北部的内陆国家，国土面积为23.68万平方公里，约为我国云南省的2/3。老挝有80%的国土面积是山区和高原，有"中南半岛屋脊"之称。老挝北邻我国的云南省，老中边境线长505公里；东部与越南接壤，老越边境线长2 069公里；南部接柬埔寨，边界线长435公里；西部与泰国有1 835公里的边境线。另外，西北隔湄公河与缅甸对望。虽然老挝是东南亚地区唯一的一个内陆国，没有海港，但它处于中南半岛中心，具有成为大湄公河次区域战略资源基地和我国陆上通道的价值，战略位置非常重要。

老挝地形南北长、东西窄，南北长1 050公里，东西最宽处500公里。全境地势北高南低，西北向东南倾斜。全国分为上寮(北部)、中寮(中部)、下寮(南部)三部分。平均海拔2 000米以上，境内比亚山海拔2 820米，为老挝最高山峰。老挝境内山脉构成四大高原，即自北而南的会芬高原、川圹高原、甘蒙高原和波罗芬高原，其中川圹高原在上寮川圹境内，海拔2 000~2 800米，为老挝最高地区，有老挝"屋顶"之称。老挝的平原主要分布在万象以南的湄公河沿岸。在万象以北地区,流经老缅和老泰边境地区的湄公河及其支流沿岸有许多小盆地,即班班平原和查尔平原。查尔平原面积100多平方公里,是东部山地进入西部地区的门户。

老挝属热带和亚热带季风气候,每年5至11月为雨季,11月至次年4月为旱季。老挝南北气温相差不大,全境的平均气温为20℃～28℃。1月平均气温最低,为10℃～20℃;4月平均气温最高,为20℃～29℃。总体而言,老挝全境雨量充沛,多数国土地处热带雨林之中,一般年份降水量约为2 000毫米。

(四)资源禀赋

老挝主要的自然资源有森林资源、矿产资源和水利资源。

1. 森林资源

老挝森林资源非常丰富,2012年面积达1 700万公顷。丰富的森林资源使得原木出口成为老挝外汇收入的重要来源。老挝出产许多珍贵木材和特产,例如紫檀、柚木、红木、安息香、葛藤、砂仁、茴香、花梨木、胖大海、紫胶、松木等。老挝是世界安息香市场的主要供应者,质量也居世界首位。老挝也是出产紫胶的主要国家之一,年出口量曾达100吨以上,但近年来产量大减。由于大量盲目砍伐开发,老挝近年来的森林面积急剧下降。据统计,目前老挝的森林面积已经下降到不足1 000万公顷,而森林面积的减少已给老挝带来了严重的后果,如气候反常、水灾、旱灾、土地沙石化等,所以保护森林资源已经成为老挝刻不容缓的问题。

2. 矿产资源

多种地形和地质构造使得老挝蕴含丰富的金属矿和非金属矿,其中,有色金属矿和玉石不但品种多且储量相对大。现已发现的金属矿有铜、铁、锡、铅、锌、锰、金、钨等,非金属矿有白玉、黄玉、黑玉、翡翠、蓝宝石、水晶、琥珀、花岗石和石英石等。老挝北部西侧与缅甸北部被认为是世界最重要的宝石矿藏带,老挝北部东侧与中国滇西南被认为是世界最重要的有色金属矿带。

3. 水利资源

老挝水利资源丰富。湄公河老挝段及其支流蕴藏着相当丰富的水利资源。据考察,湄公河60%以上的水利资源蕴藏在老挝,全国有60多个水头较好的地方可建水电站,装机容量可达1 800万千瓦。据统计,全国共有装机1兆瓦以上电站91座,总装机容量约1 097.1万千瓦。其中,水电站78座、太阳能电站8座、生物质能电站4座和燃煤电站1座。水力发电量占总发电量的81%,燃煤电厂占17%,太阳能和生物质能等可再生能源占2%。2022年,电力行业产值37.1亿美元,增长68%;2022年老挝发电510.3亿度,同比增长13%。电力出口约400亿度,增长9%,金额23.6亿美元,增长8%;电力进口8.7亿度,下降33%,金额0.4亿美元,下降48%。2023年前5个月,全国发电182.1亿度,同比增长1.7%,产值11.1亿美元。出口电力141.4亿度,金额9.2亿美元,同比增长8.2%。国内消费电力45.7亿度,同比增长12.7%,金额2.6亿美元。

二、经济环境

(一)经济水平

老挝是一个以农业为主、工业基础十分薄弱的国家。1975年,老挝人民民主共和国成立之初,实行计划经济的发展模式,违背了当时老挝经济社会发展的规律,所以在20世纪70年代中期到80年代中期,老挝的经济发展基本处于停滞状态。1986年起,老挝推行革新开放,调整经济结构,即农林业、工业与服务业相结合,优先发展农林业;取消高度集中的经济管理体制,转入经营核算制,实行多种所有制形式并存的经济政策,逐步完善市场经济机制,努力把自然和半自然经济转为商品经济;对外实行开放,颁布外资法,改善投资环境;扩大对外经济关系,争取引进更多的资金、先进技术和管理方式。1991—1996年,老挝国民经济年均增长7%。1997年后,老挝经济受亚洲金融危机严重冲击。老挝政府采取加强宏观调控、整顿金融秩序、扩大农业生产等措施,基本保持了社会安定和经济稳定。

进入21世纪,老挝制定了20年长远发展规划,争取到2020年基本摆脱不发达状态,人均GDP达到1 500美元。老挝的GDP总数从2013年的119.8亿美元增加到2020年的189.8亿美元,经济的增速比较明显。从GDP的年均增长率来看,2013年的GDP增长率达到了8%,直至2019年都在5%以上。从人均GDP的情况来看,老挝2013—2020年人均GDP逐年增长,2013年的人均GDP为1 815.4美元,已经超过了之前制订的1 500美元的计划。从2015年开始,人均GDP突破了2 000美元,2020年达到2 593.4美元。近年来,受国际上全球油价和粮食价格大幅波动、中美贸易摩擦、气候变化和"新冠"疫情以及国内政府债务问题、自然灾害等一系列事件影响,老挝经济发展下行压力较大,政府继续减少非必要的政府投资项目,严格控制各类政府支出,开源节流,保持经济稳定增长。矿产资源出口在老挝经济中居重要地位,但由于全球经济增长放缓、国际矿产品原材料价格大幅下降,老挝矿产品出口遭受较大损失。与此同时,受"新冠"疫情冲击,老挝经济受到重创,国际收支严重失衡,外债负担沉重,经济发展放缓。2022年,老挝基普经历了显著贬值,一方面使得进口商品售价提高,另一方面也影响了国内购买力,在上述多重因素的影响下,2022年GDP总数及人均GDP均有较大幅度减少。2023年是实施老挝经济发展九五计划的第三年,老挝经济有了较小幅度的回升(见图8-3、图8-4)。

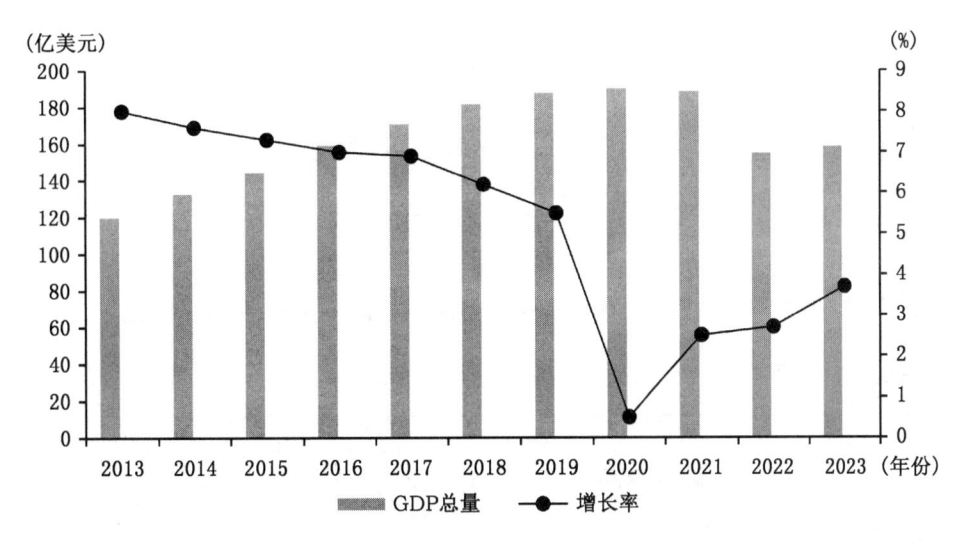

数据来源:世界银行数据库。

图8-3 2013—2023年老挝GDP总量及增长情况

(二)产业状况

老挝政治稳定、社会安宁,经济以农业为主,工业基础薄弱。农业作为老挝最重要的生产部门,无论是生产还是出口均是老挝的经济基础。1975年之前,农业在老挝国民经济中的比重均为90%以上。老挝从1986年开始施行革新开放政策,包括对产业的一系列改革。特别

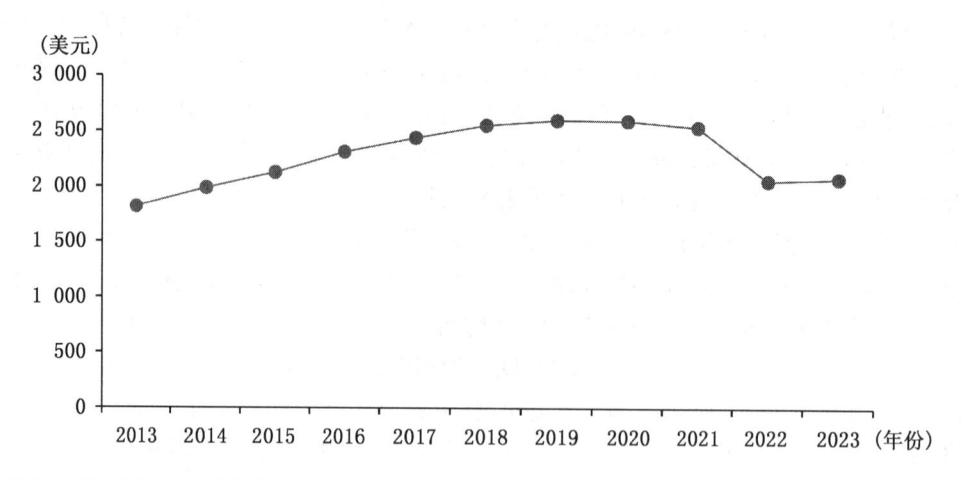

(美元)

图8－4　2013—2023年老挝人均GDP

资料来源：世界银行数据库。

是近10年来，老挝产业结构发生了较大变化。2022年，老挝GDP增长率达1.3%，其中，农业占GDP的14.9%；工业占GDP的33.55%；服务业占GDP的40.3%（见图8－5）。采矿业（老挝矿产资源丰富）、电力（水电资源丰富）和建筑业是老挝主要的工业部门，分别占2022年GDP的4%、13%和11%。服务业总产值占GDP比重约42%，其中批发零售、公共行政与国防社会保障、房地产为三大服务行业，分别占GDP比重的13%、9%、6%。中老铁路通车为老挝旅游业带来新机遇，老挝大力发展旅游业并与泰国、越南等合作打造东盟区域一体化旅游线路。

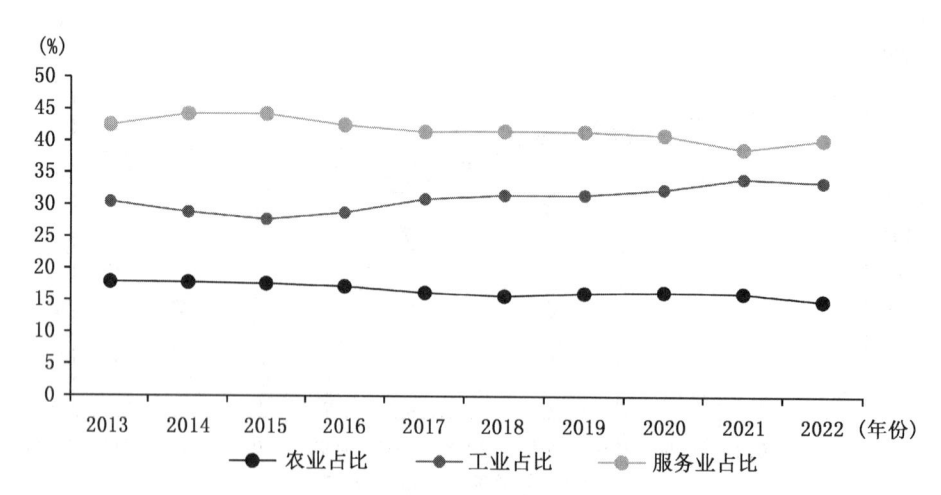

图8－5　2013—2023年老挝三大产业占GDP比重

数据来源：世界银行数据库。

1. 农业

据老挝官方统计，2023年，农业增速为3.4%，占GDP的17.8%；2023年上半年农业增速3.8%，占GDP比重约14.6%。同期，粮食产量108万吨，肉蛋鱼产量26万吨。中国是老挝最大的农产品出口目的地。老挝农产品有甘薯、蔬菜、玉米、咖啡、甘蔗、烟草、棉花、茶叶、花生、大米、水牛、猪、牛和家禽。老挝主要种植作物包括稻米、玉米、咖啡、橡胶、豆类和蔬菜等。

稻米是老挝的主要粮食作物,主要种植在湄公河流域和平原地区,甘蒙、沙湾拿吉两省被列为粮食生产、加工及出口全产业链基地,除了传统的水稻外,近年来有机稻米和高产稻种的推广也在进行中。老挝拥有大片的森林资源,林业对于国家经济和社会的贡献也很重要。林业资源主要用于木材和木制品的生产,以及非木材林产品如树脂、药材和野生动植物的采集。老挝拥有丰富的内陆水域和湄公河资源,支持着渔业的发展。渔业主要以捕捞和养殖为主,提供了许多沿河村庄的居民的生计。

2. 制造业

2023年1—9月,老挝工业增长3.5%。主要工业企业有发电、锯木、采矿、炼铁、水泥、服装、食品、啤酒、制药等及小型修理厂和编织、竹木加工等坊。矿业产业在老挝的经济中也占据着一定的地位。老挝政府正在积极推动矿业产业的开发和利用,为国家经济发展带来了新的机遇。老挝主要矿产包括金、铜、银、锡、煤炭、铝土、石膏、石灰、铁、宝石、盐矿、钾盐、锌、铅、镍、锰等。矿产为老挝第一大出口创汇行业,矿产出口主要包括金、铜等。2022年,老挝矿产行业产值21.3亿美元,增长55%。矿产品出口额18.1亿美元,同比增长11%;国内消纳3.2亿美元,同比增长13%。2023年前5个月,矿产行业产值8亿美元,同比增长10.8%。受国际市场矿石产品价格波动影响,矿产品出口额6.7亿美元,同比下降11.9%;国内消纳1.3亿美元,同比增长7.6%。国内消费矿石品种主要为石膏、钾盐和石灰。

3. 服务业

老挝服务业基础薄弱,起步较晚。执行革新开放政策以来,老挝服务业取得很大发展。2023年1—9月,服务业增长5.6%。旅游业是老挝服务业中最重要的部分之一。老挝以其丰富的文化遗产和自然景观吸引了大量的国际游客。根据老挝政府的数据,2019年老挝接待了约460万名国际游客,尽管受到"新冠"疫情的影响,游客数量在2020年和2021年有所下降,但随着全球旅游业的恢复,预计游客数量将逐步回升。老挝琅勃拉邦、巴色县瓦普寺、川圹石缸平原已被列入世界文化遗产名录,著名景点还有万象塔銮、玉佛寺,占巴塞的孔帕平瀑布,琅勃拉邦的光西瀑布等。革新开放以来,旅游业成为老挝经济发展的新兴产业。2019年12月31日上午,老挝首都万象瓦岱国际机场迎来2019年第100万位中国游客,"中国-老挝旅游年"完美收官。2020年"新冠"疫情暴发以来,老挝旅游业遭遇寒冬,直至2021年第一季度出现明显增长,旅客人数达到44.5万人次,但4月开始的第二轮疫情暴发导致游客断崖式减少。自2022年5月老挝全面放开入境以来,外国来老游客数量有所提升,1至9月共接待国内外游客168.2万人次,创收2.25亿美元,增长7%。境外游客中,60%为泰国游客,30%为越南游客,10%为其他国家游客。

4. 数字经济产业

老挝的数字经济产业正在逐步发展,尽管起步较晚,但近年来政府和私人企业积极推动相关领域的建设与创新,逐渐形成了一定的规模和影响力。老挝的互联网基础设施建设在近年来取得了显著进展。移动互联网在全国范围内逐步普及,主要城市和城镇已经实现了4G网络覆盖。政府与私营企业合作,不断扩大宽带网络的覆盖范围,提高网络速度和稳定性。尽管面临基础设施、人才和监管等方面的挑战,但在政府和企业的共同努力下,前景广阔。通过继续加强基础设施建设、培养专业人才、完善法律法规和促进科技创新,老挝有望在未来几年内实现数字经济的跨越式发展,进一步推动国家的现代化进程。

老挝基本建成全国通信网络,光缆分南北和东西走向全长9.6万公里。全国座机和手机号码630万个,信号基站8 365个。3G网于2008年开始投入使用,目前容量28万,主要集中在首都万象等大城市,2012年,老挝开通由中国华为提供设备并承建的LTE网络(4G)。2015年,老挝发放4G牌照,正式启动4G网络业务。老挝境内大型通信网络运营商有3家,分别为LTC、UNITL和ETL(老挝通信有限公司)。移动电话网络正在逐步升级,通话质量差和短信息收发失败的情况大量减少。2020年12月1日,老挝邮电部向ETL正式颁发了5G频谱试商用许可证,批准ETL经营"5G移动通信业务",老挝正式跨入5G时代,也是东南亚第二个5G商用的国家。目前,老挝全国总通信基站约8 730个,手机信号覆盖全国人口的72%。老挝工贸部贸易经济研究所牵头撰写关于老挝电子商务发展政策的研究,其中提出发展电子商务的四个关键因素:一是电子商务基础设施。许多基础要素构成电子商务,其中信息通信技术(ICT)系统必须达到或接近国际标准,互联网必须高速且稳定,多数人会使用智能手机。但与其他国家相比,老挝仍处于低水平发展阶段。二是信息数据保护。目前,老挝已颁布了信息数据保护的相关法律,如《网络犯罪法》《电子签名法》《网络数据信息保护法》《电子交易法》《通信信息技术法》等,但这些法律的执行度和公众熟识度还相对较低。三是电子支付(E-payment)。目前,老挝的电子支付系统(EDP)在供给侧(金融机构—银行)表现突出、发展迅速,但由于缺乏基础设施支持,消费者仍习惯于使用旧的支付系统(现金支付),导致在线支付系统的发展比在线商务发展缓慢。四是监管方面。因为所涉法律规定较新,尤其是2021年颁布的电子商务法令和有关立法,企业还不能完全理解和执行,发展进程远滞后于新加坡、印度尼西亚、马来西亚、菲律宾和泰国等东盟国家。

课外阅读

老挝与中国开展数字经济合作

在第三届"一带一路"国际合作高峰论坛数字经济高级别论坛上,老挝技术通信部部长波万坎表示,目前,通信技术劳动力在老挝劳动力总量中占比不到1%,这在质量上和数量上都有所局限,我们需要创造占劳动力总量3%的通信技术劳动力,才能够促进本国的数字经济增长。

"中国帮助老挝技术通信部建立了一个培训中心,来帮助培养通信人力资源。同时我们正与中国探讨,在老挝建立一个大型数据中心,以促进减贫。"波万坎表示,老挝将继续在"一带一路"倡议框架下与中国开展互利合作,共同开发数字经济,加强数字转型,增强政策沟通和合作,共建"数字丝绸之路",加强在数字基础设施建设领域的合作,促进通信技术互联互通。建立科技合作平台、科技创新展示中心,并开展智慧城市示范区的建设。同时,深化数字技术在传统行业,比如农业、能源、教育和制造业等方面的应用。"我们强烈希望中老之间能够继续加强数字转型合作。"

资料来源:中国一带一路网。

(三)金融情况

老挝金融环境相对宽松,为外国投资者营造了较好环境。目前,老挝共有私人、外资和合资银行38家,总资产约183亿美元。中国工商银行、中国银行已在老挝设立分行,富滇银行已在老挝成立合资银行,太平洋证券已在老挝成立合资证券公司,国家开发银行也在老挝设立了办事处。

1. 货币与外汇管理

老挝货币为基普(KIP)。根据老挝外汇管理规定,基普为有条件兑换。老挝鼓励使用本国货币,但在市场上基普、美元及泰铢均能使用。人民币能在部分华人商店和聚居区使用。老挝中央银行实行有管理的浮动汇率机制,每日设定基普兑美元基准汇率,允许商业银行基普兑美元汇率在基准汇率±4.50%的范围内浮动。2022年,全年M2货币增速达36.9%,打破了近年来M2增速的纪录。截至2023年12月,人民币兑基普汇率约1∶2 900,美元兑基普汇率约1∶20 500,泰铢兑换基普汇率约1∶640。

根据老挝外汇管理规定,在老挝注册的外资企业可以在老挝银行开设外汇账户,用于进出口结算。外汇进出一般遵循按汇入通道原路返回的原则,需要申报,企业利润需获得完税证明后方可汇出。老挝央行实行市场主导的汇率定价制度,商业银行可以在老挝央行规定的参考汇率价格下,自行制定自己的汇率价格,但必须以一种显而易见的形式告知客户。携带现金如超过1亿基普(按2023年12月汇率,约4 900美元),需要申报并获得同意方可出入境。在老挝工作的外国人,其合法税后收入可全部转出。

2. 银行

老挝中央银行负责监管老挝商业银行及金融机构。全国共有各类银行38家,包括1家政策性银行——NAYOBY BANK;1家国有商业银行——BECL银行,5家国有合资商业银行,包括老挝发展银行(LDB)、老越银行(LAO-VIETBANK)、农业促进银行(APB)、老中银行(LCNB)、老法银行(Banque Franco-Lao);7家私营商业银行,如联合发展银行(JDB)、印度支那银行(INDOCHINA BANK)等;8家外资商业银行子行,如RHB、ACLEDA、开泰银行等;16家外资商业银行分行,如中国工商银行万象分行、中国银行万象分行、澳新银行万象分行等。

3. 证券股票

老挝证券市场是目前世界上规模最小的资本市场之一,但是发展潜力巨大。2010年10月10日,老挝证券市场在万象举行挂牌仪式,2011年1月11日正式开盘,目前共有11家上市公司。2013年11月16日,由中国太平洋证券股份有限公司与老挝农业促进银行、老挝信息产业有限公司合资成立的老—中证券有限公司开业,成为继老—越、老—泰合资证券公司之后,老挝第三家综合类证券公司。老—中证券有限公司是老挝证券管理委员会批准设立的首家中资参与的合资证券公司,同时也是中国证监会批准在境外设立的第一家合资证券公司。此次在老挝设立合资证券公司将是中国与东盟在资本市场合作的一个重要起点,也是中国证券公司跨出国门进行国际化经营的首次尝试。

4. 保险

1990年老挝正式出台《保险法》。1991年,老挝政府和法国AGF保险集团(后被德国安联集团收购)达成协议,共同出资建立老挝国家保险公司(Assurances General Laos,AGL),成为老挝第一家设立运营的保险公司。根据新《保险法》,外资进入老挝市场,可以采取合资或者全资子公司形式经营保险业务,但目前市场上已有的保险公司中,外资份额均不高于80%(Tokojaya Lao Assurance 为80%)。外资保险公司必须有5年以上的保险从业经验。经营许可证由财政部颁发,但经营具体保险业务时还需要得到老挝投资管理与国际经济关系委员会的同意。

5. 融资渠道

老挝本土银行资金实力不强,经营方式单一,贷款条件及利息较高。2020年1月6日,中国人民银行与老挝银行签署了双边本币合作协议,允许在两国已经放开的所有经常和资本项下交易中直接使用双方本币结算,有利于进一步深化中老货币金融合作,提升双边本币使用水平,促进贸易投资便利化。

(四)外贸情况

1. 进出口情况

据老方评估,老挝出口整体形势正常且逐年递增,年平均增长12%。由于"新冠"疫情暴发,2020年老挝出口额略有下降,但总体上有望继续保持增长态势。2021年外贸总额135.1亿美元,恢复增长态势。老挝工贸部制定了2021—2025年出口额增长8%～10%的目标,为实现这一目标,工贸部为商品出口,尤其是农产品出口提供便利,但"新冠"疫情还是对出口造成了较为严重的影响。同时,工贸部积极为国内商品寻找市场,最近与农林部、国内私企合作,与中国大型公司签署合作备忘录,重点向中国出口老挝九类农产品。未来几年老挝需要更多的外汇来进口货物,贸易赤字的上升可能会导致老挝国内汇率和外汇储备的波动。

老挝出口商品以矿产品、电力、农产品、手工业产品为主,主要进口工业品、加工制成品、建材、日用品及食品、家用电器等。当前,老挝主要出口商品有电力、铜制品、木粉和饮料等;主要进口商品有汽柴油、铁及铁制品、珠宝、钢筋、车辆、机械、酒精饮料、电器和电器器材等。

老挝主要进口来源国为泰国、中国、越南、美国和瑞士等;主要出口对象国为泰国、中国、越南、澳大利亚和新加坡等。

2. 投资情况

实行革新开放政策之后,老挝政府在20世纪80年代中期开始鼓励私人投资,这使得私人部门在推动经济增长和国家发展方面发挥更大的作用。中国是老挝外国直接投资最多的国家,此后依次是泰国、越南、韩国、法国、美国、日本、马来西亚、澳大利亚等。引资最多的是基建、电力、矿产、农业等行业领域。据老挝计划投资部统计,2022年前9个月,老挝政府审批各类投资金额81.56亿美元,同比下降39%,实际到位金额约23.95亿美元。其中,批准投资类项目28个,金额11.47亿美元,企业注册资金68.39亿美元,经济特区投资金额1.7亿美元。

3. 中老经贸合作

云南是中国唯一与老挝相连的省份,是中国面向老挝的窗口和桥梁。近年来,中老合作呈现较好发展态势,经贸合作纽带不断拉紧拉实。2020年,受"新冠"疫情影响,中老双边贸易额出现短暂下滑。2021年以来,中老双边贸易继续保持增长势头。2023年1—9月,中老双边贸易额49.8亿美元,同比增长23.7%。其中,中国对老出口额22.7亿美元,同比增长39.2%;自老进口额27.1亿美元,同比增长13.1%。中老贸易额在东盟10国中位列第九(见表8-1)。

表8-1　　　　　　　　2018—2022年中老贸易统计　　　　　　　金额单位:亿美元

年份	贸易总额 金额	贸易总额 同比	中国出口 金额	中国出口 同比	中国进口 金额	中国进口 同比
2018	34.7	14.9%	14.5	2.5%	20.2	25.8%
2019	39.2	12.9%	17.6	21.2%	21.6	7.0%
2020	35.5	−9.2%	14.9	−15.2%	20.6	−4.3%
2021	43.5	23.4%	16.7	11.9%	26.8	28.2%
2022	56.8	31.0%	23.4	40.9%	33.4	24.9%

资料来源:中国海关总署。

近年来，中资企业对老挝投资热情不断升温，2016年超过越南成为对老挝直接投资最多的国家，投资行业和领域主要包括交通基础设施、金融、开发区建设、电力行业、矿产开发、农业合作、加工制造、商业地产等，代表项目包括中老铁路、中老高速、赛色塔综合开发区、磨丁经济合作区、老挝国家输电网项目、南欧江流域梯级水电项目等。据中国商务部统计，2022年中国对老挝直接投资流量2.5亿美元；截至2022年末，中国对老挝直接投资存量95.8亿美元（见表8-2）。

表8-2　　　　　　　　　2018—2022年中国对老挝投资情况　　　　　　　单位：万美元

	2018年	2019年	2020年	2021年	2022年
年度流量	124 179	114 908	145 430	128 232	25 343
年末存量	830 976	824 959	1 020 142	993 974	957 837*

注："*"表示2022年末存量数据中包含对以往历史数据进行调整。

资料来源：中国商务部、国家统计局和国家外汇管理局《2022年度中国对外直接投资统计公报》。

三、法律环境

（一）贸易法规

1. 贸易主管部门

老挝的贸易主管部门为老挝工业与贸易部（下设省市工业与贸易厅、县工业与贸易办公室），主要职责是制定、实施有关法律法规，发展与各国、地区及世界的经济贸易联系与合作，管理进出口、边贸及过境贸易，管理市场、商品及价格，对商会或经济咨询机构进行指导以及企业与产品原产地证明管理等。

2. 贸易法规体系

老挝与贸易相关的主要法律有《投资促进管理法》《关税法》《企业法》《进出口管理令》和《进口关税统一与税率制度商品目录条例》等。

3. 贸易管理的相关规定

老挝所有经济实体享有经营对外贸易的同等权利，除少数商品受禁止和许可证限制外，其余商品均可进出口。

禁止进口商品：枪支、弹药、战争用武器及车辆，鸦片、大麻，危险性杀虫剂，不良性游戏，淫秽刊物5类商品禁止进口。

禁止出口商品：枪支、弹药、战争用武器及车辆，鸦片、大麻，法律禁止出口的动物及其制品，原木、锯材、自然林出产的沉香木，自然采摘的石斛花和龙血树，藤条，硝石，古董、佛像、古代圣物9类商品禁止出口。

进口许可证管理商品：活动物、鱼、水生物，食用肉及其制品，奶制品，稻谷、大米，食用粮食，蔬菜及其制品，饮料、酒、醋，养殖饲料，水泥及其制品，燃油，天然气，损害臭氧层化学物品及其制品，生物化学制品，药品及医疗器械，化肥，部分化妆品，杀虫剂、毒鼠药、细菌，锯材，原木及树苗，书籍、课本，未加工宝石，银块、金条，钢材，车辆及其配件（自行车及手扶犁田机除外），游戏机，爆炸物25类商品进口需许可证。

出口许可证管理商品：活动物（含鱼及水生物），稻谷、大米，虫胶，树脂，林产品，矿产品，木材及其制品，未加工宝石，金条、银块7类商品出口需许可证。

(二)外国投资法规

老挝工贸部负责外国投资中的一般工商业投资(包括企业注册和工业园区开发等),计划投资部负责特许经营和经济特区投资,能源矿产部和公共工程运输部等负责对相应投资经营活动进行监管。

老挝外商投资法律制度是以《投资促进法》为代表的包括一系列法律法规在内的完整法律体系。老挝外资法主要从投资领域、投资方式、外国投资方的权利和义务、老挝外资管理机构和投资争议解决五个方面阐述了老挝对外资管理的内容,外资法规定外来投资者与老挝要在互利互惠的基础上,遵守老挝的各项法律规定。另外,老挝总理府还颁布了以《关于外国投资审批手续的政令》《老中两国关于鼓励和相互保护投资的协定》和《外国投资项目在老挝审批程序的若干规定》为主的若干行政规范性文件。为适应经济和社会发展,老挝国会于2016年12月颁布实施《投资促进法》(修订版),修改后的法案共有12部分、109个条款,尤其在投资许可年限、管理机构、注册资本金、争端解决机制等方面进行了修正,并增加了部分条款。

老挝鼓励外国投资的行业有农业、种植业、养殖业、不需要大面积用地的中小型加工业、物流业、酒店业、餐饮业、旅游景区开发业等;其他还有新修订的《投资促进法》规定的相关服务业,如医院、职业学校、大学等。老方邀请并欢迎中资企业增加对上述相关领域和项目的投资。

老挝政府对中国企业投资持欢迎、鼓励态度。中国企业在老挝投资农业开发及食品加工、矿产开发、木材加工、旅游开发、日用产品生产、建材生产、基础设施建设等领域均有商机。汽车、摩托车、纺织品、钢材、电线电缆、通信设备、电器电子产品等在老挝均有市场。

(三)企业税收

老挝财政部下设的税务总局是税收主管部门,主要负责管理税收,制订收支计划,检查、统计纳税情况等。老挝与税收相关的法律法规主要包括《税法》(2020年新修订版)、《税收管理法》(2019年新修订版)、《消费税法》(2019年版)、《税收管理法》(2019年新修订版)、《所得税法》(2019年版)、《增值税法》(2018年新修订版)等。

1. 税收体系和制度

老挝目前实行全国统一的税收制度,外国企业和个人与老挝本国的企业和个人同等纳税。老挝共有7个税种,分为直接税和间接税。其中,间接税含增值税和消费税2种,直接税含利润税、所得税、定额税、环境税、手续和服务费5种。

企业在老挝报税的相关手续:

纳税时间:报税时间是12月31日前,但利润税按季度纳税,个人所得税应在下个月20日前缴纳。

纳税渠道:根据老挝法律,企业纳税渠道为企业按规定直接向所在税务登记部门缴纳。

纳税手续:根据老挝法律,企业在老挝的纳税手续为企业直接到所在税务登记部门申报并缴纳。

纳税资料:企业在老挝纳税需要提供的相关材料包括:税务报表、发票、外国投资许可证、企业营业执照、企业经营许可证等。

2. 主要税赋和税率

消费税:老挝政府规定,燃油、酒(含酒精)类、软饮料、香烟、化妆品、烟花和扑克牌、车辆、机动船只、电器、游戏机(台)、娱乐场所服务、电信服务、彩票和博彩业服务等15类商品和服务项目必须缴纳消费税,具体税率从10%至110%不等。

所得税:薪金、劳务费、动产和不动产所得、知识产权、专利、商标所得等必须缴纳所得税,具体税率以 30 万基普为起征点,30 万～150 万基普为 5%、150 万～400 万基普为 10%、400 万～800 万基普为 15%、800 万～1 500 万基普为 20%、1 500 万基普以上为 25%。外国人按总收入的 10%计征所得税。

利润税:按可收税利润(6 000 万基普以上)的 35%计征利润税。

增值税:消费者在购买产品的同时,须额外支付产品进项价格 10%的增值税。

(四)劳动就业法规

老挝国会于 2006 年 12 月通过的《劳动法》(修改稿)规定,普通工作者每周工作 6 天,每天不超过 8 小时,或者一个星期不超过 48 小时;特殊工作者,如辐射性或疾病传染性工作、接触有毒烟雾或气味和危险化学物品的工作、在地下或隧道或水底或天上的工作、冷热不正常场所的工作、震动性作业等每天不能超过 6 小时或每周不超过 36 小时。用工者在征得工会或劳工代表及本人同意后可以要求工人加班,加班时间每月不超过 45 小时或每天不超过 3 小时,非紧急情况下(如灾害或者对劳动单位造成巨大损失等)则禁止连续加班。

劳动者有权每周休息 1 天,时间可协商确定;法定休息日休息;劳动者在出具医院证明情况下有权申请病假,但每年不得超过 30 天,病假期间有权获得正常工资;按天数、时数或承包量计算者,必须做满 90 天后才能按个人投保情况获得劳动报酬。

工作满 1 年及以上者,可以申请休 15 天年假;从事重体力劳动或有害身体健康工作者可以申请休 18 天年假,休假期间获得正常工资。年假时间不能将每周休息日、法定休息日计算在内。

雇用双方需解除劳动合同时,体力劳动者须提前至少 30 天、专业技术劳动者需提前 15 天告知对方。有规定期限劳动合同的须在期限结束前至少 35 天告知对方,需继续合作者,合同双方须重新签订劳动合同;按工作量规定的劳动合同须在工作完成后才终止,如果受雇期间死亡,雇用者须按实际完成工作量支付受雇者工资及其他相关补助。

老挝政府按不同工作种类制定不同的最低工资标准。加班费分两种情况:正常工作日加班者,白天以日常工资的 150%计算,晚上以 200%计算;法定节假日、公休日加班者,白天以日常工资的 250%计算,晚上以 300%计算;晚上(22:00—次日 5:00)轮值班补贴是日常工资的 15%。任何劳动单位必须参加强制性社会保险。

(五)知识产权保护法律法规

老挝政府于 1995 年颁布实施《商标令》,2008 年 1 月颁布实施《知识产权法》。《商标令》规定,在老挝的个人或法人可以向老挝科技部提出商标注册申请。商标保护期为 10 年,可延长 10 年/次。连续 5 年不用或者商标注册批准证书过期,则失去效力。《知识产权法》规定,知识产权包括工业产权、物种和专利 3 大类。工业产权保护期限一般为 10～20 年,期间支付费用;物种保护期乔木类为 25 年、灌木类为 15 年,期间支付费用;专利保护期为创作者终生及死后 50 年。老挝《知识产权法》规定,违反知识产权保护规章的行为,受法律制裁。

(六)解决商务纠纷的途径与法规

在老挝投资合作发生纠纷时,可依据订立合同时约定的纠纷解决途径解决,可以先行协商,协商不成,再提请仲裁或诉讼。解决纠纷既可适用老挝当地法律,也可适用第三国法律。双方一致同意的前提下,也可以提请国际仲裁。近年来,随着中国投资者的大量涌入,不可避免地出现各类投资纠纷,为了能公平、公正地解决争议,建议投资者在订立合作协议或者项目合同时,尽量选择第三方仲裁的方式维护自身权益。

(七) 数字经济相关政策和法规

老挝政府高度重视数字发展,将其列入新的第 9 个国家社会经济发展计划,作为创造就业机会、提高经济效率、缩小城乡发展差距的措施。老挝的数字经济发展具有广阔前景。在数字经济合作方面,老挝与中国有关机构于 2018 年签署了合作协议。中国在老挝发展电子商务方面具有很强的比较优势,华为、ETL 等企业在老挝经营多年,与老挝共同加强人才发展、数字技术培训,使该地区更多的人能够分享数字经济发展的成果。2022 年 11 月,中国商务部与老挝工贸部签署关于电子商务合作的谅解备忘录。

四、社会文化环境

(一) 民族宗教

老挝是一个多民族的国家,共有 50 个民族,分属老泰语族系、孟高棉语族系、苗瑶语族系、汉藏语族系,统称为老挝民族。老挝人口最多的民族为老族,约占全国人口的一半以上,语族为老泰语族系,此后依次为克木族、孟族、普泰族、傣族、芒贡族等。目前,老挝华侨、华人总数在 30 万人左右,主要集中在中、南部地区,大多聚居在首都万象和沙湾那吉、巴色、琅勃拉邦等省会城市。老挝华侨、华人主要徙自云南、广东、福建等地,多数从事农业、餐饮、旅社、服装、食品加工、锯木、机械维修等传统行业。近年来,老挝华侨、华人经济也开始从传统行业转向银行、酒店、基础设施建设等行业。

老挝国民大多信奉小乘佛教,1961 年老挝宪法规定佛教为国教。老挝人约有 65% 信奉佛教。佛教传入老挝以前,老挝人信神教和婆罗门教。佛教传入老挝时影响不大。14 世纪中叶,法昂统一老挝,建立澜沧王国,并迎娶吴哥公主为后。随之一批柬埔寨僧侣到老挝传播小乘佛教,法昂定佛教为国教。16 世纪初,老挝国王将《三藏》从梵文译成老挝文,在国王的扶植下,老挝佛教发展很快,并成为当时东南亚佛教中心之一。17 世纪,老挝国王还为佛教设立僧官制度。18 世纪,老挝连连遭到外来侵略,到 19 世纪初老挝衰落,佛教势力也明显削弱。19 世纪 60 年代,老挝救国运动风起云涌,老挝建立全国佛教协会,目的是团结全国僧侣和佛教徒参加救国战争并保卫佛教。1976 年即老挝解放后,成立了老挝唯一的佛教组织——老挝佛教联合会。据不完全统计,目前老挝全国有寺庙 2 000 多座,老挝的寺庙大多集中在万象和琅勃拉邦。琅勃拉邦过去是老挝国王和僧王所在地,即老挝的王都和佛教中心,那里的寺庙古老、精致,其中最著名的是华通寺,已有 500 年历史。过去佛寺不仅是宗教活动中心,而且也是传播文化的主要场所。特别是在农村和边远地区,广大农民主要通过寺庙接受知识。另外,目前山区的少数民族有一部分信奉原始宗教、天主教、基督教和婆罗门教。天主教和基督教在法国殖民统治时期和第二次世界大战后传入老挝,主要在泰族、苗族中传播。现在的老挝人已不信奉婆罗门教,但在社会生活和文学艺术等方面仍然留有该教的烙印。

(二) 语言

尽管各民族的语言各有不同,有的讲苗语,有的讲高棉语,但教育的推进使得老挝语成为联通各民族的通用语言。老挝语成为老挝官方语言,英语也正在逐步普及。资格较老的政府官员大多会说俄语、法语或越南语。近年来,随着中老两国经贸合作不断加强,老挝国内出现了学习汉语的热潮。

(三) 教育

老挝科技和教育发展水平相对落后,学制为小学 5 年,初、高中各 3 年。现有 5 所大学,位于首都万象的老挝国立大学前身为万象师范学院,1996 年 11 月与其他 10 所高等院校合并设立国立大学,有 13 个学院。近两年,老挝南部占巴塞省、北部琅勃拉邦省的国立大学分校相继独立,被正式命名为占巴塞大学和苏发努冯大学。中老两国于 1990 年开始互派留学生和进修生。2009 年,老、中两国共同批准创建老挝苏州大学。老挝是获得中国对外奖学金人数最多的国家之一。截至目前,获得中国政府奖学金的在华老挝留学生已累计 4 000 余人,老挝是获得中国政府奖学金数量最多的东盟国家之一。

(四)医疗

老挝的医疗体系主要由公共和私人部门构成,尽管医疗资源有限,但近年来政府在改善医疗服务方面做出了积极努力,老挝的医疗卫生事业逐步发展,国家职工和普通居民均享受免费医疗。据世界银行统计,2021 年老挝男性预期寿命为 66 岁,女性为 70 岁。

(五)重要节日

老挝每周工作 5 日,周六、周日为公休日。当地重要节日有:1 月 20 日——老挝人民军成立日、3 月 8 日——国际妇女节、3 月 22 日——老挝人民革命党成立日、(1955 年开始)4 月 13—15 日——老挝新年(也称"宋干节"或"泼水节")、5 月 1 日——劳动节、10 月 12 日——独立日、12 月 2 日——国庆节。

此外,老挝当地的佛历节日还包括:7 月中旬的入夏节、10 月中旬的出夏节、雨季后的龙舟节、11 月初的塔銮节等。

(六)衣着服饰

由于天气炎热,老挝的老龙族成年男性一般上穿长袖衬衫,劳作时下着长裤,休闲时则穿纱笼;女性上穿长袖对襟褂子,下着具有民族风味的筒裙,同时还讲究从右肩穿过左腋围上一条披肩。因为紫外线强烈,所以即使再热的天气,许多老挝人还是把自己裹得严严实实。在农村和偏远山区,老挝人多穿自己缝制的民族服饰,而在较为发达的城镇,人们的着装已经开始商品化和国际化。每逢过年过节或有重大喜庆活动时,老挝女人都会高盘发髻,穿起民族服装,老挝男人则更多西式正装打扮,穿民族服装的男士已经较少。

(七)饮食习惯

老挝人大多信佛,注重佛门禁忌。佛教从 14 世纪传入老挝之后,由于得到历代王朝的扶植和大力提倡,因此发展很快,始终保持兴旺不衰的势头,而且对老挝人民的社会生活有着极大的影响。受到信仰的影响,他们在饮食方面的主要讲究是:不禁酒,不必食素,但"忌食十肉",即不吃象肉、虎肉、豹肉、狮肉、马肉、狗肉、蛇肉、猪肉、龟肉等。在进餐时惯用右手抓食,用左手直接接触食物被视为严重的失礼行为。在佛教节日期间,老挝人不杀牲畜,市场上不售肉,家里也不能吃肉。

老挝人饮食较为简单,平时吃得最多的是米饭(糯米)和鲜鱼。老挝菜的特点是酸、辣、生,特色饭菜有竹筒饭、棕榈粑粑等。

(八)社交和禁忌

1. 社交礼仪

僧侣在老挝有很高的社会地位,斋僧礼佛、出家为僧已成为社会生活习俗。老挝人相互见面习惯行双手合十礼,公务往来可行握手礼。对于女士一般不主动握手,只行合十礼。进入佛殿要脱鞋,忌大声喧哗,不能随便触摸佛像。女士不能触碰僧侣。

老挝民间还流行为远道来客举行拴线祝福的礼仪,也称"巴喜"或"素宽"仪式,以表示诚挚的友情和良好的祝愿。主人(一般是家里的老太太或年轻姑娘)将一缕用香水浸泡过的线拴在客人的手腕上,之后双手合十,举到胸前,并说"愿您长寿、健康、幸福"。客人过 3 天后可解开拴线。到老挝人家做客，应备礼品，礼品要包装得体，老挝人觉得红色包装纸更加吉利，一般不使用黑色或者白色包装。在参加婚宴或喜庆日子时，一般习惯送现金。客人进门应走前门，进屋要脱鞋，一般都席地而坐，注意不能用脚替代手指向人或物，男的盘膝，女的并膝把脚侧放一边。

2. 风俗禁忌

老挝是一个以佛教为主的国家，其主要的禁忌也与佛教有关。忌讳亵渎佛像，不能随意触摸佛像，更不能用身体的任何部分接触佛像，也不能对佛像随意评论。老挝的佛教徒也吃一些肉，僧侣每天只吃两餐，过午不食。进入寺庙时应穿着得体，脱鞋并保持安静。不要触摸和尚，特别是女性不应与和尚有肢体接触。老挝人视头部为神圣之处，除父母、高僧、长者之外，他人不得触及（儿童亦如此），不得以身体的某个部位或物品掠过他人头顶。而脚被他们视为身体中最不洁的部分，不要用脚指向他人或宗教物品。坐下时，不要把脚底对着他人或佛像。在访问宗教场所和公共机构时，应穿着保守、得体，避免穿着暴露的衣物，以示尊重。

思政小课堂

中老铁路铺就共赢发展的"黄金通道"

截至2024年7月5日，中老铁路国际旅客列车累计开行满1 000列，极大地便利了沿线民众出行，中老铁路国际旅客列车自2023年4月13日开行以来，在推动两国人文交流、经贸合作、旅游产业发展和共建"一带一路"高质量发展中发挥了重要作用。列车的开通，是中老两国合作共赢的又一里程碑，为两国乃至更广泛区域的繁荣发展铺就了一条"黄金通道"。

据统计，截至7月5日，该列车已累计开行满1 000列，来自96个国家和地区的22.2万余名出入境旅客顺畅通关，彰显的是中老铁路的国际影响力，也体现了其在服务民众出行方面的卓越成效。列车的开通，使得昆明、西双版纳、琅勃拉邦、万象等旅游名城紧密相连，为游客提供了更为便捷、舒适的旅行体验。

中老铁路国际旅客列车的运营，有力地推动了中老两国的人文交流。列车的开通为两国人民提供了更多的交往机会，使得两国文化、教育、旅游等领域的合作更加紧密。人文交流的加深，有助于增进两国人民之间的了解和友谊，为两国关系的长期发展奠定坚实的基础。正如列车上那些来自世界各地的旅客，他们不仅是在旅行，更是在体验和学习不同的文化，跨文化的交流无疑是宝贵的。

中老铁路国际旅客列车的运营，也对两国的经贸合作产生了积极的影响。列车的开通为两国间的贸易往来提供了更为便捷的交通条件，降低了物流成本，提高了贸易效率。这对于促进两国经济的共同发展具有重要意义。列车的运营也带动了沿线地区的经济发展，为当地居民提供了更多的就业机会和收入来源。

中老铁路国际旅客列车的成功运营，还极大地推动了旅游产业的发展。列车串联起的旅游名城，如昆明、西双版纳、琅勃拉邦、万象等，都是享有盛誉的旅游胜地。列车的开通使得这些旅游胜地的联系更加紧密，为游客提供了更为丰富多样的旅游线路和选择，既有助于提升这些旅游胜地的知名度和吸引力，也促进了旅游产业的繁荣发展。

中老铁路国际旅客列车的开通和运营，是中老两国在共建"一带一路"高质量发展中取得的重要成果。这一列车的成功运营,不仅体现了中老两国的深厚友谊和紧密合作,也为两国乃至更广泛区域的繁荣发展注入了新的动力。列车的开通使得两国间的交通更加便捷,为两国在经贸、文化、教育等领域的合作提供了更为广阔的空间和机遇。

中老铁路国际旅客列车的开通和运营,是一项具有深远意义的举措。它不仅便利了沿线民众的出行,推动了中老两国的人文交流和经贸合作,还促进了旅游产业的发展和共建"一带一路"的高质量发展。这一列车的成功运营,是中老两国合作共赢的又一典范,也为两国关系的未来发展奠定了坚实的基础。

资料来源:新华社。

【课后思考题】

1. 哪些行业在老挝具有较大的发展潜力?
2. 中老铁路如何促进老挝的经济发展和贸易增长?
3. 对于中国在老挝的投资,你有什么建议?

第九章

缅甸（Myanmar）

一、基本情况

缅甸全称为缅甸联邦共和国（The Republic of the Union of Myanmar），是中南半岛上一个历史悠久的文明古国。缅甸是东南亚的一个国家，也是东盟的成员国。缅甸西南临安达曼海，西北与印度和孟加拉国为邻，东北靠中国，东南接泰国与老挝，首都为内比都。缅甸自然条件优越，资源丰富。缅甸1948年独立后到1962年实行市场经济，1962—1988年实行计划经济，1988年后实行市场经济。2022年，缅甸国内生产总值593.6亿美元，人均国内生产总值1 095.8美元，经济增长率3%。

小知识

缅甸国旗与国徽

国旗

2010年10月21日，根据缅甸国家和平与发展委员会颁布的法令，缅甸正式启用《缅甸联邦共和国宪法》确定的新版缅甸国旗和国徽，国歌保持不变。缅甸的新国旗为黄、绿、红三色，中有白色五角星。绿色代表和平、安宁、草木茂盛、青葱翠绿的环境，黄色象征团结，红色象征勇敢与决心，白星反映出坚强联邦永恒不坠的意义。

国徽

现行缅甸国徽由1974年版缅甸国徽修改而来，于2010年10月21日开始使用。1974年版缅甸国徽上缅甸版图置于一个十四齿的齿轮中间，齿数象征缅甸的省和邦，外饰以稻穗；新国徽上缅甸版图置于橄榄枝中间,两头圣狮为守护兽,两者之间为花卉状图案,顶端为一颗象征独立的五角星,下方是绶带。因国家政制改变,与旧国徽相比,新国徽进行了一定程度的修改,删去了共产主义国家在国徽上经常使用的齿轮、稻穗等图案,改用橄榄枝环绕缅甸版图。

(一)建国历程

早在公元1世纪,缅甸出现了骠、掸、孟等不同民族建立的古代国家。1044—1823年,缅甸进入封建社会时期,先后经历了蒲甘、东吁和贡榜3个封建王朝。1824—1885年间,英国先后发动了3次侵缅战争并占领了缅甸。1886年,英国将缅甸划为英属印度的一个省。1886年1月,缅甸最后一个封建王朝贡榜灭亡。1942年,日本占领缅甸,英国军队作为盟军进入缅甸,与缅甸起义军一起赶走了日本人,但英国想借此恢复对缅甸的统治。1947年,缅甸民族英雄昂山将军领导缅甸人民与英国殖民者奋勇抗争,1948年1月缅甸宣告独立。1962年,奈温将军发动军事政变,成立革命委员会,建立"缅甸联邦社会主义共和国"。1988年,因经济恶化,全国爆发示威,军政府接管政权并改国名为"缅甸联邦"。1990年,全国民主联盟在大选中获胜,但军政府拒绝交权。2008年,新宪法通过,2010年举行首次多党制大选,2011年成立民选政府。2021年,军方以选举舞弊为由再次接管政权,宣布紧急状态,并组建国家管理委员会(SAC)。2022年2月1日,紧急状态延长至2024年2月。

(二)人口状况

2022年,缅甸人口总数为5 417.93万人,比上年增长了38.12万人,人口增长率为0.71%;与2011年人口数据相比,缅甸人口数量增长了438.5万人。2022年,缅甸65岁及以上人口占比为6.8%,尚未步入老龄化社会。从性别上看,女性人口略多于男性,2022年缅甸男性人口占比为49.8%,人口数量为2 696.2万人;女性占比为50.2%,人口数量为2 721.7万人。从城镇化进程来看,2022年缅甸城镇化率为31.8%,城镇人口为1 721.3万人,比上年增长了29.5万人,相比2011年增长了273.5万人;农村人口数量为3 696.6万人,占总人口比重为68.2%(见图9—1、图9—2)。

(三)地理环境

缅甸位于亚洲东南部、中南半岛西部,国土总面积约为67.7万平方公里,比我国的青海省略小一些。缅甸的北部和东北部同中国西藏自治区和云南省交界,中缅国境线长约2 185公里,其中滇缅段为1 997公里。缅甸东部与老挝和泰国毗邻,缅泰、缅老国境线长分别为1 799公里和238公里。缅甸的南部和西南部濒临印度洋,其海岸线总长2 655公里。从地图上看,缅甸的形状就像一颗钻石,从南到北长约2 090公里,东西最宽处约925公里。

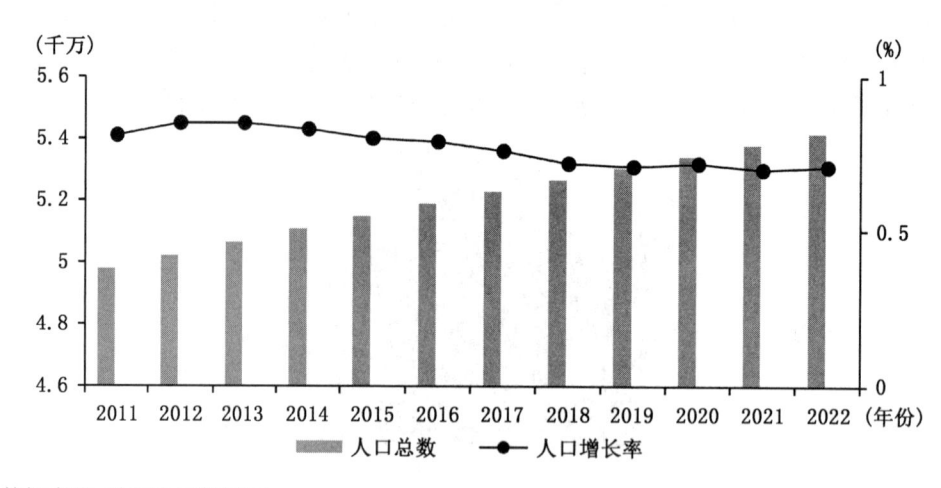

数据来源：世界银行数据库。

图 9－1　缅甸人口规模及增长情况

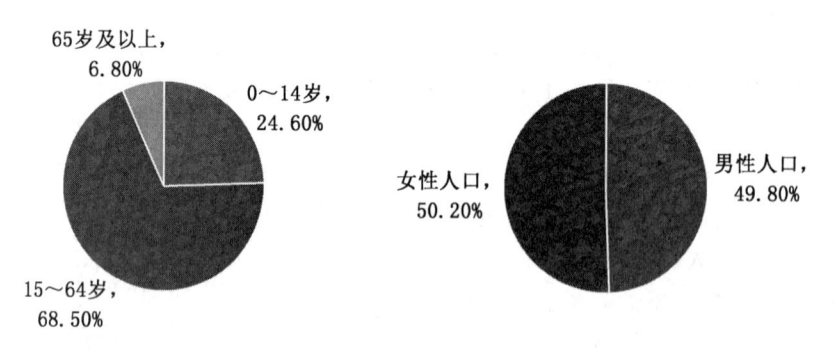

数据来源：世界银行数据库。

图 9－2　2022 年缅甸人口结构

缅甸地势北高南低。北、西、东为山脉环绕。北部为高山区，西部有那加丘陵和若开山脉，东部为掸邦高原。靠近中国边境的开卡博峰海拔 5 881 米，为缅甸最高峰。西部山地和东部高原间为伊洛瓦底江冲积平原，地势低平。

缅甸沿海地区属于热带季风气候，北部属于季风型亚热带森林气候。环绕缅甸东、北、西三面的群山和高原宛如一道道屏障，阻挡了冬季亚洲大陆寒冷空气的南下，而南部由于没有山脉的阻挡，来自印度洋的暖湿气流可畅通无阻。缅甸全年气温变化不大，最冷月（1 月）的平均气温为 20℃～25℃，最热月（4—5 月间）的平均气温为 25℃～30℃。各地气温差别也不大。缅甸雨量丰沛，降雨多集中在西南季风盛行的 6 月、7 月、8 月三个月。

（四）资源禀赋

缅甸主要自然资源有矿产资源、林业资源、水利资源、渔业和海洋资源。

1. 矿产资源

缅甸矿产资源分为能源矿产和金属矿产。能源矿产方面，缅甸石油与天然气资源主要分布在中部和沿海地区，石油开采有百余年历史。1853 年，仁安羌油田的石油开始向欧洲出口。根据亚洲开发银行能源评估报告，缅甸共有 104 个油气开采区块，其中内陆开采区块 53 个，近海开采区块51个。近年来，中石油、Woodside等公司在缅甸探井开发天然气。

金属矿产方面，缅甸东部掸邦—德林达依高地集中分布着如铅、锌、银、锡、钨、锑、宝石和玉石等矿产，其中有著名的包德温(Bawdwin)铅锌银矿("二战"前为世界最大的有色多金属矿)、汉因基(Hermyingyi)钨锡矿("一战"前为世界最大的钨锡脉状矿床)、茂奇(Mawchi)钨锡矿("二战"前为世界最大的钨锡脉状矿床)，以及抹谷—孟密(Mogok-Momeik)地区的红宝石、玉石。缅甸中部主要有铜、金、石油、天然气和煤矿的分布，如蒙育瓦(Monywa)铜矿、皎帕托(Kyaukphato)金矿、曼德勒省土因东油气田、勃固省沙廉油田、伊洛瓦底省宫达尼村油气田、实皆省葛里瓦(Kalewa)煤矿、达贡山镍矿等。缅甸西部那加—若开(Naga-Arakan)山区有铬、镍的分布，如姆韦当(Mwetaung)铬、镍矿等。由于缅甸缺乏地质勘查能力，因此对矿藏储量及分布尚无精确统计数据，可能还有其他未知矿藏。

2. 林业资源

据2022年《缅甸统计年鉴》，缅甸森林覆盖率为42.19%，居东南亚之首，主要分布在北、西、南部。中部勃固山脉是柚木的主要产区，储量世界领先。缅甸林业种类约2 300种，其中乔木1 200余种，质地坚固，耐腐蚀，膨胀和收缩系数极小，花纹美观，可用其造船、建桥梁、码头、房屋、制家具等。除柚木外，缅甸还盛产檀木、鸡翅、铁力、酸枝木、花梨木等各种硬木和名贵木材。此外，缅甸还有丰富的竹类和藤木资源。竹类品种约97种，竹林面积约9 630平方公里，主要分布在若开、缅甸中部地区；藤木约32种，主要分布在克钦、掸邦，有水藤、红藤，只有小部分出口。2014年4月开始，缅甸政府禁止原木出口。缅甸民盟政府注重林业资源保护，2017年11月底，缅甸国家投资委员会暂停审批使用原始森林木材作原料的加工厂项目。

3. 水利资源

缅甸国内河流密布，主要河流有伊洛瓦底江、萨尔温江、钦敦江、锡当河和湄公河，支流遍布全国。其中伊洛瓦底江、萨尔温江和湄公河均发源于中国。伊洛瓦底江是缅甸第一大河，流域面积43万平方公里，水量充沛，水流平缓，从北向南依次流经克钦邦、曼德勒和仰光等6个省份，最后从仰光注入印度洋，全长2 200公里，总落差4 768米，全河平均比降为2.1‰，入海口平均流量为13 600立方米/秒。萨尔温江为缅甸第二大河，由云南潞西出境进入缅甸，在缅境内1 660公里，流域面积约20.5万平方公里，经过掸邦、克耶邦、克伦邦和孟邦，最后由莫塔马湾归入印度洋。湄公河由西双版纳进入缅甸，主要流经缅甸掸邦与老挝、泰国的边境线。

4. 渔业和海洋资源

缅甸海岸线漫长，内陆湖泊众多，渔业资源丰富，因受资金、技术、捕捞、加工、养殖水平等条件限制，对外合作开发潜力大。缅甸海岸线长3 200公里，专属经济区48.6万平方公里，适宜捕捞海域约22.5万平方公里。缅甸沿海有鱼虾500多种，其中具有经济价值的有105种。例如，石斑鱼、鲳鱼、龙虾、黄鱼、带鱼、鲨鱼、比目鱼、鲥鱼、虎虾、琵琶虾、南美白对虾等。此外，820万公顷的内陆江湖内也有大量淡水鱼虾蟹，如巴沙鱼。缅甸水产档次高、品质优，适宜海水、淡水养殖。

二、经济环境

(一)经济水平

在"新冠"疫情前，缅甸经济保持较高增速，但2021年因政局变化和疫情影响出现下行，2022年开始逐步恢复。根据缅甸政府统计数据，2021/22财年中农业、工业和服务业分别占GDP的25.79%、34.85%和39.36%。《2023—2024财年国家计划法》预计各领域的增长率分别为:农业2.5%、畜牧业2.1%、林业15.9%、能源12.8%、矿业17%、工业4.8%、电力8.8%、建筑业3.4%、交通运输7.3%、通信6.6%、金融2.9%、社会与管理3.4%、其他服务业6.7%、贸易4.6%(见图9—3、图9—4)。

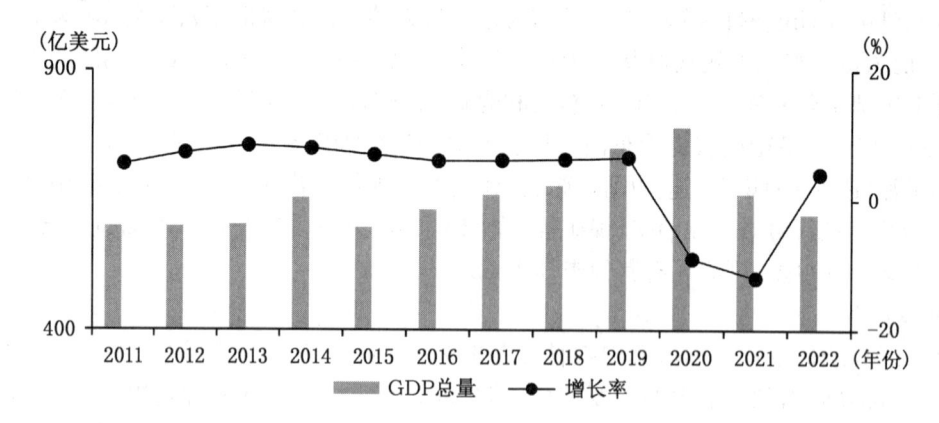

数据来源:世界银行数据库。

图9—3 2011—2022年缅甸GDP总量及增长情况

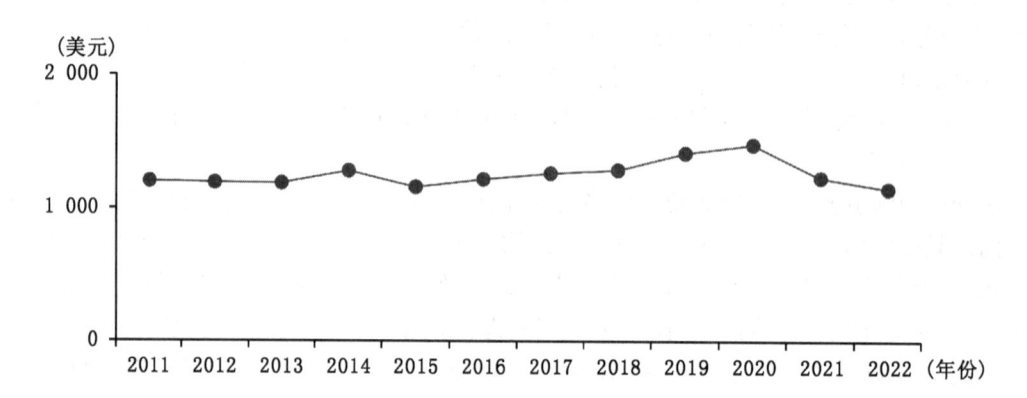

数据来源:世界银行数据库。

图9—4 2011—2022年缅甸人均GDP

2020/21财年,缅甸预算收入为17.51万亿缅币,支出为25.69万亿缅币,财政赤字达8.18万亿缅币。CPI涨幅为18.3%,失业率为0.5%。

缅甸外债余额为121亿美元,内债为39.89万亿缅币,2021年外汇储备为66亿美元。穆迪、标普和惠誉等金融机构尚未对缅甸进行主权债务评级。欧盟、中国、印度等在G20缓债倡议下,同意缅甸暂缓2020年5月1日至12月31日期间的主权债务本息偿付。

(二)产业状况

近年来,缅甸经济发展成绩显著。第一产业农业占GDP的比重逐年下降,从2011年的34.51%下降到2022年的20.3%。农业在缅甸经济中所占的比例逐渐减少。第二产业工业占GDP的比重在2011年至2021年间呈现出逐年上升的趋势,从2011年的29.06%增长到2021年的41.11%,但在2022年回落至38.59%。工业化进程显著加快。第三产业服务业占GDP的比重总体上也在逐步上升,从2011年的36.43%增加到2021年的41.51%,但2022年略有下降至38.59%。服务业的持续增长表明,缅甸在交通、通信、旅游等服务领域的发展也在稳步推进(见图9-5)。

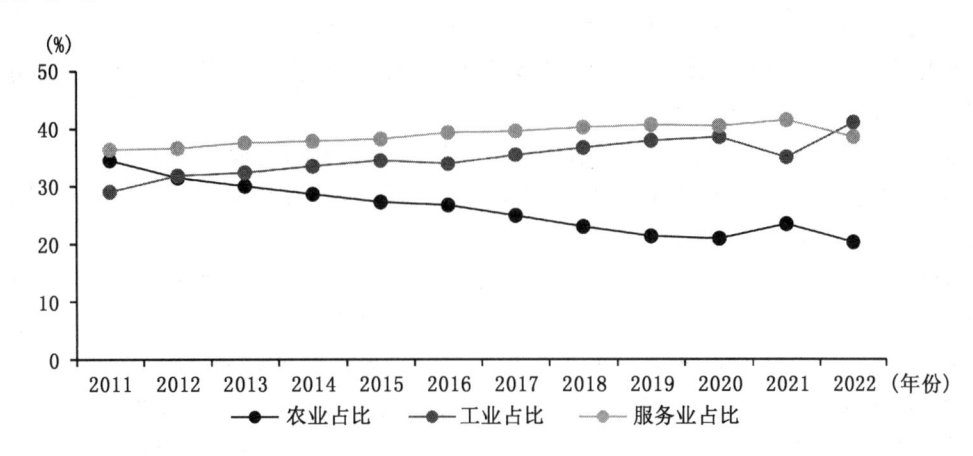

数据来源:世界银行数据库。

图9-5　2011—2022年缅甸三大产业占GDP比重

1. 农业

农业是缅甸国民经济基础,也是缅甸优先发展的重要产业之一。约有70%的人口以农业畜牧业为生。缅甸主要农作物有水稻、小麦、玉米、花生、芝麻、棉花、豆类、甘蔗、油棕、烟草和黄麻等。农产品是缅甸的主要创汇产品,主要出口稻米、玉米、豆类和橡胶。缅甸适耕土地面积1 800万公顷,保护林地1 791万公顷,其他林地1 563万公顷,其他用地1 647万公顷,农业发展潜力巨大。缅甸目前种植面积1 200多万公顷,尚有600万公顷土地待开发。

缅甸每年播种水稻690万公顷,年产稻米约1 500万吨;豆类389万公顷,年产约500万吨;玉米485万公顷,年产约350万吨;橡胶65万公顷,年产30万吨;油料作物335万公顷,年产约40万吨食用油;棉花18万公顷,年产约10万吨;咖啡2万公顷。2022/23财年大米和碎米出口226万吨;豆类出口190多万吨;橡胶出口20万吨;2022年9月至2023年5月,9个月出口玉米约170万吨。

缅甸拥有2 655公里海岸线,捕捞水域专属经济区达48.6万平方公里,内陆水域约8.1万平方公里。缅甸主要渔业为水产养殖、租赁渔业、开放渔业和海洋渔业,有20多种鱼类出口,包括银鳕鱼、南亚野鲮、鲶鱼和鲈鱼等。2022/23财年,水产品出口收入7.66亿美元。

畜牧业在缅甸农业中占有很重要的比例,并以家庭饲养为主。缅甸主要养殖的牲畜和禽类为鸡、鸭、猪、牛、山羊、水牛、鹅、绵羊。其中,鸡鸭年养殖量达3亿多只,牛和水牛2 000多万头。缅甸支持以农牧业为基础的中小微企业,国家经济促进基金为中小微企业的发展提供贷款。

缅甸每年化肥缺口120万吨左右,农药、高质量种子需求量较大。

2. 工业

目前,缅甸有505家制衣厂、48家鞋厂、8家假发厂及177多家箱包、运动服和袜子等加工厂,在350家来料加工制衣厂中,仅有200多家在运营。2022/23财年前9个月,缅甸成衣出口额为40亿美元。

缅甸加工制造业基础薄弱,本地现有厂商多属小型制造厂,集中在纺织、印染、碾米、木材加工、制糖、造纸、化肥和制药等行业,产品主要供当地市场消费。

机械方面,农业机械设备、塑胶机器设备、小型木材加工是缅甸市场的主流。因气候原因,缅甸农作物收获后保存难度较大,因此,谷物干燥机械设备需求旺盛。缅甸农业机械化程度低,需求多以小型农机为主,包括小型拖拉机、小型耕整机、割晒谷机、脱粒机等。

能源结构方面,根据世界银行《缅甸能源基础设施监测报告》,缅甸能源结构占比分别为:生物质能占53%、石油34%、电力8%、天然气3%和煤炭2%。

电力方面,《2021年缅甸年鉴》显示,2019/20财年缅甸电力行业产值为1.9万亿缅币,对GDP贡献率为1.69%。1988/89财年至2022/23财年,外资在缅电力领域投资超过261.67亿美元,占缅甸吸收外资总额的28.26%,居首位。

石油和天然气方面,根据《2021年缅甸年鉴》,2019/20财年缅甸油气行业产值为4.27万亿缅币,对GDP贡献率为3.78%。2021年由于缅甸政局变化,在缅甸从事石油和天然气项目的法国道达尔、美国雪佛龙、澳大利亚伍德赛德、马来西亚石油公司和日本三菱相继宣布出让股份撤出缅甸市场。之后,欧盟对缅甸国家石油天然气公司(MOGE)采取经济制裁。缅甸计财部数据显示,2021年缅甸天然气出口创汇31.51亿美元。1988/89财年至2022/23财年,缅石油和天然气领域吸收外资超过227.73亿美元,占外资总额的24.59%。2022/23财年,缅甸天然气出口额近40亿美元。

3. 服务业

近年来,缅甸交通通信业发展较快,2018/19财年交通行业产值(现价)11.84万亿缅币,同比增长13.5%,GDP占比11.2%,同比下降0.1个百分点。通信行业产值(现价)2.08万亿缅币,同比增长12%,GDP占比2.0%,同比持平。2018年,越南军队电信集团通过与缅甸当地企业合资,进军缅甸电信市场,成为继MPT、Ooredoo和Telenor之后,缅甸第四家电信运营商。缅甸通信业实现从2G到4G的跳跃式发展后,继续保持高市场化、高竞争度的蓬勃发展态势。2021年政局发生变化后,Mytel、Ooredoo陆续出售业务,退出缅甸市场。截至2023年3月31日,外国企业在缅甸交通通信领域投资额113.45亿美元,占外商在缅甸投资总额的12.25%。

缅甸风景优美、名胜古迹众多,主要景点有世界闻名的仰光大金塔、文化古都曼德勒、万塔之城蒲甘、茵莱湖水上村庄以及额布里海滩等。缅甸政府大力发展旅游业,积极吸引外资,建设旅游设施。受疫情和局势变化影响,著名的仰光喜多娜酒店、香格里拉—苏雷酒店已关闭,目前仰光有茵雅湖、乐天、Malia Yangon、Chatrium、温德姆等酒店;内比都有地平线、MGallery、Jasmine、希尔顿等酒店;曼德勒有Mingalar、Rupar Mandalay、曼德勒山度假酒店等;蒲甘有丹岱饭店、蒲甘饭店等。

缅甸政府将旅游业作为促进经济增长的重点产业,积极采取措施改善旅游基础设施,放开落地签。2022年5月,缅甸重新开放旅游电子签证,旅游业逐步复苏,2022年旅客人数为23.35万人次,但外国游客数量不多。据缅甸饭店与旅游部统计,2023年1—6月,通过航空和海运入境外国游客16.59万人次。蒲甘接待游客116万人次,多数为国内游客。据缅甸投资与公司管理局数据,截至2023年3月31日,外国企业在缅甸酒店旅游领域投资额32.84亿美元,占外商在缅甸投资的3.55%。

4. 数字经济产业

在数字经济与实体经济逐渐融合的大趋势下,缅甸也不可避免地参与其中。但缅甸在东南亚国家中属于数字经济发展起步较晚的国家之一,缅甸数字经济基础设施条件先天不足,电子商务、互联网金融等数字化服务发展水平偏低,发展速度较为缓慢。缅甸数字经济计划发展缓慢,在全球经济体中数字经济发展指数排名最低。

（三）金融情况

1. 货币与外汇管理

缅甸法定货币 Kyat(缅币)，面额主要有 10 000、5 000、1 000、500、200、100、50 等，可自由兑换。2023 年 8 月 1 日，当局发行面额为 20 000 的纪念钞，每人最多只能兑换 3 张。

2021 年以来，缅币持续贬值。2021 年 8 月，缅甸央行取消了 2018 年 8 月以来实行的浮动汇率制，每日在其网站公布官方汇率，外汇交易实际成交汇率只可在官方指定汇率上下浮动0.8%。2022 年 8 月，缅甸央行将美元兑缅币指导价从 1∶1 850 调整为 1∶2 100，该指导汇率自 8 月 8 日起执行。汇率浮动进一步收窄到 0.3%。截至 2023 年 6 月 30 日，缅甸中央银行指定汇率仍为 1 美元兑 2 100 缅币，但外汇市场价格已超过 1 美元兑 3 000 缅币(见表 9—1)。

表 9—1 　　　　　　　　　　2018—2023 年美元兑缅币汇率变化情况

年份	1月	4月	7月	10月
2018	1 337	1 308	1 388	1 506
2019	1 525	1 505	1 504	1 534
2020	1 464	1 405	1 363	1 278
2021	1 331	1 536	1 645	1 927
2023	2 100	2 100		

注：2021 年以前为各季度首个工作日汇率，2021 年后为各季度首月平均汇率。

资料来源：缅甸中央银行。

2. 银行

缅甸的银行体系由中央银行、国营商业银行、私营商业银行和外资银行等多种金融组织构成，主要相关法律包括《缅甸中央银行法》和《金融机构法》。缅甸中央银行是缅甸唯一的货币发行机构，负责监管金融组织。缅甸的主要银行有：缅甸经济银行，负责接受存款和发放贷款；缅甸投资与商业银行，服务于国内外投资，但于 2023 年被美国制裁；缅甸外贸银行，管理外贸相关业务，也在 2023 年被美国制裁；缅甸农业发展银行，支持农业企业，提供贷款和储蓄服务。私人银行如 KBZ 银行和伊洛瓦底银行等已成为缅甸经济金融体系的重要力量。根据缅甸《微金融商业法》，小额贷款公司为中小企业提供融资，其监管机构为金融监管局。缅甸政府允许外国银行在缅设立分行和办事处，这促进了缅甸经济金融的现代化。

3. 证券股票

2016 年 3 月 25 日，缅甸首家证券交易所——仰光证券交易所(YSX)正式开盘交易，截至 2023 年 8 月共有 8 家上市公司，有缅甸第一投资公司(FMI)、缅甸迪洛瓦经济特区股份公司(MTSH)、缅甸国民银行(MCB)、第一私人银行(FPB)、TMH 电信公众有限公司(TMH)和 Ever Flow River 集团(EFR)等。YSX 开市以来交易持续低迷，仅在第一个月指数高于初始水平(1000)，此后指数一路下跌，2020 年 5 月指数在 470 点附近。交易方面，除开市第 1 个月，日交易量基本在 5 万股以下水平波动，日均交易额不足 50 万元人民币。2022/23 财年(2022.4—2023.3)，7 家上市公司共交易股票 175 万股，交易额 75 亿缅币，市场投资额达 6 434.7 亿缅币。截至 2022/23 财年，仰交所投资人已达 4.528 4 万。

缅甸证券交易所运营商为仰光证券交易合资公司，该公司 51% 的股份属于缅财政部下属的缅甸经济银行，该交易所由日本交易所集团和大和证券集团两家日本公司出资协助缅甸建立(日本大和证券占股30.25%,日本交易所占股18.75%)。日本政府金融厅协助缅甸成立证券监督管理机构。随着缅甸新《公司法》的生效(在新《公司法》下,外资直接或间接拥有或控制的所有者权益不高于35%的公司都可被视为本地公司),外资可参与到证券交易中。

4. 保险

缅甸保险公司是缅甸唯一的国营保险机构,可提供人寿、航空、工程、石油天然气、伤残、旅游等30余种保险。缅甸保险公司总部位于仰光,在全国各省邦建有39个分支机构。

目前,除国营保险公司外,缅甸计划与财政部还批准开设了12家私营保险公司,主要经营范围大体类似,主要以财险为主,个人寿险业务刚刚起步,业务种类较少且保障程度较低,公众购买保险意愿不足。2019年4月,缅甸批准了5家外国保险公司在缅甸开展业务。2019年11月28日,缅甸正式向11家外资或合资保险公司颁发了经营牌照,其中包括5家外资保险公司、6家由本地保险公司与外国公司合作成立的合资保险公司。

5. 融资渠道

自2020年"新冠"疫情暴发以来,缅甸中央银行调整了缅币基准利率和存贷款利率,基准利率为7%,存款利率下限为5%,有担保贷款利率上限为10%,无担保贷款为14.5%,农业贷款利率为5%,小额个人贷款利率为28%。当地银行对外币存款不付息,外资银行对缅币存款不付息,但可自由确定外币存款利率。缅甸中央银行规定的抵押品包括土地、建筑物、黄金等。外资企业在当地可以向本地银行和外资银行分行申请贷款,贷款币种主要为缅币和美元。融资方式包括资产抵押、保函、备用信用证等。中国工商银行仰光分行和中银香港仰光分行可以为符合要求的客户提供保函转开业务。主要融资渠道为商业银行直接融资、内保外贷、项目融资和国际市场融资等。中资金融机构在缅甸积极践行绿色金融理念,支持绿色低碳产业,重点关注清洁能源、绿色交通和节能环保等领域。

(四)外贸情况

1. 进出口情况

缅甸商务部数据显示,2022/23财年,缅甸对外货物贸易总额为339.73亿美元,其中,出口额为166.2亿美元,进口额为173.53亿美元(见表9—2)。

缅甸为促进出口贸易发展制定了《国家出口战略(2020—2025)》,优先鼓励出口的领域包括以农产品为基础的食品加工、布匹和服装、工业和电器、水产、林产、数字产品和服务、运输服务、质量管理、贸易信息服务、发明创新等领域。

表9—2　　　　　　　　缅甸近五财年进出口总额　　　　　　　　单位:亿美元

财年	2017/18	2018/19	2019/20	2020/21	2021/22	2022/23
进出口总额	335.78	351.47	367.32	300.12	162.73	339.73

资料来源:缅甸商务部。

在过去几十年里,缅甸对外贸易主要用美元、英镑、瑞士法郎、日元以及欧元进行结算。2019年1月30日,缅甸中央银行发布2019年第4号令,批准增加人民币为官方结算货币。2021年10月,缅甸宣布允许境内持外币结算牌照、兑换牌照的银行和非银行货币兑换机构兑换人民币。2021年12月,缅甸将人民币纳入合法结算货币,中缅边贸直接使用人民币和缅元进行结算,有助于降低双方企业交易成本,促进两国贸易往来。

缅甸主要贸易伙伴包括东盟成员国、东亚国家,同时也与部分欧洲国家和非洲国家开展贸易,与邻国的贸易占缅甸外贸总额的90%。缅甸中央统计局最新数据显示,2022/23财年中国为缅甸第一大贸易伙伴,位居前五位的贸易伙伴依次为中国、泰国、新加坡、日本和印度(见表9—3)。

表9—3　　　　　　　缅甸2022/23财年与主要贸易伙伴贸易额　　　　　　单位:亿美元

国家	出口额	进口额	进出口总额
中国	54.47	38.33	92.80
泰国	36.85	23.14	59.99
新加坡	1.97	44.34	46.31
日本	12.19	3.00	15.20
印度	8.20	5.43	13.63

资料来源:缅甸商务部。

缅甸主要出口农产品、畜牧产品、林产品、矿产、海产品、制成品等,包括天然气、大米、玉米、各种豆类、橡胶、木材、珍珠、宝石等商品;主要进口生产资料、工业原料、消费品,诸如日用消费品、电子设备、汽车和汽车配件,以及中间产品等。

缅甸通过木姐、雷基、甘拜地、清水河、景栋、德穆、里德、实兑、孟都、大其力、妙瓦迪、高当、丹老、提基、茂当和眉色16个边境贸易点,与中国、印度、孟加拉国和泰国等邻国开展边境贸易。其中,坐落在中缅边境的木姐口岸是缅甸最大的边境贸易点。

2. 投资情况

据缅甸投资与公司管理局数据,从1988/89财年至2023/24财年5月底,缅甸共吸引外资948亿美元,其中能源领域吸引外资261.67亿美元,约占总外资的28%,位居首位。其他领域吸引外资情况,石油与天然气227.73亿美元、制造业133.24亿美元、交通与通信业113.45亿美元、房地产65.92亿美元、酒店与旅游业32.84亿美元、采矿业29.13亿美元、畜牧与渔业9.46亿美元、工业区7.82亿美元、农业4.46亿美元、建筑业1.03亿美元、其他领域40.92亿美元。依照经济特区法,迪洛瓦经济特区共批准外资21.91亿美元。排名前五位投资来源地为新加坡、中国内地、泰国、中国香港、英国。

3. 中缅贸易关系

2001年12月12日,中缅双方签署《中华人民共和国政府和缅甸联邦政府关于鼓励促进和保护投资协定》,明确规定了给予彼此国家投资者最惠国待遇、国民待遇及例外、征收、损害及损失补偿等内容。此外,缅甸作为东盟成员国,享有中国—东盟自贸区协定框架下的权利和义务。2002年11月,中国和东盟十国共同签署《中国—东盟全面经济合作框架协议》。2010年1月1日中国—东盟自由贸易区(CAFTA)正式全面启动,成为一个涵盖11个国家、19亿人口、GDP达6万亿美元的发展中国家间最大的自贸区,东盟和中国的贸易占到世界贸易的13%,自贸区内7 000种产品取消关税,90%以上商品实现零关税。

2020年1月18日,中国国家主席习近平对缅甸进行国事访问期间,中缅双方签署并交换了《中华人民共和国商务部与缅甸联邦共和国商务部关于成立中缅贸易畅通工作组的谅解备忘录》,明确工作组主要职责包括协调解决推进两国贸易畅通中的突出困难和问题,拓展双边贸易规模,支持互相开展贸易促进活动,及时磋商双边贸易领域重点关注、妥善处理贸易摩擦等。

据中国海关统计,2022年中缅双边货物贸易额达251.46亿美元,同比增长35.05%,其中，中国对缅甸出口额 136.84 亿美元，同比增长 30.35%；从缅甸进口额 114.62 亿美元，同比增长 41.12%。2022 年，中国是缅甸第一大贸易伙伴、第一大出口市场和第一大进口来源地（见表 9-4）。

表 9-4　　　　　　　　2017—2022 年中缅双边货物贸易情况　　　　　　　　单位：亿美元

年份	贸易总额	同比(%)	中国进口	同比(%)	中国出口	同比(%)
2017	135.4	10.2	45.3	10.5	90.1	10.0
2018	152.4	13.1	46.9	3.6	105.5	17.9
2019	187.0	22.8	63.9	36.4	123.1	16.7
2020	188.9	1.0	63.4	−0.7	125.5	1.9
2021	186.2	−1.5	80.8	27.3	105.4	−16.0
2022	251.5	35.1	114.6	41.1	136.8	30.4

资料来源：中国海关总署。

中国对缅甸主要出口成套设备和机电产品、纺织品、摩托车配件和化工产品等，从缅甸主要进口农产品和矿产品等。

据缅甸投资与公司管理局统计，2022/23 财年，共批准中国投资 1.21 亿美元，截至 2023 年 7 月底，中国对缅投资总额为 218.67 亿美元，占缅外资的 23.43%。

目前，中资企业在缅投资主要集中在电力能源、矿业资源及纺织制衣等加工制造业等领域，投资项目主要采用 BOT、PPP 或产品分成合同（PSC）的方式运营。主要项目包括中缅油气管道、达贡山镍矿、蒙育瓦铜矿、瑞丽江一级水电站、太平江一级水电站、小其培水电站、迪吉燃煤电站、仰光达吉达燃气电站、皎漂燃气电站、阿隆燃气电站、海螺水泥、曼德勒光伏电站等。

课外阅读

中缅新通道（重庆—临沧—缅甸）国际班列首发

中缅新通道（重庆—临沧—缅甸）国际铁路班列 2022 年 5 月 23 日在重庆两江新区果园港国家物流枢纽成功首发，15 天后将抵达缅甸曼德勒，标志着重庆与东盟国家经贸往来增加了一条新路线。

该班列满载光伏设备，运行线路为"重庆果园港—云南临沧—孟定清水河—缅甸曼德勒"。重庆市人民政府口岸和物流办公室副主任胡红兵接受采访时表示，该班列的开行，有利于重庆与东盟，尤其是《区域全面经济伙伴关系协定》（RCEP）成员国互联互通。

目前，长江黄金水道、西部陆海新通道、中欧班列（成渝）通道等重庆出海出境大通道在果园港实现了无缝贯通。

依托这条新通道，重庆及周边地区出口货物可以经缅甸出海口，直接进入印度洋，进而联通欧洲、非洲、中东及南亚各国，大幅缩短运输距离和运输时间，极大优化中国内陆地区出海的国际物流模式及路线。

南亚未来投资集团在缅甸投资已有近 30 年历史。其董事长张军说，此次班列开通后，重庆到缅甸的货物通行时间将缩短 20 天左右，物流成本也会随之降低近 20%，促进两地的经贸

视频资料

往来。

资料来源：人民网。

三、法律环境

（一）贸易法规

缅甸的贸易主管部门是缅甸商务部，负责批准和颁发进出口营业执照、签发进出口许可证、管理国内外展览会、办理边境贸易许可、研究缅甸对外经济贸易问题、制定和颁布各种法令法规等。商务部下设部长办、贸易司、消费者事务司、贸易促进局和专利司。缅甸私营企业从事对外贸易须向进出口贸易注册办公室申领进出口许可证，并在国家政策许可范围内自由从事对外贸易活动。自2020年11月起，缅甸启用Myanmar Tradenet 2.0系统，进出口商可在系统上完成进出口许可申请、费用支付等相关业务。

缅甸与贸易管理相关的现行法律和规定包括：《缅甸联邦进出口贸易法》(2012年)、《缅甸联邦贸易部关于进出口商必须遵守和了解的有关规定》(1989年)、《缅甸联邦关于边境贸易的规定》(1991年)、《缅甸联邦进出口贸易实施细则》(1992年)、《缅甸联邦进出口贸易修正法》(1992年)、《重要商品服务法》(2012年)、《竞争法》(2015年)、《竞争法实施细则》(2017年)、《消费者保护法》(2019年)、《进口保护法》(2020年)、《破产法》(2020年)。

自1988年以来，缅甸开始实行市场经济，允许私人从事对外贸易，对外贸易实行许可证管理制度。1989年3月31日，政府颁布《国营企业法》，宣布实行市场经济，并逐步对外开放。军政府放宽了对外贸的限制，允许外商投资，农民可自由经营农产品，私人可经营进出口贸易，并开放了同邻国的边境贸易。

2020年2月，缅甸发布2020—2025年第二个五年国家出口战略(NES)，将宝石和珠宝、基础农产品、纺织服装、机械电器设备、林渔业以及数字产品6个行业列为优先行业。五个服务行业——数字产品、物流、质量控制、贸易信息以及创新创业也将获得支持。

2020年8月17日，缅甸商务部根据缅甸进出口法规更新禁止出口物品清单。钻石、原油、象牙、大象、马匹、珍稀动物、武器弹药和文物古董被列为禁止出口物品。自2020年11月16日起，缅甸禁止进出口大宗黄金。根据相关法律规定，大宗黄金贸易是指2亿缅币(约15万美元)以上、2缅斤(约3 333克)以上；5 000万~2亿缅币为中型贸易；5 000万缅币以下为小宗贸易。缅甸为促进国家黄金出口合法化、合法收取税收、使黄金市场合法化，自2018年1月22日开始允许缅甸国民合法经营黄金进出口。

2017年6月12日，缅甸商务部发布公告，允许外资企业从事化肥、种子、农药、医疗设备和建材5类商品的贸易。2020年3月6日，缅甸正式加入东盟单一窗口系统，在东盟区域内以电子化方式交换原产地证书，以减少纸面文书工作。2020年3月16日，为减少"新冠"疫情对经济的影响、保持就业率和维持工厂正常运营，缅甸政府宣布免除本年度2%的出口预付税、减免其他税收和降低银行贷款利率。自2020年4月1日起，91种进口商品和73种出口商品可通过网站申请进出口许可证。

（二）外国投资法规

缅甸投资与对外经济关系部是缅投资主管部门，下设投资与公司管理局，负责公司设立及变更登记、投资咨询及报批、对投资项目的监督等日常事务。缅甸投资委员会(Myanmar Investment Commission)是由相关经济部门领导组成的投资审批机构。为提高外商在缅投资注册效率，缅甸于2013年在仰光、2014年在曼德勒和内比都开设国内外投资注册等业务的一站式窗口（OSS）。

目前在缅投资主要适用的法律包括《缅甸投资法》(2016)、《缅甸投资法实施细则》(2017)、《缅甸经济特区法》(2014)、《缅甸经济特区法实施细则》(2015)等。

缅甸对不同地区的投资项目给予不同免税待遇。《缅甸投资法》第75条将欠发达地区指定为"一类区域"，位于一类区域的投资享受至多连续7年的企业所得税豁免待遇；一般发达地区指定为"二类区域"，位于二类区域的投资享受至多连续5年的企业所得税豁免待遇；发达地区指定为"三类区域"，位于三类区域的投资享受至多连续3年的企业所得税豁免待遇。

一类地区包括13个省邦的160余个镇区；二类地区包括11个省邦的122个镇区；三类地区包括曼德勒省的14个镇区和仰光省的32个镇区。

《缅甸公司法》规定外资持股比例不超过35%的公司为缅甸当地公司，享有当地公司同等待遇。

2017年4月1日，缅甸投资委员会发布2017年第13号通知《鼓励投资行业分类》，根据清单共计20类行业被列为缅甸鼓励行业。工业区或工业园区，新的市区，公路、桥梁、铁路线，海港、河港、无水港的建设，发电、输电和配电等属于鼓励行业。鼓励清单范围内的行业，可以享受所得税的减免优惠。

2022年以来，投资委尤其欢迎国内外商人对电动汽车、医药、化肥、水泥、钢铁、农畜水产养殖及相关产业、食品加工以及公共交通8个领域的投资，对这几类投资申请给予优先审批。

（三）税收制度与法规

缅甸财政税收体系包括对国内产品和公共消费征税、对收入和所有权征税、关税、对国有财产使用权征税4个主要项目下的15个税种，主要由缅甸国家税务局管理。

居民企业需就其全球所得缴纳企业所得税，税率为25%。非居民企业仅需就其在缅甸境内的所得缴纳企业所得税，税率同样为25%。企业可以在年度税前扣除项后计算所得税，且可以将亏损结转至最多三年。此外，对于出租不动产所得，税率为10%。

投资项目若符合《缅甸投资法》中的"鼓励类投资行业"，可根据项目所在地区的发展程度获得3至7年不等的所得税免税期。此外，项目建设期内的进口材料和设备免征2%的进口环节预提所得税。

缅甸目前与多个国家签订了避免双重征税协定（DTA），纳税人若要享受DTA下的税收优惠，须在财年结束前向缅甸国税局提出书面申请。

根据缅甸的个人所得税法规定，居民纳税人包括缅甸公民和在一个纳税年度内在缅甸累计居留超过183天的外国人。居民纳税人须就其全球范围内的收入缴纳个人所得税，按照0至25%的超额累进税率计算，扣除法定税前扣除项目后缴纳。非居民纳税人仅就其在缅甸境内的所得缴纳个人所得税，同样适用上述税率，但不得进行税前扣除。

根据《2020年缅甸联邦税法》，年收入在200万缅币以下的个人无须缴纳个人所得税。对于未能证明来源的收入，若用于购买、建造或取得资产，或者新设企业或从事经营，须按照特定的税率缴纳所得税。

根据缅甸的预提所得税规定（自2018年7月1日起），向境外实体或个人支付款项时须按以下税率代扣代缴预提所得税：向居民纳税人支付的利息，0%；向非居民纳税人支付的利息，15%；使用授权、商标、版权的特许权使用费，10%；缅甸政府机关和国有企业支付的货物及服务对价，15%；除缅甸政府机关和国有企业外的其他主体支付的货物及服务对价，2.5%。此外，根据缅甸国税局发布的《2020年第2则通告》的规定，符合条件的SAS税务征管系统下的纳税人,在特定情况下无须向国税局提交资料申请以及扣缴预提税。

商业税,不同种类的商品和服务根据营业额适用不同的税率,例如大多数商品和服务为5%,房地产开发销售为3%,向国外出口电力为8%等。特殊商品税适用于香烟、烟草、烈酒等特定商品,税率根据商品种类而定。

资本利得税适用于通过资产转让获得的收益,税率为10%,但在石油和天然气上游领域投资的公司税率为40%~50%。印花税根据不同类型的契约文书征收,例如租赁合同和不动产转让等,税率从0.5%到6%不等。

关税则根据缅甸海关总署发布的关税细则执行。

(四)劳动就业法规

缅甸劳工法规定,雇主和员工在雇用之日起30日内须签订劳动合同,可分为有固定期限和无固定期限,试用期一般不超过3个月,合同签订后须备案。解除劳动合同须提前1个月通知,雇主提前解除固定期限合同须支付离职补偿,补偿金额依据员工在雇主处工作期限计算。工作条件包括每天工作8小时,每周48小时,工厂工人每周工作不超过44小时,但技术需要持续生产时可达48小时。加班须经员工同意,每周不超过12小时,特殊情况下不超过16小时,加班费为基本工资的1倍。工资形式包括计件、计时、日薪和月薪制,2018年起最低工资为每日4 800缅币。员工享有带薪年假、病假及产假,女性员工产前6周和产后8周的部分薪资由社保支付,双胞胎额外增加4周产假,男性员工若配偶参保可享有15天带薪陪产假。雇主必须参加社会保险,按员工工资的5%缴纳,其中雇主承担3%。

目前,缅甸政府正在起草《外国劳工法》,尚未出台外籍劳务可就业的岗位、市场需求等方面的规定。缅甸整体劳动力水平较低,初级劳动力供应充足,但是各类中高级技工较为缺乏。缅甸政府鼓励外国在缅投资企业引进管理和技术人员,指导缅甸当地员工提高技术水平,对于普通劳动岗位要求聘用当地劳工。目前,缅甸对公司的外籍劳工数量没有一般的限制。但是,特定行业对雇用外国工人会有限制。

外国人往返缅甸须持有效的旅游、商务或工作签证。入境缅甸后24小时内,应由入住酒店或房东协助向所在街区的行政办公室申请办理居留证(Form-C)。外国人赴缅甸工作主要须解决签证延期及居留许可等方面的问题。

外国人前往缅甸工作须持有效护照,并提前办理商务签证,需要缅甸政府有关部门或企业出具的邀请函。中国公民可在缅甸驻华使馆或驻昆明、南宁、成都总领馆办理商务签证,有效期为70天,可申请延期。持有商务或工作签证的外籍务工者如计划在缅停留超过90天,须尽快办理外国人注册证(FRC)及长期居留许可,并按时向镇区移民部门提交客居报告。自2022年8月起,缅甸加强对签证延期材料的审核,要求申请人以实际所在公司名义进行申请,严厉打击中介办理签证延期的行为。

(五)知识产权保护法律法规

缅甸的知识产权法涵盖商标、专利、工业设计和著作权等多个领域,各有其具体的法律框架和规定。商标注册遵循申请在先原则,即最先申请者优先获得商标权,有效期为10年,可以续展。此外,根据2023年4月生效的新《商标法》,所有旧有商标需要在新法生效后重新登记。

专利法同样采用申请在先原则,将专利分为发明专利和小型专利,前者须具备新颖性、创造性和实用性,有效期为20年;后者只需新颖性和实用性,有效期为10年。工业设计法也遵循申请在先原则,注册有效期为5年,可以续期2次,每次5年,总有效期不超过15年。

在著作权方面,缅甸的保护期限依据作品类型而异:文学作品的保护期为作者生前加50

年,声音和影像作品为发表后 50 年,实用艺术品为 25 年。需要注意的是,缅甸并非《伯尔尼公约》的缔约国,因此对外国人创作的作品保护有特定的规定,必须在缅甸首次发表或在其他国家发表后 30 天内在缅甸发表,方可受到著作权法保护。

在知识产权侵权方面,缅甸 2019 年颁布的相关法律为商标、工业设计、专利和著作权的侵权行为设定了详细的处罚措施。依法可处以不同年限的有期徒刑和罚款,其中新颁布的著作权法尤其提高了对侵权行为的处罚标准,最高可处以 100 万缅币罚款和 3 年有期徒刑;对于反复侵权的情况,处罚则可达到 10 年有期徒刑和 1 000 万缅币罚款。

(六)解决商务纠纷的途径与法规

缅甸于 2014 年设立了劳务纠纷仲裁理事会,并于 2019 年 1 月在全国工商联合会内设立了缅甸仲裁中心,专门处理国内外投资者之间的经济纠纷。根据《缅甸投资法实施细则》第 174 条,投资者可以根据合同约定或法律规定将纠纷提交诉讼或仲裁解决。尽管缅甸的法律体系在处理投资相关的民商、经济和行政事务方面存在法律缺失和规定过时的问题,大多数外国投资者倾向于通过协商方式解决投资纠纷,因为缅甸的诉讼程序耗时长、费用高昂。

缅甸的普通法院系统包括联邦最高法院、省邦高级法院、自治区域和区域法院以及镇区和其他法院,各级法院对于一审案件有相应的管辖权。然而,根据世界银行的 *Doing Business 2020* 数据,通过法院诉讼执行合同在缅甸平均需要 1 160 天,费用成本高达诉讼标的的 51.5%。为了提高效率和可预见性,许多投资者更倾向于选择仲裁作为解决商业纠纷的手段。

在国际商事仲裁方面,缅甸法律允许并鼓励国际仲裁,根据《缅甸仲裁法》第 32 条,仲裁可以根据当事人约定的法律进行裁决,或由仲裁庭自主决定适用的法律。缅甸作为《纽约公约》的成员国,通过 2016 年通过的《缅甸仲裁法》,进一步确保其仲裁制度与国际接轨。对于与缅甸政府签订的商事合同所产生的纠纷,投资者可以根据合同约定直接进行争议解决,同时须遵守《缅甸投资法》的友好解决程序要求。

(七)数字经济相关政策和法规

缅甸尚未制定有关数字经济的专门法律法规。目前,在缅甸进行数字经济有关投资须按照《缅甸投资法》有关规定进行注册和申请。

数字经济投资中属于《缅甸投资法》项下鼓励类投资的行业可申请所得税减免优惠,包括电信服务(光纤管道、电信和输电线路的安装、电信塔的建设、区域光纤管道相关业务)和信息技术服务(信息和技术基础设施服务、软件开发)等。

2023 年 6 月,缅商务部发布公告,依据《重要商品和服务法》相关规定,将在线销售业务确定为重要服务业,开设网店须向商务部申请办理注册证,违者将依法处理。

四、社会文化环境

缅甸文化深受佛教文化影响,缅甸多个民族的文字、文学艺术、音乐、舞蹈、绘画、雕塑、建筑以及风俗习惯等都留下佛教文化的烙印。缅甸独立后,始终维护民族文化传统,保护文化遗产。

(一)民族宗教

1. 民族

缅甸共有 135 个民族,主要有缅族(约占 65%)、掸族(约占 8.5%)、克伦族(约占 6.2%)、若开族(约占 5%)、孟族(约占 3%)、克钦族(约占 2.5%)、钦族(约占 2.2%)、克耶族(约占 0.4%)等。各少数民族均有自己的语言,其中缅、克钦、克伦、掸、孟等族有文字。

缅族在全缅各地均有分布，其中伊洛瓦底江中下游地区是缅族人口最集中的地区，其他少数民族主要分布于缅甸高原山区及缅甸各边沿地区。缅族在缅甸的历史上先后3次统一了缅甸，对于推动缅甸历史的发展起到了关键性的作用。缅族为缅甸政治、经济、文化、艺术、风俗习惯等方面发展做出了重要贡献，比其他民族发达，对其他民族有很大的影响。缅甸的少数民族保持着各自独特的文化、生活习惯和生产方式。

2. 宗教

在多民族的背景下，缅甸也是一个有多宗教信仰的国家，主要有佛教、原始拜物教和神灵崇拜、伊斯兰教、印度教和基督教。影响最为广泛并为绝大多数缅甸人信仰的宗教是南传上座部佛教，俗称小乘佛教。佛教在公元前3世纪传入缅甸，在公元11世纪蒲甘王朝时成为缅甸居民普遍的信仰。当时阿奴律陀听取孟族僧人阿罗汉的建议，排除阿利僧派，定小乘佛教为国教。长期以来，缅甸佛教与缅甸政治、文化等社会的各个方面紧密结合，无论是语言文字、文化教育，还是文学艺术、建筑艺术、手工艺等，都吸收和融入了大量佛教文化。

85%以上的缅甸人信仰佛教，且十分虔诚，每天早晚均要念经一次，每逢缅历初一、十五或斋戒日都要到寺庙朝拜，布施钱财、物品。遇有红白喜事或过生日等，也常请僧侣到家供斋或到寺庙布施。佛教传入缅甸已有上千年历史，宗教思想已深入社会生活的各个角落，扎根缅甸人民的思想体系。另外，缅甸约8%的人信奉伊斯兰教。

缅甸为佛教国家，视佛塔、寺庙为圣地，上至国家元首、外国贵宾，下至平民百姓，进入佛寺一律赤脚，否则被视为对佛不敬。

（二）语言

缅甸135个民族共有100多种民族语言。官方语言为缅语、英语，主要民族语言包括缅、克钦、克耶、克伦、钦、孟、若开、掸等民族的语言，英语是常用的外语。

（三）教育

缅甸科技基础薄弱，设施和人才匮乏，科研水平和能力不足，科技发展情况缺乏系统科学的统计。缅甸政府日益认识到科技创新对促进经济社会发展的重要作用，强调并鼓励吸引外资发展科技。2018年6月，颁布《缅甸科技创新法》。此外，《缅甸实现2018—2030可持续发展规划》中把科技创新作为重点发展领域之一。

缅甸政府重视发展教育和扫盲工作，全民成人识字率约94.75%，实行小学义务教育。教育体系分学前教育、基础教育和高等教育。学前教育包括日托幼儿园和学前学校，招收3~5岁儿童。基础教育包括1~5年级为小学，6~9年级为普通初级中学，10~12年级为高级中学。高等教育学制4至6年不等。2023年3月，缅甸教育部发布通知，自2023—2024学年开始，基础学校将实行KG+12学年制新政策。新入学的学生需要就读13年级，其中包括1年的KG学前班。缅甸共有公立基础教育学校47 031所，高等院校169所（含5所军事院校），其中综合大学47所、科技大学50所、教育大学27所。缅甸著名学府有仰光大学、曼德勒大学等。缅甸教育部编制有《2021—2030缅甸教育战略规划》，2023年5月，缅甸颁布《私立教育法》，涵盖基础教育、高等教育与职业教育。2023年，缅甸在全国的50个专区内成立51所传授工程、农业及畜牧业等技术的学校。

（四）医疗

根据《2020年缅甸统计》，缅甸有1 151家公立医院，其中，33家为专科医院，共提供10 750张病床；1 118家为综合医院，共提供约44 628张病床。缅甸目前在农村地区设有1 849家健康中心，另有93家初级或二级健康中心，以及348家妇产与儿童健康中心。2019

年,缅甸公立医疗系统中约有 12 371 名医师、22 340 名护理师、14 305 名助产士、2 518 名健康助理,以及 870 名牙医师。

另据世界银行统计,2021 年缅甸预期寿命为 65.67 岁,而同期全球平均为 71.33 岁。

近二十年,缅甸婴儿死亡率显著下降。2000 年,每 1 000 个出生婴儿有 65.1 人死亡,而到 2021 年,这一数字已降至 33.7 人。2020 年,缅甸人均医疗支出为 72.11 美元。

卫生部下属的 14 所大学分别为:5 所医科大学、2 所牙医大学、2 所医药大学、2 所医疗技术大学、2 所护理大学、1 所基础卫生大学。

目前,在缅甸尚无中国政府派驻的常驻援外医疗队。"新冠"疫情期间,中方先后向缅方派出三批次医疗专家组,协助缅方抗击疫情。

(五)重要节日

缅甸的节假日包括法定节日和民间节日。

1. 法定节日

独立节,1 月 4 日,纪念缅甸 1948 年 1 月 4 日独立日。

联邦节,2 月 12 日,纪念 1947 年 2 月 12 日昂山签署《彬龙条约》决定成立缅甸联邦。

农民节,3 月 2 日,纪念 1945 年 3 月 27 日抗日胜利。

建军节,3 月 27 日,初为抗日节,1955 年改为建军节。

泼水节(缅历新年),4 月中旬,公共假日通常为 10 天,泼水活动历时 3 至 4 天。按照缅甸风俗,节日期间,不分男女老少,可以相互泼水,泼水节的水象征着幸福吉祥,表示除旧迎新。

烈士节,7 月 19 日,纪念 1947 年 7 月 19 日昂山将军等人遇难。

民族节,12 月 1 日,纪念 1920 年 12 月 1 日仰光大学学生抗英罢课。

2. 民间节日

浴榕节,4 月下旬,缅历 2 月月圆日举行。缅甸将菩提树(榕树)视为佛的化身,在最炎热干旱季节给菩提树淋水,有希望佛教弘扬光大之意。

点灯节,10 月,缅历 7 月月圆日。传说佛祖在雨季时到天庭守戒诵经 3 个月,到缅历 7 月月圆日重返人间,凡间张灯结彩迎佛祖归来。

敬老节,10 月,缅历 7 月。传说众僧侣在雨季守戒 3 个月后跪请佛祖训示,后人效法,在此期间举行敬老活动。

献袈裟节,10 月中下旬至 11 月中下旬,缅历 7 月月圆至 8 月月圆期间。善男信女要向僧侣敬献袈裟,在 8 月月圆日点灯迎神,举办各种娱乐活动。此日又称"光明节"。

(六)衣着服饰

缅族的服饰与中国云南傣族相似,不论男女下身都穿筒裙,统称"笼基",男裙称"布梭",女裙称"特敏"。男上衣为无领对襟长袖短外衣,女上衣为斜襟短外衣。逢重要传统节日或场合,男人多戴缅式礼帽,缅语称"岗包",用细藤编胚、以粉红或浅黄色纱巾裹扎而成。缅甸妇女多留长发,挽发髻,戴鲜花,喜爱用"檀那伽"的香木浆涂在脸上,有清凉、防晒、护肤作用。缅甸人不分男女、不分场合均穿拖鞋,军人除外。

(七)饮食习惯

缅甸人常用米粉、面条或炒饭作早点,也有喝咖啡、红茶和吃点心的。午餐和晚餐为正餐,以米饭为主食。菜肴特点为油多、带酸辣、味重。常用各种幼果、鲜菜嫩叶作小菜,蘸佐料吃。进餐时将米饭盛在盘子里,用手抓着吃。随着社会发展,用刀、叉、勺进食者逐渐增多。

（八）社交与禁忌

缅甸各个民族保持着各自特有的生活习惯和风俗。

1. 社交礼仪

在社会交往中，缅甸的缅族人礼节很多。比如，平时见面都要行合十礼，外事交往中，一般行合十礼或以互相握手为礼。走路时，如果小辈要从长辈面前经过，小辈必须躬身俯首轻轻地走过，不能昂首挺胸、大摇大摆，更不能撩起筒裙。与客人或朋友谈话时，不能把脚抬到椅子上，更不能露出膝盖或大腿，否则是对朋友或客人的极大不尊重。与长辈同坐时，晚辈不能与长辈同坐在一个高度上，必须低于长辈坐的高度。在饮食方面，传统的缅族家庭一天吃两顿饭，早上九点、下午五点各一次。早上只喝一杯咖啡，吃一点儿点心，比较简单。菜肴以辛辣味为主，常吃的菜有虾酱、酸菜汤、油炸食品等。

2. 称呼礼仪

在称呼上，缅甸人不论男女，都有名无姓。他们通常在自己的名字前冠上一个称号，以表示性别、长幼、社会地位和官阶的区别。男人一般自称"貌"，表示谦虚；对男性晚辈也称"貌"，意思是弟弟；对男性长辈或有地位的人则称"吴"，意思是叔叔或伯伯，表示尊敬；对平辈或青年人则称"郭"，意思是哥哥。缅甸女人通常称呼"玛"，表示姐妹的意思；年龄大或受人尊敬的妇女，不论已婚或未婚，都称"杜"。

缅甸人作介绍时，如果被介绍的两者性别相同、级别与职务相当，介绍者一般不分先后，无论先介绍哪一方皆可。介绍时，先说被介绍人的姓名，然后说职务。如果被介绍双方性别不同，一般先介绍女性；如果级别和职务不同，则先介绍级别和职务高的。注意，不同性别的双方被介绍认识后，如果女方没有握手的表示，男方不能主动伸出手去和女方握手。

3. 风俗禁忌

缅甸为佛教国家，视佛塔、寺庙为圣地。因此，任何人上至国家元首、外国贵宾，下至平民百姓，进入佛寺一律要赤脚（脱鞋、脱袜），否则就被视为对佛不敬。缅甸人忌讳抚摸小孩的头。小孩双手交叉胸前，表示对大人的尊敬。缅甸民族为人谦卑，与缅甸人民交往忌趾高气扬。

缅甸各民族还有一些不同的习俗和禁忌。例如，部分缅族人睡觉时头必须朝南或朝东；在家庭中，长者通常坐在上座，晚辈则坐在下座。掸族男主人出门时，女主人要在佛像前献上一束鲜花，以占卜外出者的凶吉；未经主人允许，不论是家中人还是客人，都不得坐到男主人的固定位置上；上楼前必须脱鞋。克钦族男子最忌讳别人摸头顶；克钦族男子在任何方面都不能允许女子高过自己，比如，如果有女子在楼上的屋子里，则男子绝不到楼下，男子也绝不用女子用过的东西。

思政小课堂

中缅经济走廊

中缅两国是山水相连的友好邻邦，两国人民之间的传统友谊源远流长。自古以来，两国人民互通有无，以"胞波"（兄弟）相称。经过两国领导人的共同努力，双边关系平稳向前发展。进入21世纪，中国提出共建"一带一路"倡议，缅甸是最早响应的国家之一，双方就共建中缅经济走廊达成了共识，此后两国在政治、经贸、文化多个领域的合作更加密切，交流更加频繁。中缅新通道作为中缅经济走廊的重要一环，助力双方深化互利合作，推动中缅关系不断升温升级，续写千年胞波情谊的新篇章。

缅甸自然条件优越，石油、天然气、铁、镍等矿藏资源丰富，加上热带季风气候影响，自然灾害较少，大米、香蕉、西瓜等农产品产量较大，每年都有大量工农业进口到我国；我国出口化肥与汽车零配件，助力缅甸工农业发展。双方互惠互补，在这条物流通道上建立起稳定的贸易合作关系。随着大临铁路、大瑞铁路大保段的相继开通运营，中缅新通道的结构体系日趋完善，云南面向南亚与东南亚的物流枢纽地位更加凸显，要素资源聚集效应初步体现。这也为沿线企业的进出口贸易搭建了更多的物流渠道，有力促进了沿线经济的发展。

这是一条走向世界的陆海协作通道。中缅新通道是西部陆海新通道的重要组成部分，北上可接丝绸之路经济带，南下可连21世纪海上丝绸之路，在区域协调发展格局中具有重要地位。

资料来源：中华人民共和国外交部。

【课后思考题】
1. 缅甸的经济结构与市场有什么特点？
2. 在缅甸进行商务活动要注意规避哪些风险？
3. 你对中国在缅甸的直接投资有什么建议？

第十章

柬埔寨（Cambodia）

一、基本情况

柬埔寨（Kingdom of Cambodia）原名高棉，公元1世纪下半叶建国，1993年5月，柬埔寨在联合国主持下举行首次全国大选。9月，颁布新宪法，改国名为"柬埔寨王国"。柬埔寨位于中南半岛，西部及西北部与泰国接壤，东北部与老挝交界，东部及东南部与越南毗邻，南部则面向暹罗湾。湄公河自北向南横贯柬埔寨全境。柬埔寨国土面积18.1万平方公里，海岸线长约460公里。

近些年，柬埔寨人口规模呈现递增趋势，人口约1600万（截至2023年4月），全国共分为24个省和1个直辖市（金边市），首都金边，高棉族占总人口80%。柬埔寨实行议会制君主立宪制，为中等偏下收入国家，是世界贸易组织（WTO）、东盟成员，为传统农业国，工业基础薄弱，依赖外援外资。高棉语为通用语言，与英语、法语同为官方语言。佛教为柬埔寨国教，95%以上的居民信奉佛教。伊斯兰教徒占柬总人口的2%，其他占3%。首都金边（Phnom Penh）面积679平方公里，人口约230万。金边地处洞里萨河与湄公河交汇处，是柬埔寨政治、经济、文化和宗教中心。

小知识

柬埔寨国旗与国徽

国旗

柬埔寨国旗以红色、蓝色及白色为主色，正中间白色殿堂为吴哥窟，被红条及蓝条包围着（线条比例为1∶2∶1）。红色代表民族，白色代表佛教，蓝色象征王室，符合柬埔寨的国家铭言"民族、宗教、国王"。在1993年柬埔寨大选回到君主制后被重新使用。

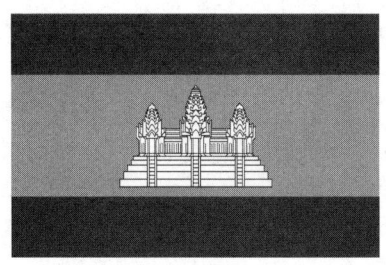

国徽

柬埔寨国徽是一个以王剑为中心线、两边对称的图案。菱形图案中的王剑由托盘托举,意为王权至高无上;两侧由狮子守护着五层华盖,"五"在柬埔寨风俗里象征完美、吉祥;两边的棕榈树叶象征胜利;底部的饰带上写着"柬埔寨王国之国王"。整个图案象征柬埔寨王国在国王的领导下,是一个统一、完整、团结、幸福的国家。

(一)建国历程

柬埔寨是个历史悠久的文明古国,早在公元1世纪就建立了统一的王国。从9世纪到14世纪吴哥王朝为鼎盛时期,国力强盛,文化发达。1863年沦为法国保护国。1940年被日本占领,1945年日本投降后再次被法国殖民者占领。1953年11月9日,柬埔寨王国宣布独立。1975年4月17日,全国解放。1976年1月颁布新宪法,改名为民主柬埔寨。1982年7月9日,西哈努克亲王、宋双、乔森潘三派抵抗力量实现联合,组成民主柬埔寨联合政府。1993年5月,柬埔寨在联合国主持下举行首次全国大选。1993年9月颁布新宪法,改国名为柬埔寨王国,西哈努克重登王位。2004年,西哈努克国王在北京宣布退位,西哈莫尼在王宫登基继位。

(二)人口状况

截至2023年4月,柬埔寨人口约1 600万,人口的地理分布很不平衡,居民主要集中在中部平原地区。金边及其周围经济比较发达的省份人口最稠密,金边人口约230万。据世界卫生组织和柬埔寨政府发布的联合通告,2021年至2022年间,柬埔寨人平均预期寿命达到了76岁。

(三)地理环境

柬埔寨位于中南半岛南部,与越南、泰国和老挝毗邻,南邻泰国湾。湄公河自北向南纵贯柬埔寨全境。柬埔寨首都金边属于东7时区,当地时间比北京时间晚1小时。

柬埔寨国土为碟状盆地,三面被丘陵与山脉环绕,中部为广阔而富庶的平原,占全国面积3/4以上。柬埔寨国土面积18.1万平方公里,海岸线长约460公里。境内有湄公河和东南亚最大的淡水湖——洞里萨湖(又称金边湖)。柬埔寨属热带季风气候,年平均气温29℃~30℃,5—10月为雨季,西南季风从泰国湾和印度洋吹向内陆,湿度较高,其中9—10月该国降水最多;11月至次年4月为旱季,主要受东北季风影响,其中1—2月是最干旱的时期。

(四)资源禀赋

1. 矿产资源

柬埔寨矿藏主要有石油、天然气、磷酸盐、宝石、金、铁、铝土等。

2. 水资源及海洋资源

柬埔寨水资源十分丰富,湄公河是柬最大的河流,其水量具有明显的季节变化和年际变化特征。洞里萨湖是中南半岛的最大湖泊和东南亚最大的淡水渔场,素有"鱼湖"之称,与湄公河相通,低水位时面积2 500平方公里左右,雨季湖面可达10 000平方公里。此外,柬埔寨还拥有宜渔稻田超过90万公顷,具有培育特色产业、优势产业的良好基础。柬埔寨的东南部有435公里的海岸线和55 600平方公里的专属经济区,并且海岸以大海湾为主,沿海岸线还分布着很多近海岛屿,非常有利于发展海水网箱养殖。柬埔寨渔业资源丰富,有经济鱼160多种;海域有超过520种海洋生物,为海洋捕捞业和养殖业的发展提供了重要基础。洞里萨湖盛产三点斗鱼、凤鲚、乌鳢、攀鲈、黑鲇等,鱼产量占全国淡水鱼产量的1/2左右。西南沿海也是重要渔场,多产鱼虾。

3. 森林资源

根据粮农组织(FAO)的数据,2020年柬埔寨拥有约800万公顷森林资源,占该国土地总面积的44.7%。柬埔寨地处热带地区,拥有多种主要的森林类型,包括15.76%常绿林、5.9%半常绿林、18.37%落叶林、2.6%洪溢林、0.97%再生林、0.67%竹林、0.17%红树林、0.14%近陆地红树林、0.05%松林、0.02%松树人工林、0.22%人工林、0.29%油棕人工林和2.96%橡胶人工林。在其森林资源中,自然再生林约740万公顷,人工林约60万公顷。柬埔寨盛产柚木、铁木、紫檀、黑檀等高级木材,并有多种竹类,木材储量约11亿立方米。

二、经济环境

(一)经济水平

柬埔寨是传统农业国,贫困人口约占总人口的17.8%。柬埔寨政府执行以增长、就业、公平、效率和可持续为战略目标的"五角战略"的第一阶段,政府实行对外开放的自由市场经济,推行经济私有化和贸易自由化,把发展经济、消除贫困作为首要任务,把农业、加工业、旅游业、基础设施建设及人才培训作为优先发展领域,推进行政、财经、军队和司法等改革,提高政府工作效率,改善投资环境,取得一定成效。据柬埔寨政府统计,2022年,柬埔寨全年国内生产总值(GDP)约合295.97亿美元,同比增长5.4%,人均GDP增至1 785美元;2023年,国内生产总值约321.7亿美元,同比增长5.6%。柬埔寨2023/24财年经济增速将居东盟国家之首,远高于亚太地区的平均增长率。柬财经部预测,2024年柬埔寨GDP为351.68亿美元,增长6.6%;人均GDP将从2023年的1 917美元增至2 071美元,较2023年增长8%。尽管全球经济表现不佳,柬埔寨经济却在稳步复苏(见表10—1)。

表10—1　　　　　　　　2018—2022年柬埔寨宏观经济数据

年份	GDP(亿美元)	GDP增长率(%)	人均GDP(美元)
2018	241.4	7.5	1 500
2019	272.22	7.1	1 706
2020	262.12	−3.7	1 683

续表

年份	GDP(亿美元)	GDP 增长率(%)	人均 GDP(美元)
2021	286.43	2.4	1 730
2022	295.97	5.4	1 785

资料来源：柬埔寨财经部。

(二)产业状况

柬埔寨三大产业结构比重逐渐呈现"三二一"特征。其中,农业对 GDP 的贡献出现下降趋势,第二产业对 GDP 的拉动作用呈现稳定的增长趋势,因疫情影响第三产业对 GDP 的贡献有所下滑,柬埔寨政府正在积极改善,并恢复第三产业产能(见表10-2)。

表 10-2　　　　　　　　2018—2022 年柬埔寨 GDP 三次产业结构　　　　　　　　单位:%

指　标	2018 年	2019 年	2020 年	2021 年	2022 年
农业增加值占 GDP 比重	22.0	20.7	22.8	22.85	21.9
工业增加值占 GDP 比重	32.3	34.2	34.7	36.83	37.7
服务业增加值占 GDP 比重	39.5	38.8	36.2	34.18	33.7

资料来源：世界银行。

1. 农业

农业在柬埔寨国民经济中具有举足轻重的地位。农业人口占总人口的 85%,占全国劳动力的 78%。可耕地面积 630 万公顷。尽管存在基础设施和技术落后、资金和人才匮乏等制约因素,但柬埔寨农业资源丰富、自然条件优越、劳动力充足、市场潜力较大。柬埔寨政府将农业列为优先发展的领域,竭力改善农业生产及其投资环境,充分挖掘潜力,发挥优势,开拓市场。

2021 年,柬埔寨共完成耕地面积 341 万公顷,同比增长 0.26%。其中:全年雨季稻完成耕地 292 万公顷,相当于计划的 60.85%。播种面积总计完成 290 万公顷,同比增长 3.4%。全年雨季稻收获面积 278 万公顷,收获稻谷 906 万吨,同比增长 10.23%,每公顷产量 3.26 吨。同时,全年旱季稻完成耕地 47 万公顷。播种面积总计完成 47 万公顷,同比下降 5.8%。

2022 年,柬埔寨农业国内生产总值达 67.26 亿美元,其中,种植业占 57.1%,水产养殖业占 24.7%,畜牧业占 11.3%,林业占 6.9%。水稻种植面积 340 万公顷,稻谷总产量近 1 162 万吨,同比减少 4.77%。柬埔寨政府高度重视稻谷生产和大米出口,出口大米 63.7 万吨(同比增长 3.23%),出口稻谷 347.8 万吨(同比减少 1.4%)。2022 年橡胶种植面积 40.5 万公顷,割胶面积 31.5 万公顷,产量 37.3 万吨,几乎全部出口,收入 5.3 亿美元,同比下降 12%。此外,出口干木薯片 206 万吨、新鲜木薯 155 万吨、生腰果 47 万吨、香蕉 36 万吨、芒果 16 万吨等。

2023 年,柬埔寨农作物产量 3 681 万吨,较上年增加 6%。其中,水稻产量 1 250 万吨。出口农产品 882 万吨,出口额超 48 亿美元,出口至 78 个国家。其中,水稻出口 400 万吨,较上年增长 26.5%,出口额 13.2 亿美元,增长 57%。大米出口 65.6 万吨,较上年增长 3%,出口额 4.7 亿美元,增长 13%。大米出口至 61 个国家和地区,其中主要出口至中国(21 万吨,出口额 1.4 亿美元)、欧盟(26 万吨,出口额 1.9 亿美元)、非洲及中东地区(8.5 万吨,出口额 0.8 亿美元)。目前,柬埔寨共有 63 家大米出口企业。

2. 工业

工业被视为推动柬埔寨国内经济发展的支柱之一,但基础薄弱、门类单调。柬埔寨自1991年底实行自由市场经济以来,国营企业普遍被国内外私商租赁经营。工业领域为50万名国民创造就业机会。制衣业和建筑业是柬埔寨工业的两大支柱。柬埔寨充分利用美国、欧盟、日本等28个国家和地区给予柬埔寨的普惠制待遇(GSP)等优惠政策,凭借本国劳工成本低廉的优势,积极吸引外资投入制衣和制鞋业。截至2020年底,在柬埔寨发展理事会(CDC)注册的经济特区58个,正式批准40个,正在运营24个,其中,西哈努克省经济特区数量最多。

据柬埔寨工业、科学、技术和创新部统计,2022年,全国共有工厂1 982家;新成立的中小企业和加工作坊1 229家,同比减少1家;继续经营的工业工厂和手工作坊1 423家,同比增长9.38%。全年工业领域投资额166.91亿美元,同比增长20.84%。据柬埔寨国土、城市规划和建设部统计,2022年,全国共批准4 276个建筑项目,同比减少7个,投资额29.72亿美元,同比下降44.28%。

据柬埔寨国家电力局(EAC)报告显示,全年柬电力供应126.01亿度,同比增长1.61%。其中,国内生产电力92.56亿度,同比增长7.9%,占全国电力供应的73.45%;进口电力33.45亿度,同比减少12.42%,占26.55%。此外,水泥产量894.48万吨,同比增长5.2%。柬埔寨国家银行指出,2023年上半年柬埔寨外来直接投资资金净流入达22.43亿美元。柬埔寨发展理事会指出,2023年前9个月有175个工业投资项目获批,柬埔寨工业领域投资保持增长,投资额达18亿美元。

3. 旅游业

柬埔寨旅游资源丰富。首都金边有塔仔山、王宫等名胜古迹;北部暹粒省吴哥王朝遗址群的吴哥窟是世界七大奇观之一;西南部的西哈努克港是著名的海滨休闲胜地。

2022年,柬埔寨共接待外国游客227.66万人次,同比增长1 058.6%。前三大游客来源国为泰国(85.3万人,同比增长942.7%)、越南(46.4万人,同比增长1997.6%)和中国(10.7万人,同比增长133.5%)。

2022年,柬埔寨共有旅游经营机构牌照13 597张,酒店房间数80 717间,旅游从业人员32万人,国内游客1 393.41万人次,同比增长198.8%,全国旅游支出共计2.3亿美元。

近年来,柬埔寨沿海地区逐步成为继吴哥景区之后又一重要的旅游目的地。柬埔寨政府高度重视沿海各省旅游业的发展,2012年1月通过了《柬埔寨海滩地区开发和管理委员会王令》和《柬埔寨王国海滩地区开发规划》等议案。根据上述议案,柬埔寨将成立沿海发展管理国家委员会,旨在加强海滩地区的开发与管理,包括海滩与海岛开发、公路与水路连接等。目前,柬埔寨政府正在制定"暹粒吴哥和金边至西南沿海地区和东北生态旅游地区"的旅游产品多样化战略,积极开发自身独具优势的旅游资源,促进当地经济发展。柬埔寨旅游部对旅游业发展充满信心,制订了未来旅游计划。

小知识

吴哥古迹

吴哥古迹(Angkor)位于暹粒省境内,距首都金边约240公里,是柬埔寨民族的象征,被誉为东方四大奇迹之一。

现存吴哥古迹主要包括吴哥王城(大吴哥)和吴哥窟(小吴哥)。在公元9世纪至15世纪时,吴哥曾是柬埔寨的王都。吴哥始建于公元802年,完成于1201年,前后历时400

年。1431年暹罗军队入侵后，吴哥遭到了严重破坏，王朝被迫迁都金边。此后，吴哥被遗弃，逐渐淹没在丛林莽野之中，直到19世纪60年代一个叫亨利·穆奥的法国博物学家发现了吴哥古迹。吴哥古迹现存600多处，分布在面积45平方公里的森林里。大吴哥和小吴哥是它的主要组成部分，其中有许多精美的佛塔以及众多的石刻浮雕，蔚为壮观。这些佛塔全部用巨大的石块垒砌而成，有些石块重达8吨以上。佛塔上刻有各种形态的雕像，有的高达数米，生动逼真。1992年，联合国教科文组织世界遗产委员会把整个吴哥古迹列为世界文化遗产。

4. 数字经济产业

柬埔寨政府将积极推进数字政策议程，以实现《东盟数字总体规划2025》和联合国开发计划署《2022—2025年数字战略》设定的数字发展目标。柬埔寨还将同东盟成员国一道推进《东盟数字经济框架协议》，预计到2030年，东盟数字经济总量将从每年1万亿美元增至2万亿美元。促进数字经济和社会发展是柬埔寨政府"五角战略"的重要一环。

互联网普及率高、移动设备用户快速增长以及人口年轻化、数字支付手段的开拓等因素正成为柬数字经济发展的主要驱动力。据统计，柬埔寨56％的人口年龄介于15岁至35岁之间，2023年柬埔寨移动互联网注册用户和移动电话用户数量增至1 900万以上。截至2023年12月，柬埔寨数字支付额达4 920亿美元，相当于柬埔寨国内生产总值（GDP）的16倍。

2022年，柬埔寨数据交换平台CamDX在联合国开发计划署主办的竞赛中夺得"年度开源适应奖"，这是柬埔寨公共和私营部门共享和交换系统数据的关键平台，是柬数字化发展的一项重要成就。柬政府文件验证平台verify.gov.kh近期也荣获东盟数字金奖，这将对为柬民众提供各类公共服务发挥关键作用。此外，柬埔寨还在国家财政管理信息技术系统、税务和海关电子系统、非税收入管理和国有财产管理系统、商业登记系统、数字和电子教育系统、身份管理系统、土地和车辆管理系统等项目上取得了重要进展。

这些成就的取得归功于柬埔寨政府对数字化发展的高度重视。柬政府还专门成立国家数字经济和数字社会理事会,监督相关政策落实,协调各部门有效执行措施,评估效率和成果。2023年,柬政府成立数字经济总局,在柬埔寨财经部指导下,参与制定和实施与数字经济有关的政策,对数字经济的发展进行分析研究和评估。此外,柬埔寨邮电部还推动成立数字科技学院,促进该国数字人才的培养和数字技术的应用。

为加快柬埔寨中小企业发展,2022年底柬埔寨商务部与阿里巴巴共同启动了柬埔寨产品在中国的电商首发,柬埔寨企业入驻阿里巴巴国际站,通过这一国际贸易平台在全球范围内寻求潜在买家。2023年,柬商务部又与阿里巴巴签署eWTP合作协议,eWTP为近100家柬埔寨企业提供了培训,分享中国和阿里巴巴在数字化方面的实践经验,助力柬埔寨中小企业的数字化转型。

根据柬政府规划的数字经济发展路线图,柬埔寨拟在2025年实现城市地区高速互联网覆盖率100%、乡村地区达到70%的目标。2027年将移动互联网络覆盖到全国各个目标地区,同时考虑在未来合适时机启用5G技术。到2030年,主要公共服务全部数字化,建立起以数字基础设施和技术为基础的智能政府,实现治理结构现代化。私人企业数字技术普及应用率须达到70%,数字领域从业人员占就业人口比例须达到4%。2035年柬埔寨将完成数字化转型,数字经济达到GDP的5%~10%,建立一批创新和智慧型企业,并至少拥有一个智慧城市。有关部门还计划在10年内培养10万名数字技术人才,以推动数字领域技术研发和创新。

(三)金融情况

针对柬埔寨的金融环境,柬埔寨政府采取一些积极措施改善和加强对财政与金融的管理,取得了一定成效。

1. 当地货币

柬埔寨货币为瑞尔。1993年,柬埔寨政府通过并实施《外汇法》,规定汇率由市场调节。近5年来,汇率基本稳定在1美元兑换4 000瑞尔左右,如表10-3所示。柬埔寨金融市场高度美元化,美元是主要交换媒介,在货币流通的各个环节占据绝大部分份额,流通量占市场货币流通总量的80%以上,在柬埔寨银行体系中的存贷款比率约为81.9%(2020年为83.9%)。

2023年,柬埔寨国家银行申请加入中国人民币跨境支付系统(CIPS),也允许中国游客在柬境内使用中国电子支付服务。

表10-3　　　　　　　　　　2018—2022年柬埔寨汇率变动情况

年份	瑞尔兑美元平均汇率
2018	4 050
2019	4 060
2020	4 045
2021	4 065
2022	4 065

资料来源:柬埔寨财经部。

2. 银行和保险公司

柬埔寨银行体系由国家银行和商业银行构成。柬埔寨的银行业监管采用的是单一监管体系,国家银行为其监管机构。

(1)国家银行。国家银行的主要职能是:建立金融体系的法律框架,维持稳定的价格体系,为制定金融政策提供依据,增加国家资本、承担政府间的财务清算和管理本国货币,管理外汇储备,监督和调控商业银行、专门金融机构等依法运营。

(2)中央银行。柬埔寨中央银行要求金融机构的资本充足率不得低于15%,并针对金融机构经营管理等方面制定了法律法规,涵盖金融机构监管、金融机构准入及退出机制、支付及清算管理、反洗钱等。柬埔寨中央银行主要通过非现场监控及现场检查对金融机构实行监管。柬埔寨中央银行对本国和外资商业银行实行统一标准,在机构设立、资本金要求、准备金等方面均未区分内资及外资。

(3)商业银行。柬埔寨政府实施的宽松外汇政策,使外资商业银行获得了较快的发展。截至2022年底,全国共有商业银行5 459家、专业银行109家,可接受存款的微型贷款机构6家,不可接受存款的微型贷款机构79家,农村贷款机构234家,结算服务机构17家,贷款信息分享公司1家,外国银行代表处6家,货币兑换商2 447家。

(4)保险公司。柬埔寨2000年通过保险业法,规范保险业发展和吸引更多投资投入该领域,2012年柬埔寨成立了第一家人寿保险公司,截至2023年7月,柬埔寨境内共有97家保险从业公司,其中,普通保险公司18家、寿险公司14家、小额保险公司7家和分保险公司1家、保险经纪人20家、保险代理公司34家和保险风险评估公司3家。2022年柬埔寨保险市场规模增至3.32亿美元,同比增长10.6%,保险对国内生产总值贡献约1.17%。

(5)融资渠道。柬埔寨商业银行业务范围相对较窄,尽管能够提供海外资本划拨、信用证开立及外汇服务,但是提供不动产抵押、贷款等服务仍很困难,且借款期限较短,利率较高。

目前人民币在柬埔寨不能自由流通,中资企业不能使用人民币在柬埔寨开展跨境贸易和投资合作。

3. 证券市场

2011年7月11日,柬埔寨证券交易所在金边成立,这是柬埔寨历史上首家证交所。柬埔寨证交所由柬埔寨政府与韩国证券公司合作成立,其中柬方持股55%、韩方持股45%。

2012年4月18日,柬埔寨证券交易所正式开业。截至2023年5月,柬埔寨证券交易所上市公司共18家,包括金边水务局、崑洲制衣厂、金边港口、金边经济特区、西哈努克港、爱喜利达银行和Pestech电力公司等。

课外阅读

柬埔寨大力推动数字化转型

《人民日报·国际》2024年6月27报道:柬埔寨劳工与职业培训部和邮电部签署合作谅解备忘录,共同推动柬埔寨数字化进程,为民众提供更高效的公共服务。在前不久举行的柬埔寨首届数字政府论坛上,柬埔寨首相洪玛奈表示,柬埔寨致力于完善和实施国家数字政策,努力实现《东盟数字总体规划2025》和联合国开发计划署《2022—2025年数字战略》中设定的数字发展目标。

近年来,在数字政府建设方面,柬埔寨已启动多个项目,包括国家公共财政管理信息技术项目、税务和海关电子系统、商业登记系统、身份管理系统以及土地和车辆管理系统等。柬埔寨政府提出,力争到2030年实现主要公共服务全部数字化。在数字支付方面,柬埔寨国家银行发布的数据显示,截至2023年年底,该国有33家支付服务机构和两家银行金融机构获准经营移动支付业务,电子钱包注册用户总数达1970万。2023年移动支付交易量为6亿笔,同比增加28.7%;交易金额为758亿美元,增长18%。

柬埔寨政府2021年发布了《柬埔寨数字经济和数字社会政策框架(2021—2035)》,成为指导柬埔寨数字化转型的重要政策。去年8月,柬埔寨政府宣布实施"五角战略"的第一阶段,其中数字经济和数字社会发展是重点领域。柬埔寨还成立数字经济总局,在财经部指导下参与制定和实施与数字经济有关的政策,并对数字经济的发展进行分析研究和评估。

为改善柬埔寨数字人才短缺的状况,柬埔寨政府成立专门机构为相关从业者提供数字技能培训。柬埔寨政府陆续发起成立技能开发基金、企业家开发基金、科技孵化中心和信息通信中心等,加快培养数字人才。该国邮电部与教育、青年和体育部以及高等院校合作,力争在未来10年内培养至少10万名数字人才,提高年轻人的数字素养。

当前,柬埔寨邮电部正在推动网络和电信等数字设施建设,提高全国4G网络信号和互联网服务质量,并在未来合适时机启用5G技术。根据柬埔寨政府规划的数字经济发展路线图,柬埔寨拟在2025年实现城市地区高速互联网覆盖率100%、乡村地区覆盖率达到70%的目标,2027年将移动互联网络覆盖到全国各个目标地区。

在数字化转型过程中,针对日益凸显的网络安全问题,柬埔寨内政部正起草《网络犯罪法》,以预防和打击信息技术犯罪。柬埔寨邮电大臣谢万迪表示,柬埔寨将持续健全法律机制,为数字经济提供强有力的网络安全保障。

资料来源:《人民日报·国际》,2024年6月27日。

(四)外贸情况

1. 经贸协定

近十多年来,在众多发达国家给予普惠制(GSP)和配额优惠的条件下,柬埔寨积极吸引外商投资,努力扩大对外贸易。截至2023年,柬埔寨已签署10余项多双边自由贸易协定,其中双边协定3项。

(1)全球贸易协定。2003年,柬埔寨正式成为世界贸易组织(WTO)成员。

(2)区域贸易协定。1999年,柬埔寨加入东盟。根据东盟第31次经济部长会议的决定,柬埔寨、老挝、缅甸、越南4个新成员国按步骤实现自贸区的降税目标,已于2015年前把进口关税降到零。作为东盟成员国,柬埔寨同样受东盟与其他国家签署的自由贸易协定关税减让的约束。根据中国—东盟自贸区协议,中柬双方于2009年10月1日起正式启动降税程序。中国于2010年1月1日率先对柬埔寨绝大部分产品实现零关税,柬埔寨2011年实行降税,并于2013年、2015年进一步实施降税安排。

(3)区域全面经济伙伴关系协定。2020年11月15日,中国、柬埔寨在内的15个亚太国家正式签署《区域全面经济伙伴关系协定(RCEP)》。2022年1月1日,RCEP正式生效实施。

(4)中华人民共和国政府和柬埔寨王国政府自由贸易协定。2020年10月12日,时任商务部部长钟山和柬埔寨商业大臣潘索萨分别在北京和金边代表中柬两国政府,通过视频会议正式签署协定。2022年1月1日,该协定正式生效实施。

(5)柬埔寨—韩国自由贸易协定。2021年10月26日,柬埔寨商业大臣潘索萨和韩国产业通商资源部长吕汉辜分别在柬埔寨金边和韩国首尔通过视频会议正式签署协定。

(6)柬埔寨与阿拉伯联合酋长国全面经济伙伴关系协定。2023年6月8日,柬埔寨商业大臣潘索萨与到访的阿联酋外贸部长塔尼在柬埔寨金边签署协定,预计年内生效。

2. 对外贸易

(1)货物贸易

①贸易规模。柬埔寨自成为东盟成员国和加入 WTO 后,经济发展较快,进出口贸易连年增长。据柬埔寨海关统计,2022 年,柬埔寨对外货物贸易总额为 524.25 亿美元,同比增长 9.2%。其中,出口额 224.83 亿美元,同比增长 16.44%;进口额 299.42 亿美元,同比增长 4.32%。其中,中国占柬埔寨 2022 年全球货物贸易总额的 22.29%,连续十一年保持柬埔寨最大的商品贸易伙伴(见表 10—4)。

表 10—4　　　　　　2018—2022 年柬埔寨对外货物贸易情况统计　　　　　　单位:亿美元

年份	2018	2019	2020	2021	2022
进出口总额	305.8	367.2	370.1	464.2	524.2
出口额	128.7	145.3	177.2	180.1	224.8
进口额	177.1	221.9	193.0	284.1	299.4
进出口差额	-48.4	-76.6	-16.2	-104	-74.6

资料来源:柬埔寨海关等政府机构。

②进出口商品结构。据柬埔寨政府统计,2022 年,柬埔寨主要出口商品为服装、机电设备、鞋类、皮革制品、粮食、家具、橡胶、水果、蔬菜、珍珠、玩具和纺织品等,主要出口市场为美国、越南、中国、日本、加拿大、欧盟等;主要进口商品为成衣原料、汽油、建筑材料和设备、车辆等,主要进口来源地为中国、越南、泰国、新加坡、印尼等。

③主要贸易伙伴。据柬埔寨政府统计,2022 年,美国为柬埔寨最大出口市场,柬埔寨对美国出口主要商品为与纺织品相关的物品,如服装、旅行箱包、鞋类,以及自行车、电子元件和农产品等;中国为柬埔寨最大进口来源国,柬埔寨自中国进口主要商品为棉花、纺织品、机械、钢筋、建筑材料、电器和电子产品、塑料、铝、家具等。

据柬埔寨海关统计,2022 年,中柬双边贸易总额 116.86 亿美元,同比增长 4.39%,其中,柬对华出口额 12.41 亿美元,同比下降 17.85%;自华进口额 104.46 亿美元,同比增长 7.86%。中国是柬埔寨最大的进口来源国,占柬埔寨进口额的 34.89%。

(2)服务贸易

据世界银行统计,2022 年,柬埔寨服务贸易进口主要为运输服务(56%)、旅行服务(18%)、通信和计算机服务(17%)、保险和金融服务(9%);服务贸易出口主要为旅行服务(61%)、运输服务(8%)、信息和通信技术服务(5.2%)、保险和金融服务(2%)。2023 年 5 月,柬埔寨批准《东盟服务贸易协议》,减少对服务领域的贸易投资壁垒。

3. 吸收外资

柬埔寨实行自由经济政策,所有行业都对外开放,鼓励外商投资。1994 年,国会通过《投资法》。外商投资方式有独资、合资、合作和租赁四种,生产性企业可由外商独资,贸易性企业不允许外商独资。政府还出台了一系列法规,同投资商建立了定期磋商和对话的机制。联合国贸发会议发布的 2023 年《世界投资报告》显示,截至 2022 年底,柬埔寨当年吸收外资流量为 35.79 亿美元,吸收外资存量为 445.37 亿美元。

根据柬埔寨发展理事会统计,2022 年度投资流量方面,中国大陆 15.28 亿美元,中国香港

1.11亿美元,中国台湾5 700万美元。截至2022年底,对柬投资存量方面,中国大陆247.35亿美元、中国香港27.02亿美元、中国台湾15.40亿美元、中国澳门1 059万美元。在柬主要中资企业包括:中国路桥工程有限责任公司投资的金港高速公路有限公司、华能集团投资的桑河二级水电有限公司、华电集团投资的西港发电有限公司、江苏红豆集团投资的西港特区公司等,中能建、中电建、中建等大型央企下属子公司均在柬开展业务。

4. 数字贸易发展情况

柬埔寨自2022年4月开始对电子商务(E-Commerce)征收增值税。截至2023年2月,柬埔寨已经有69家电子商务公司,如谷歌、Facebook(Meta)、Apple、Netflix、Amazon、TikTok等。

目前,柬埔寨电子商务处于小型电商主导阶段,主要通过社交媒体(如Facebook)提供代售或代购服务,较大的电商平台约有10家左右,产品主要来自中国,电子商务平台主要有Smile Shop、L192、TinhTinh等。由于柬埔寨人口基数不够庞大,亚马逊、速卖通等知名国际电商品牌虽然进入了柬埔寨市场,但尚未充分拓展业务。柬埔寨商业部报告显示,2023年柬埔寨电商市场规模预计将达12.8美元,到2025年将达17.8亿美元。

根据数据分析公司Similarweb统计,柬埔寨排名前五位的购物APP中,有4个拥有中资背景,分别是阿里巴巴、Frogsell、淘宝和Lazada。此外,中通快递已进入柬埔寨市场,设立了多个分拨中心和海外仓,开通了覆盖全柬的300多个服务网点,派送及干线车辆400多辆,拥有员工1 000余人。在外卖方面,国际平台Foodpanda、Grab,本土平台Nham 24、WOWNOW、Moove、BLOC、Wing,以及来自中国的外卖平台简单点,占据了主要市场份额。

5. 外国援助

据经合组织(OECD)统计,自1960年以来,柬埔寨共接受外国援助总额266.3亿美元,日本、亚洲开发银行、欧盟、法国、美国、韩国、联合国机构等为其主要援助方。2020年,柬埔寨接受政府开发援助(ODA)22.3亿美元,2021年为15.9亿美元,其中主要支出领域包括:经济基础设施25%,社会基础设施24%,卫生健康16%。根据柬财经部2022年发布的报告,柬接受的ODA援助自2001年起以年均10%的速度增长,ODA资金约占柬国家发展预算的一半。

中国向柬埔寨提供的援助和优惠贷款用于修建超过3 000公里的主干道、9座跨河大桥、上万公里输变电线路和数十万公顷农田水利灌溉项目,支持其建设医院、学校、水井等惠及民生的基础设施,为柬培训各类官员和技术人员,并为柬抗击"新冠"疫情提供大量疫苗和医疗物资,为柬政府发展经济、改善民生、削减贫困做出重要贡献。2023年5月,由中国政府援建的国家体育场作为柬埔寨首次承办东南亚运动会的主场馆,结合我国为其量身打造的体育技术合作和体育赛事管理培训项目,确保了第32届东南亚运动会的圆满举行。

6. 中柬经贸关系

1958年7月19日,中柬两国正式建交。长期以来,中国几代领导人与柬埔寨太皇西哈努克建立了深厚的友谊,为两国关系的长期稳定发展奠定了坚实的基础。1955年4月,周恩来总理与时任柬埔寨政府首脑西哈努克在万隆亚非会议上结识。20世纪50至60年代,周恩来总理、刘少奇主席曾多次率团访柬。西哈努克曾6次访华。20世纪70至80年代,西哈努克两次在华长期逗留,领导柬埔寨人民反抗外来侵略、维护国家独立和主权的斗争,得到中国政府和人民的大力支持。2010年12月,两国建立全面战略合作伙伴关系,双边关系进入新的发展阶段。2019年4月,两国签署《构建中柬命运共同体行动计划》,双边关系进入新的发展阶段。

中柬签署双边自贸协定已于 2022 年 1 月 1 日生效,这是柬对外签署的首个双边自贸安排。据中国海关总署统计,2023 年中柬双边贸易额 148.2 亿美元,同比下降 5.3%。其中,中国对柬出口 127.5 亿美元,自柬进口 20.7 亿美元。2024 年 1—2 月,双边贸易额 25 亿美元,同比增长 22.1%,其中中国对柬出口 21.6 亿美元,自柬进口 3.4 亿美元。

两国政党、议会、军事、文化、教育等交往与合作密切。双方迄今已经签署《中柬引渡条约》《中柬文化合作协定》《中柬互免持外交、公务护照人员签证协定》以及文物保护、旅游、警务、体育、农业、水利、建设、国土资源管理等领域的合作谅解备忘录。柬埔寨已经在广州、上海、香港、昆明、重庆、南宁、西安、海口、济南设立总领馆。中国在柬埔寨暹粒省、西哈努克省设有领事办公室。

2023 年 9 月 16 日,发布《中华人民共和国政府和柬埔寨王国政府联合公报》。当地时间 16 日上午,代号为"和平天使—2023"的中国—柬埔寨卫勤联合演习活动在柬埔寨首都金边举行开始仪式。中方指导协调组组长郝林源大校、柬埔寨王家军副总司令兼联合参谋长伊萨拉上将分别致辞。中柬两国参演官兵、多国驻柬武官以及东南亚多国观察员参加。

(1)双边协定。1996 年 7 月,中柬两国政府签署了《贸易协定》和《投资保护协定》。2010 年 1 月 1 日,中国—东盟自贸区的全面建成,进一步为中柬经贸合作开辟更加宽广和畅通的渠道,提供更多的机会。

2020 年 10 月 12 日,中柬两国通过视频会议正式签署《中华人民共和国政府和柬埔寨王国自由贸易协定》,标志着双方全面战略合作伙伴关系、共建中柬命运共同体和"一带一路"合作进入新时期,是双边经贸关系发展中新的里程碑,必将推动双边经贸关系提升到新的水平,不断增进两国企业和人民福祉。2022 年 1 月 1 日,该协定正式生效实施。2023 年 6 月,自贸协定联委会首次会议在北京举行,充分肯定了协定总体实施效果。协定有力促进了双边经贸关系发展,为两国全面战略合作伙伴关系发展注入新动力。

(2)双边投资保护协定。1996 年 7 月,中国与柬埔寨签署《中华人民共和国政府和柬埔寨王国政府关于促进和保护投资协定》。2021 年 12 月 16 日,中国商务部与柬埔寨发展理事会签署了《中华人民共和国商务部和柬埔寨发展理事会关于建立投资和经济合作工作组的谅解备忘录》。中国已于 2016 年与柬埔寨签署避免双重征税协定。

(3)货币互换。截至 2023 年 12 月,中国与柬埔寨尚未签署货币互换协议。

(4)产能合作。2016 年 10 月 13 日,中国发改委与柬埔寨发展理事会在习近平主席和洪森首相共同见证下签署了《关于共同推动产能与投资合作重点项目的谅解备忘录》。

(5)基础设施合作。2017 年 5 月 16 日,中国商务部和柬埔寨公共工程与运输部在李克强总理和洪森首相共同见证下签署了《中华人民共和国商务部与柬埔寨王国公共工程与运输部关于加强基础设施领域合作的谅解备忘录》。

(6)环保合作。2018 年 7 月,中国生态环境部与柬埔寨环境部签署《共同设立中国—柬埔寨环境合作中心筹备办公室谅解备忘录》。2019 年 11 月,中国生态环境部与柬埔寨环境部签署《中华人民共和国生态环境部与柬埔寨王国环境部关于合作建设低碳示范区的谅解备忘录》。

(7)数字经济合作。2017 年 11 月 10 日,中国商务部与柬埔寨商业部签署了《中国商务部和柬埔寨商业部关于电子商务合作的谅解备忘录》。

三、法律环境

(一)宪法

柬埔寨现行宪法1993年9月21日经柬制宪会议通过,由西哈努克国王于同年9月24日签署生效。宪法规定,柬埔寨的国体是君主立宪制,实行多党制和自由市场经济,立法、行政、司法三权分立。国王是终身制国家元首、武装力量最高统帅、国家统一和永存的象征,有权宣布大赦,经首相建议并征得国会主席同意后有权解散国会。国王因故不能理政或不在国内期间由参议院主席代理国家元首职务。王位不能世袭。国王去世、退休或退位后,由首相、佛教两派僧王、参议院和国会正副主席共9人组成的王位委员会在7日内从安东、诺罗敦和西索瓦三支王族后裔中遴选产生新国王。

(二)贸易法规和政策

1. 贸易主管部门

柬埔寨商业部为柬埔寨贸易主管部门。

2. 贸易法规

柬埔寨与贸易相关的法律法规主要包括《进出口商品关税管理法》《关于颁发服装原产地证明,商业发票和出口许可证的法令》《关于实施货物装运前验货检查工作的管理条例》《加入世界贸易组织法》《关于风险管理的次法令》《关于成立海关与税收署风险管理办公室的规定》和《有关商业公司从事贸易活动的法令》等。

3. 数字经济发展规划和相关政策法规

近年来,柬埔寨推出一系列与数字贸易相关的法律法规和政策框架。2019年,柬政府颁布《电子商务法》,该法涵盖电子签名、契约、结算、产品和服务质量标准等电子商务各领域,明确规范了柬埔寨境内和跨境电子商务交易流程。2021年,柬政府发布《数字经济和数字社会政策框架(2021—2035)》,该框架旨在"建立数字经济,使其成为新的经济增长驱动因素,形成一个有机体系,促进生产力和经济效率的提高,并改善柬埔寨人民的福祉"。确定了数字经济和数字社会发展的"建立数字基础—数字采用—数字转型"三阶段原则,计划首先建设"两个基础和三个支柱","两个基础"包括进行数字基础设施开发和建立有效的相关法律监管框架,"三个支柱"包括建设数字人才库、建设数字政府治理和建设企业经营管理数字化。该框架包含139项具体措施,计划在2035年完成柬埔寨的"数字转型",使数字经济规模达到国内生产总值的5%~10%,到2025年,城市地区的高速互联网覆盖率将达到100%,乡村地区则达到70%,到2030年,实现主要公共服务数字化,私人企业数字技术普及应用率达到70%,从事相关行业人员占就业人口比例达到4%。2023年6月,柬政府又启动《数字技术战略计划(2023—2027)》,旨在提高公共服务和工作效率,并加强网络安全。

四、社会文化环境

(一)民族宗教

柬埔寨是一个多民族国家,共有20多个民族。高棉族是主体民族,占总人口的80%,笃信小乘佛教。少数民族有占族、普农族、老族、泰族、华族、京族、缅族、马来族、斯丁族等。柬埔寨现有华人、华侨约110万,约占全国总人数的6.9%,主要分布在金边市及马德望、干拉、贡布、茶胶等省。首都金边市的华人、华侨最多,约30万人左右。柬埔寨华人、华侨祖籍主要为广东、海南和福建等省,其中以广东潮州籍人为最多,约占华人、华侨总数的80%,广肇、客家籍人次之。

宗教在柬埔寨人民的政治、社会和日常生活中占有十分重要的地位。王国宪法规定："男女公民均享有充分的信仰自由，国家保护信仰和宗教自由"，同时又明确地将佛教确定为国教。信仰小乘佛教的人占全国人口的85%以上。此外，还有基督教（约3.6万教民）和伊斯兰教（约32万教徒）。柬埔寨佛寺遍及全国，僧王和僧侣的社会地位很高。通常男子无论社会地位高低，一生都要出家一次，否则为世俗鄙视，但可以随时还俗。

（二）语言

柬埔寨语（又称高棉语）为官方语言，英语在政府部门较通用。华语、越南语是普通市民中使用较多的外语。

（三）教育

柬埔寨实行九年制义务教育。教育体制包括小学（1～6年级）、初中（7～9年级）、高中（10～12年级）、大学及其他高等教育机构。柬埔寨小学入学率，尤其是城市入学率相当高，净入学率达到91%。20世纪60年代，文教事业有较大发展，自70年代后，因长期战乱，文教事业遭受严重破坏。近年来，政府重视教育，兴建了一些学校。根据2020年柬埔寨统计数据显示，全国范围内幼儿园、小学和中学共有14 522所，其中13 300所为公办学校，包括4 301所幼儿园、7 228所小学、1 771所中学（1 246所初中和525所高中）、125所高等学院（其中48所公立院校，77所私立院校）。

（四）医疗

自20世纪80年代以来，柬埔寨政府开始采取措施逐步恢复医疗体系。新生婴儿的死亡率逐年降低，各种疾病的防治工作也取得了一些进展，发病率有所下降。从2003年起，提高卫生服务水平已纳入政府施政纲领，政府制定医疗卫生方面的法律法规，致力于提高医疗卫生服务质量；利用更多公共资源和国际援助加强卫生建设，鼓励私人投资卫生领域；陆续在各省、县、乡建立医院和医疗中心。

据柬埔寨政府发布的报告显示，2022年，柬埔寨男性人均寿命67.9岁，女性人均寿命73.3岁。目前，柬埔寨全国医院共有病床数13 464张，每千人拥有病床0.97张，病床使用率95%，每千人拥有医生数0.2人。柬埔寨是登革热高发地区，据柬埔寨卫生部统计，2022年，柬埔寨全国确诊12 500例登革热病例，较上年同期增长6倍，其中死亡病例19例。

（五）重要节日

在柬埔寨，一年中的节日很多，有新年节、送水节、风筝节、斋僧节、雨季安居节等。其中，送水节是柬埔寨最盛大而隆重的传统节日，在每年佛历十二月月圆时庆祝3天。送水是为庆祝雨季结束、河水消退而设。

（六）衣着服饰

由于地处热带，柬埔寨人的服装很单薄。他们的民族便服是，男子穿直领多扣上衣，天气热时则不穿上衣，只穿"纱笼"或"山朴"。"纱笼"是由数尺印有各种美丽图案的布两边缝合，围系腰间，状似裙子。"山朴"是用长条布不加缝合，从腰中往下缠绕至小腿，再从胯下穿过，在背后紧束于腰部，剩余部分伸出如鱼尾。妇女的便服上衣多为丝质圆领对襟短袖衫，下身也穿"纱笼"或"山朴"，通常她们在腰间还要缠一条图案精美的长布巾。

（七）饮食习惯

柬埔寨人以大米为主食，喜食素菜，但逢年过节，他们的餐桌上还是有鱼有肉的，菜肴十分丰富。他们偏爱辣、甜、酸的味道，辣椒、葱、姜、大蒜是不可缺少的调料。他们很欣赏中国的广东莱和云南菜。饮酒较普遍,水果也可做下酒物。他们饭后有漱口的习惯。

(八)社交与禁忌

柬埔寨人注意礼节礼貌。最普通的礼节是合十礼,即双手合掌于胸前,稍微俯首,掌尖的高度视对方身份而定,合十礼是柬埔寨最常见的一种相见礼仪。行礼时,要根据对象把握好掌尖的高度。如子女向父母、孙儿向祖父母、学生向教师,应将合十的掌尖举到眼眉;政府官员下级向上级行礼时,应举到口部;地位相等者行礼时,应举到鼻尖。在农村,人们只行合十礼;在城市,现代也有行握手礼的。对国王、王室成员、僧侣还行下蹲或跪拜礼。社交场合也流行握手礼,但男女间仍以行合十礼为宜。

柬埔寨婚俗是男子"嫁"到女方家。婚礼的全部仪式都在女方家中进行,婚礼由村中最有声望的老者主持。

柬埔寨人的传统住房多为竹木结构的高脚式房屋,离地2米左右,上面住人,下面存放农具和停放车辆。

柬埔寨人认为用左手拿东西或食物是不懂礼貌的表现。他们还认为头是人的神圣部位,因此别人不能触摸他们的头部,也不能随意抚摸小孩的头。柬埔寨人姓在前、名在后。贵族与平民的姓名有所不同:贵族一般承继父姓,平民一般以父名为姓;贵族起名很有讲究,往往寓意深刻,平民名字多数是随便叫起来的,没有什么含义。

柬埔寨人通常不称呼姓,只称呼名,并在名字前加一个冠词,以示性别、长幼、尊卑之别。如"召"意为孙儿,"阿"意为小孩,"达"意为爷爷,"宁"意为姑娘,"洛克"意为先生等。

思政小课堂

丝路上的金色王国

柬埔寨是最早明确支持并参与"一带一路"倡议的国家之一。早在2013年洪森总理就表示,习近平主席所提出的"一带一路"倡议是一个伟大的构想,不仅有益于中国人民,对本地区和全世界都是好事。柬埔寨的"五角战略"与"一带一路"倡议形成了有机结合,共同促进了中柬双方的发展。"一带一路"倡议下的中柬经济合作,用实际行动证明了国家间经济合作形成的良性互动,是推动全球实现可持续繁荣与稳定的关键。在"一带一路"框架下,中国在柬埔寨的投资项目,逐步从以制造业为主开始向基础设施、建筑业及农产品加工等领域快速拓展,助力柬埔寨产业的高速发展。其中最值得关注的莫过于西哈努克港经济特区,作为中柬两国政府签署合同支持的工业园区,入驻企业从2013年的54家增加到2022年的175家;为当地创造的就业岗位从2013年的9 000个增加到2023年的近3万个,进出口额从2013年的1.39亿美元增加到2022年的24.93亿美元。西港特区十年来的高速发展,不仅让西港省成为柬埔寨省际GDP和人均GDP增长最快的省份,还让西港省70%的家庭都获得了就业机会,且收入在10年内获得持续增长。目前,西港特区名副其实地成为当地民众勤劳致富的"金饭碗"和经济发展的"火车头"。

柬埔寨等欠发达国家贫困问题的成因,主要是由于当地发展环境的不够健全。因此,中柬减贫合作项目的重点之一就是集中力量完善柬农村地区的各项基础设施。中国援建柬埔寨乡村供水项目首期工程于2017年开工建设,为柬埔寨16个省援建了1 800余口深水井、近130座社区池塘,有效解决了农村居民饮用水源短缺及用水卫生问题,改善了村民生活质量和生产

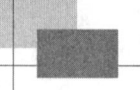

条件。2020年底,中方在柬埔寨干丹省实施的"东亚减贫合作倡议"柬埔寨项目,历经3年建设后,项目组不仅为82户居民通了电,分别对71户和190户房屋进行重建和改建,修建了132间厕所,给500户村民发放了省柴灶,且帮助当地村民打破了"贫困锁"。

资料来源:CCTV央视网。

【课后思考题】

1. 柬埔寨数字化转型发展现状如何?
2. 柬埔寨政府的"五角战略"有何成效?
3. "一带一路"倡议下,中柬合作取得了哪些成果?